本书为湖北省社科基金一般项目（后期资助项目）“区域协调发展背景下湖北提升金融集聚水平的制度研究”（2021154）的最终成果、国家社会科学基金重大项目“习近平总书记关于贫困治理的思想和实践研究”（19ZDA002）的阶段性成果，获得湖北科技学院哲学社会科学繁荣计划学术著作出版资助项目的资助

区域协调发展背景下湖北提升金融集聚水平的制度研究

蔡青青　著

中南大學出版社
www.csupress.com.cn
·长沙·

图书在版编目(CIP)数据

区域协调发展背景下湖北提升金融集聚水平的制度研究／蔡青青著. —长沙：中南大学出版社，2023.3

ISBN 978-7-5487-5304-9

Ⅰ. ①区… Ⅱ. ①蔡… Ⅲ. ①地方金融事业—研究—湖北 Ⅳ. ①F832.763

中国国家版本馆 CIP 数据核字(2023)第 046153 号

区域协调发展背景下湖北提升金融集聚水平的制度研究

QUYU XIETIAO FAZHAN BEIJING XIA HUBEI TISHENG JINRONG JIJU SHUIPING DE ZHIDU YANJIU

蔡青青　著

□出 版 人　吴湘华
□责任编辑　谢金伶
□封面设计　优盛文化
□责任印制　唐　曦
□出版发行　中南大学出版社
社址：长沙市麓山南路　邮编：410083
发行科电话：0731-88876770　传真：0731-88710482
□印　　装　石家庄汇展印刷有限公司

□开　　本　710 mm×1000 mm　1/16　□印张 14.5　□字数 257 千字
□版　　次　2023 年 3 月第 1 版　□印次 2023 年 3 月第 1 次印刷
□书　　号　ISBN 978-7-5487-5304-9
□定　　价　88.00 元

前言

区域经济协调发展是我国社会主义经济发展的重要组成部分，区域经济协调发展战略是历史唯物主义和辩证唯物主义在空间尺度上践行“共同富裕”目标的具体运用，不仅关系到我国当前的社会主要矛盾能否得以完美解决，还决定了我国经济能否顺利由高速增长转向高质量发展。因得天独厚的区位优势，湖北省成为我国“承东启西、连南接北”的内陆大省及中部地区崛起战略的前沿阵地，如今更是肩负着打造“内陆开放新高地和全国重要增长极”的历史使命。金融是现代经济的核心，金融资源在时间和空间维度上的集聚与扩散已成为全球金融业演变的大趋势，金融集聚水平的高低决定了金融支持实体经济发展力度的大小，我国区域金融集聚水平当前呈空间非均衡发展及多极化的演进趋势，极大地限制了金融集聚促进区域协同发展的步伐及金融集聚支持区域实体经济发展功能的发挥。主流经济学长期将制度视为经济增长的外生变量，直到新古典经济学陷入困境，理论界才开始将视线投向制度和历史。已有文献多从区位选择、产业集聚和金融地理学视角对金融集聚进行研究，低估了制度建设在金融集聚过程中的重要性，而以金融变迁故事及历史逻辑为根基的制度分析范式无疑能更好地解释金融集聚问题。

基于上述研究背景，本书构建了“产权—市场—法律”三元制度分析框架，以解决湖北省金融集聚现实问题为目标，沿着“政策解读与理论推演—现行制度下金融集聚的特征事实—制度变迁区域差异对金融集聚空间非均衡的影响—湖北省金融集聚面临的制度约束分析—制度对金融集聚的因果效应与中介效应实证检验—提升湖北省金融集聚水平的制度选择”这条主线，对如何促进区域金融协调发展和提升湖北省金融集聚水平进行了深入探究。在分析制度因素与金融集聚内在逻辑关联一般性规律的基础上，进一步借助计量模型实证检验制度环境与金融集聚之间的关系及制度因素影响金融集聚水平的传导路径，提出促进区域金融协调发展和提升湖北省金融集聚水平的制度进路。这是对区域金融集聚理论系统化、模型化的进一步探索，同时可为其他省（区、市）的金融集聚研究提供一定的参考。

现行制度下，我国金融集聚水平呈沿海地区高而沿边和内陆地区偏低的空间非均衡格局。从金融细分行业（即银行业、证券业和保险业）角度构建金融集聚评价指标体系，并采用熵值法进行测算，结果显示我国金融集聚水平整体偏低，虽呈逐年递增趋势，但提升速度较慢，且湖北省金融集聚水平长期偏低，极大地影响了地区经济高质量发展目标的实现，制约了其金融支持实体经济发展应有功能的发挥。进一步，借助 Dagum 基尼系数及其分解法、Kernel 密度估计法和 Markov 链分析法等技术与方法考察金融集聚区域差异来源及其动态演进趋势，结果发现受金融集聚的马太效应、发达地区的虹吸效应及俱乐部收敛趋势的影响，内陆、沿边地区各类金融资源仍然存在向沿海地区流动的强劲趋势，湖北省金融集聚在未来的发展过程中可能陷入金融集聚的“中等收入陷阱”。

制度是影响金融集聚的重要因素，湖北省金融集聚面临着不可忽视的产权制度、市场制度和法律制度约束问题。基于金融集聚的制度影响因素考察视角，参照“结构主义”的功能结构标准，本书构建了省（区、市）制度环境评价指标体系，并采用熵值法进行测算，结果发现源于我国经济转轨时期特有制度安排带来的影响，各省（区、市）间制度变迁的差异明显，差异化的制度环境为区域金融集聚的空间非均衡局面埋下伏笔，且制度环境区域差异呈现出的特征与金融集聚的区域差异特征基本吻合。

基于 2006—2019 年 30 个省（区、市）[①] 的面板数据，借助面板回归模型、变系数模型和中介效应模型实证检验制度环境对金融集聚的影响及其异质性、各项制度对金融集聚的影响及其间接影响的传导路径，结果表明：优化制度环境能够显著提升金融集聚水平，但制度环境对金融集聚的影响存在区域异质性、阶段异质性和个体异质性；产权制度、市场制度、法律制度对金融集聚水平具有显著提升作用，且各项制度因素均能够通过产业结构合理化、产业结构高级化、城镇化和信息化间接影响金融集聚水平。湖北省金融集聚对制度产生的需求长期得不到有效满足，制度供给缺口致使制度的激励与约束机制不完善，制度环境对金融集聚的促进作用无法充分发挥，产业结构优化升级、城镇化建设和信息化发展在制度与金融集聚间的传导作用也面临诸多阻碍。

究其原因，受我国社会独特的二重制度结构、金融改革服务于整体改革

① 由于部分指标数据缺失严重，样本不包括西藏、香港、澳门、台湾地区。

并滞后于整体改革进程的影响，国家偏好成为制度安排的决定因素，国家拥有对金融业的绝对控制力。在当前金融体制机制下，湖北省金融集聚相关制度的需求来自地方，而制度的供给却由中央主导，从而诱发了湖北省金融集聚制度供求主体不匹配的问题。在国家统筹发展大局下，“强制性＋渐进式”的制度变迁模式及其“路径依赖”特性带来制度刚性、时滞效应、高昂的制度创新成本等一系列问题，使湖北省在金融集聚过程中对产权制度、市场制度和法律制度产生的需求均无法得到有效满足。

金融集聚是金融资源与区域地理、经济、文化及其他产业相互影响、相互促进的结果，不仅要求金融体制的全面改革和金融资源的协调配合，还需要特定的制度环境以保障各项制度的实施，因此，优化制度环境是提升湖北省金融集聚水平的必由之路。本书建议湖北省在区域金融协调发展的时代背景下，一是应积极争取中央政府的大力支持，二是需强化与沿海地区发达省（区、市）间的金融交流机制，三是应充分发挥自身主观能动性，继续坚持以武汉区域金融中心建设为抓手，以支持地方实体经济发展并实现区域经济高质量发展为目标导向，将强制性制度变迁与诱致性制度变迁有机结合起来，依托中国（湖北）自由贸易试验区推进武汉区域金融中心建设，并在此总体发展思路的指引下，坚持制度创新与产业结构优化升级、城镇化建设、信息化发展相结合，继续加快地方产权制度、市场制度和法律制度建设，为湖北省的金融集聚及区域金融中心建设营造良好的制度环境。

目 录

第一章　绪论

第一节　选题背景与研究意义

一、选题背景

湖北省地理位置优越、交通网络发达，奠定了其作为我国中部地区经济实力最强、科技最发达、高校最集中的经济、科技和人才强省的基础。自中部地区崛起战略实施以来，湖北省地区经济社会发展取得重大成就。然而，与沿海地区发达省（区、市）相比，湖北省地区经济发展不充分、内陆开放水平低下等问题依然突出。2021 年 7 月 22 日，为顺应新时代发展的要求，《中共中央、国务院关于新时代推动中部地区高质量发展的意见》颁布，明确提出要将湖北省打造成内陆开放新高地和全国重要增长极，这为湖北省继续深化改革开放和经济高质量发展指明了方向。如今，在“一带一路”建设不断调整优化和“国内国际双循环”新发展格局全面打开的新时代背景下，湖北省更应牢记习近平总书记的嘱托，以“建成支点、走在前列、谱写新篇”[①] 为目标，肩负起承东启西、连南接北，携手长三角和川渝经济圈等，打造内陆对外开放新高地，推动长江经济带与“一带一路”建设实现无缝对接的历史使命。

金融是现代经济的核心，能够有效提高资源配置效率，助推区域经济

① “建成支点”是要求湖北省建设成为促进中部地区崛起的重要支撑点和着力点，在综合实力、辐射带动力、区域影响力等方面要与支点地位相匹配，成为推动中部地区高质量发展的重要动力源；“走在前列”是要求湖北省对标一流、提升标杆、奋勇争先，在转变发展方式、推动高质量发展、促进农业农村现代化、推动共同富裕、加强生态文明建设等方面走在前列；“谱写新篇”是要求湖北省以一往无前的奋斗姿态、风雨无阻的精神状态，改革不停顿、发展不止步，不断取得新突破，不断开辟新境界。

实现高质量发展，曾为全球经济发展做出巨大贡献。关于金融集聚和经济增长之间的关系，国内外学者做了诸多探索，且一致认为金融产业集群能有效促进经济发展。早期，学者们主要从产业集群理论和细分产业角度研究金融集聚与经济增长之间的关系。近年来，随着经济地理学和金融地理学的兴起及空间经济学研究方法的广泛应用，金融集聚作为现代金融业发展的重要空间布局，其对经济增长的影响引起学术界的高度关注，学者们纷纷将空间和地理因素纳入金融集聚与经济增长关系的研究中。研究发现，一方面，金融中心的聚集效应和创新效应等，使得金融集聚在促进金融产业成长的同时，也促进了整个地区的经济发展；另一方面，金融中心的极化扩散效应、信息溢出效应、知识溢出效应等辐射效应和溢出效应，使其在促进当地经济发展的同时，还可以促进周边地区的经济增长。可见，金融集聚是现代金融业的重要布局，关系到金融机构、资金和人才等金融资源的分配，是金融中心建设的微观基础。金融集聚水平是衡量各能级金融中心竞争力的重要指标，影响着金融集聚功能的发挥，决定了地区经济能否顺利实现高质量发展。

改革开放以来，我国越来越重视金融发展问题。习近平总书记多次提出“金融活，经济活；金融稳，经济稳”的重要论断。银行、证券和保险等金融领域的金融要素集聚于特定区域之后，通过与当地的社会、人文、环境等不断协调和融合，逐渐形成紧密的联系体，当金融集聚达到一定水平时，就形成了金融中心。换言之，金融中心是金融集聚演化的高级阶段。金融资源在时间和空间维度上的集聚与扩散已然成为当前金融业发展演变的趋势，国内外各地区都在努力增强自身对金融资源的吸引力，提升自身金融集聚水平，进而推动地区经济持续增长并提升其国际影响力。如今，金融集聚在世界范围内形成了不同能级的金融中心，如纽约、伦敦和东京等全球性国际金融中心，香港等区域性国际金融中心。随着我国金融业的快速发展，包括金融机构、资金和专业人才在内的各类金融资源不断向某些中心城市集聚，各地政府纷纷结合当地经济金融发展实际提出不同能级金融中心的建设构想，如北京、上海和深圳等全国性金融中心，广州、武汉、天津等区域性金融中心，合肥、长沙、石家庄等地方性金融中心。

我国幅员辽阔、地大物博，各地区地理位置、资源禀赋各不相同，在渐进式的改革过程中，国家分地区制定并实施了一系列有差异的经济金融制度，具体而言，采取的是“先试点再普遍推广、先发展东部再实现全国协调发展”的改革方略。因制度环境和资源禀赋、地理位置等存在差异，各地区金融集聚程度各不相同，区域金融发展水平呈现出明显的差异。区域经济协调发展是我国社会主义经济发展的重要组成部分，是应对新时期我国区域经济发展多极分化，局部地区经济发展“结构性塌陷”、难以适应新发展理念等问题的必然选择。区域经济协调发展战略是历史唯物主义和辩证唯物主义在空间尺度上践行“共同富裕”目标的具体运用。缩小区域发展差距，实现区域协调发展，是我国经济社会发展遵循的一个重要原则，对促进经济社会持续健康发展具有重要而深远的意义，不仅关系到我国当前的社会主要矛盾能否得以完美解决，而且决定了我国经济能否顺利由高速增长转向高质量发展；缩小区域发展差距，实现区域协调发展，不仅是经济问题，也是政治问题；缩小区域发展差距，实现区域协调发展，不仅关系到现代化建设的全局，也关系到社会稳定和国家的长治久安。

金融集聚的影响因素有很多，国内外学者先后从区位选择视角、产业集群视角和金融地理学视角进行了研究，发现金融集聚的影响因素主要包括信息腹地、区位因素、经济基础、市场要素、对外开放、人力资本、科技创新、消费水平等，并分别从理论分析和实证检验方面给予了论证。改革开放之后，我国经济迅速崛起，创造了东方奇迹，将经济增长的制度研究范式的序幕徐徐打开；与此同时，关于制度对我国金融集聚及金融业发展影响的研究也开始进入学者们的视野。研究发现，制度会给金融集聚带来重大影响，和区位、经济因素一样，制度因素也是影响金融集聚的关键因素。

虽然学者们已尝试对制度与金融集聚间的关系展开诸多探索，但对影响金融集聚的制度因素进行分解，实证检验各项制度对地区金融集聚的影响及其传导路径的研究成果还相对欠缺，尤其是在区域协调发展和经济高质量发展背景下，以湖北省为重点研究对象，就提升湖北省金融集聚水平的制度选择进行深入剖析的则更少。在对影响金融集聚水平的制度因素进行分解的基础上，探究制度要素投入对金融集聚的影响机理，并深层次剖析湖北省金融集聚面临的制度供求矛盾，对有效提升湖北省金融集聚水平并充分发挥其集聚功能和辐射效应、实现区域金融协调发展及推进区域经济高质量发展、打造内陆开放新高地等均具有重要的理论研究价值和现实指导意义。本书拟从制度分析视角，在“产权—市场—法律”三元制度分析框架下，深入探究制度因素对金融集聚的影响，进而寻找促进区域金融协调发展和提升湖北省金融集聚水平的制度进路。

二、研究意义

（一）理论意义

在区域协调发展和经济高质量发展背景下，本书从制度分析视角将理论推演、现实分析与实证检验有机结合起来，重点探讨制度对金融集聚的影响机理与传导路径。其理论意义体现在两方面。

一是丰富了金融集聚问题的理论分析视角。不同于以往的区位选择、产业集群和金融地理等研究视角，本书在纯经济学和地理学研究范式的基础上，将研究升华到制度层面，从制度分析视角探寻产权制度、市场制度和法律制度对金融集聚的影响机理与传导路径，分析制度与金融集聚的内在逻辑关联，阐释了金融集聚制度研究的理论内涵，丰富了金融集聚问题的理论分析视角。

二是实现了对区域金融集聚理论系统化、模型化的进一步探索。本书基于金融集聚理论、交易费用理论、产权理论和制度变迁理论，采用制度金融学方法论，通过历史演进与逻辑分析方式研究制度变迁中的金融集聚问题，借助 GIS 技术、Dagum 基尼系数及其分解法、Kernel 密度估计法、Markov 链分析法及面板回归模型、变系数模型、中介效应模型等，对金融集聚的制度影响因素进行全面系统的分析，这是对区域金融集聚理论系统化、模型化的进一步探索。

（二）实践意义

本书通过对区域金融协调发展问题进行制度分析，挖掘制约湖北省金融集聚水平提升的制度诱因，并进一步探讨如何通过制度设置为促进区域金融协调发展和提升湖北省金融集聚水平营造良好的制度环境。其实践意义有二。

一是对提升湖北省金融集聚水平、缓解省（区、市）金融集聚多极分化问题、实现区域金融协调发展具有重要意义。本书通过对金融集聚重要意义的归纳、制度对金融集聚的影响机理与传导路径的梳理、金融集聚水平的测度与比较、制度环境的区域差异对金融集聚空间非均衡的影响分析、湖北省金融集聚面临的制度约束分析、制度对金融集聚影响的实证检验，为提升湖北省金融集聚水平并实现区域金融协调发展寻找优化制度环境的具体方案。

二是对打造武汉区域金融集聚中心具有重要意义。理论上，当金融集聚达到一定水平时就自然而然地形成金融中心，换言之，金融中心是金融集聚演化的高级阶段。本书通过金融集聚的制度分析，指出任何一个金融中心的建设均离不开政府的大力支持与积极推动，金融集聚水平的提升离不开制度保障。为避免湖北省陷入金融集聚的“中等收入陷阱”，本书提出的在中央的大力支持下积极打造金融集聚高地的相关建议，对从制度创新层面推进武汉区域金融中心建设具有重要的现实指导意义。

第二节　文献综述

早在20世纪初，国外学者就开始关注金融集聚问题，他们对金融集聚的研究主要聚焦于金融集聚的内涵、动因、理论基础及金融中心建设。21世纪，金融集聚理论逐渐传入我国，国内学者一方面结合我国金融中心的特点研究其形成机制，另一方面借助计量方法和模型探究金融集聚的影响因素、演化机制及经济效应。本书将从金融集聚的传统研究成果、金融问题的制度分析范式、制度影响金融集聚的研究三大方面，系统梳理国内外学者的相关研究成果，并进行简要评述，一方面为本书的后续研究做好理论铺垫，另一方面为本书的创新点提供依据。

一、关于金融集聚的传统研究成果

金融集聚有着丰富和深刻的内涵，包括动态和静态两层含义，具有地域性、动态性和复合性等特征。[1-2]金融集聚是现代金融业的重要布局，关系到金融机构、资金和人才等金融资源的分配，是金融中心建设的微观基础。金融集聚水平是衡量各能级金融中心竞争力的重要指标，影响着金融集聚功能的发挥，决定了地区经济能否实现持续增长。国内外学者先后以区位选择理论、产业集群理论和金融地理学等为理论基础，对金融集聚问题展开研究。这些理论分别代表了金融集聚的地域性、动态性和复合性，分别为金融集聚提供了地理学、经济学及地理学与经济学相结合的研究视角。

（一）金融集聚的研究视角

早期，学者们依据区位选择理论进行分析，指出金融企业的选址是促成金融产业集聚的一个非常重要的因素。在竞争激烈的产业环境中，只有一小部分地区适合金融产业集聚，这种特殊的地区即“光滑空间中的黏节点”。由此可见，独特的地区之所以能成为金融产业集聚的温床，是因为其具有独特的空间区位优势。因此，区位选择视角的研究将金融机构区位选择看作金

融集聚的一个重要动因。[3-7]

根据产业集群理论，金融产业是在满足其他产业需求的驱动下发展的。非金融产业的不断发展逐渐形成相应的产业集聚，从而对金融业服务提出更高的要求，这种强有力的金融服务需求必将引起大量金融机构集聚，并最终形成具有影响力的金融集聚区。经济学家咨询集团在《城市 20 年：伦敦作为国际金融中心的未来》中指出，金融中心一旦建立，基于习惯力量、顾客忠诚或简单惯性（或“路径依赖”），就能显示出生存和发展的巨大能量。[8] 阿瑟（Arthur）采用路径依赖模型深入研究金融业集聚问题，并指出：如果一个企业产生了外部规模经济，那么其具体定位会变得比其他企业更具优势。[9] 在产业集群研究视角下，学者们将金融集聚形成动因主要归结为外部规模经济、集聚经济和交易成本[1，6，10-14]。

随着金融地理学的兴起，学者们依据金融地理学理论，从信息因素入手，对金融产业集聚进行多角度阐释。他们认为，金融部门因信息不对称需接近信息源，在这个过程中，受“采用最低成本获取最大信息流”的利益驱使，众多金融部门都倾向于选择靠近信息源，从而形成信息腹地。由此可见，信息腹地是因信息外部性和信息不对称所造成的，信息腹地不仅是影响和决定金融业集聚的重要因素，也是影响金融地区等级、全球层次的重要因素。[15-23]

从区位选择、产业集群和金融地理学研究视角寻找金融集聚形成动因的同时，学者们也借助计量经济学方法对金融集聚的影响因素进行了实证检验，结果显示金融集聚的影响因素主要包括区位因素、经济基础、信息腹地、市场要素、对外开放、人力资本、科技创新水平、城市环境、消费水平等[5，20，24-27]。随着空间计量方法的兴起和空间计量经济学的发展，学者们开始关注金融集聚影响因素在区域间的异质性和相关性。研究表明，区域间金融集聚存在着明显的异质性、空间依赖性和空间溢出效应，采用传统模型进行分析可能会使得研究结果出现一定的偏差，难以真正反映现实问题。[28] 于是，学者们开始采用动态空间杜宾模型和空间效应分解等方法，对分区域、分行业的金融集聚演化特征、金融集聚的影响因素、金融集聚对经济增长的影响及其区域差异、时空分异性进行了研究。[29-31，2]

综上所述，已有文献多从区位选择视角、产业集群视角和金融地理学视角对金融集聚的形成动因进行研究，但却忽视了制度因素对金融集聚的影响。

（二）金融集聚水平的测度

学者们对金融集聚水平进行测度的目的主要有两个：一是对不同金融中

心或地区的金融竞争力或金融集聚情况进行比较、排名和层级划分；二是在对某个金融中心或地区金融集聚水平进行综合评价的基础上，对影响金融集聚的因素进行实证检验，进而为其金融集聚水平的提升路径提供理论参考。具体而言，金融集聚水平的测度包括评价方法和评价指标体系构建两部分内容。

1. 金融集聚水平的评价方法

20 世纪 70 年代以来，学者们对产业集聚水平的评价方法经历了由产业集中度、赫芬达尔指数、空间基尼系数到 EG 指数等的发展过程。20 世纪 80 年代，对产业集聚的实证研究不断增多，经济金融相关研究也开始在全球掀起一股运用统计学方法和计量经济学的热潮，学者们开始用聚类分析法、回归分析法和主成分分析法等数量方法来分析金融集聚的水平高低和金融中心的层级结构。在吸取产业集聚评价经验的基础上，结合金融行业自身的特点，金融集聚水平的测度方法不断得以丰富，主要分为单指标法和综合指标法两类。

（1）单指标法

单指标法常常采用区位熵、赫芬达尔指数、地理集中指数和空间基尼系数等来进行测度。对于产业集聚水平的测度，学者们提出了不同的测算指标，每个指标均从某一个方面反映产业集聚的程度。效仿其他产业集聚水平的测度方法，学者们也采用赫芬达尔指数、空间基尼系数、地理集中指数和区位熵来测算金融业的集聚水平。其中，赫芬达尔指数用于测度金融企业的集聚水平，姜冉运用赫芬达尔指数测算了泛珠三角地区金融企业集聚水平。[32] 区位熵着重从产业的专业化角度来测度产业的集聚水平，陈文锋等采用区位熵对上海市 1990—2006 年间的金融产业集聚水平进行了测度[33]，孙宁华等运用区位熵方法测算了长三角四省（直辖市）41 个城市的金融集聚水平[34]，初春等则采用金融增加值区位熵来衡量我国 31 个省（区、市）的金融集聚水平[35]。空间基尼系数主要测算金融业的区域集中程度，地理集中指数则对金融集聚程度和结构进行评价。

因上述指标均是从某一个方面反映产业集聚水平，各有优缺点，为了更全面地反映金融集聚状况，一些学者同时采用多个单指标来综合衡量金融集聚水平，如秦泰等采用空间基尼系数、赫芬达尔指数和行业集中度来衡量我国金融集聚水平，白彩全等则通过测算区位熵、赫芬达尔—赫尔曼指数和空间基尼系数三个指标来综合衡量中部六省省会城市的金融集聚水平。[36-37]

（2）综合指标法

目前，学者们倾向于采用综合指标法对金融集聚水平进行测度，测算过程中最关键的问题是如何给各指标赋权。综合指标法主要通过构建金融集聚评价指标体系，然后采用主成分分析法、专家打分法、层次分析法、因子分析法、熵值法等对各指标赋予相应的权重，进而对金融集聚水平进行综合评价。其中：主成分分析法是在损失最少信息的前提下，利用降维的思想，把多个指标转化为几个综合指标的多元统计方法；专家打分法是请少数专家根据经验对某评价观点进行打分来确定权重的方法，简单易行但主观性较强；层次分析法是将指标分解成目标、准则、方案等层次，并在此基础上进行定性和定量分析的决策方法；因子分析法是用几个互不相关的随机变量去描述观测变量之间的相关关系或协方差关系；熵值法则通过信息熵原理来确定各指标的权重，进而对目标值进行综合评价。

根据赋权方式的不同，可以将综合指标法赋权方式分为主观赋权法和客观赋权法两种。其中，主观赋权法根据层次分析法、专家打分法或主观经验来确定各项指标的权重，虽然简单好用，但难免缺乏科学性并使得评价结果遭到质疑；主成分分析法、因子分析法、熵值法等客观赋权法则可以较好地克服权重选择上的人为影响，因此备受学者们青睐。如丁艺等采用主成分分析法对我国 31 个省（区、市）的金融集聚情况进行评价。[38] 吴聪、黎平海、樊向前等采用因子分析法，分别对我国 11 个金融中心、珠三角区域 9 个城市、我国 19 个中心城市的金融竞争力进行评价和排名。[39–41] 管驰明、张同功等采用因子分析法，分别对长三角地区 15 个城市、15 个副省级城市的金融集聚水平进行测算。[42–43] 茹乐峰等则采用因子分析法，对我国 286 个地级及以上中心城市的金融集聚指数进行测算，并对这些城市的金融中心进行等级划分。[44]

虽然已有文献多选用区位熵和因子分析法测算金融集聚水平，但因熵值法具有严格的数学意义、能有效避免权重赋予的主观性等优点，近年来被广泛应用于各类评价模型，所以本书拟选用熵值法测算金融集聚水平。

2. 金融集聚的评价指标体系构建

20 世纪末，学者们根据波特的竞争力学说提出金融中心的相关评价指标体系，知名度最高的是“全球金融中心指数”（GFCI）和“新华－道琼斯国际金融中心发展指数”（IFCD INDEX）。我国学者贺瑛、李青和尹应凯等基于 CFCI 分别对我国金融中心建设进行了相应研究。[45–47] 之后，蔡真结合

GFCI 和 IFCD INDEX 的共性和优点，提出了一套新的国际金融中心评价体系，但同时也承认其仍然属于静态匀质结构的分析框架，并认为在国际金融中心评价中加入社会网络分析将更贴近现实。[48]

随着我国金融中心建设步伐不断加快，国内出现了大量关于构建金融集聚评价指标体系的文献，学者们遵循相关性、科学性、可得性、可比性等原则，根据分行业测度、分市场测度、规模和发展程度测度、要素或资源测度等的测度逻辑，分别提出各不相同的金融集聚评价指标体系。如黎平海等从经济总量、金融规模和城市发展三个方面选取了 14 个指标构建城市金融竞争力评估指标体系[40]；丁艺等从金融总体规模、银行业、保险业和证券业四个方面选取了 23 个指标构建金融集聚评价指标体系[38]；任英华等构建了包括知识要素、制度要素、资源要素和市场绩效在内的 4 个一级指标及 10 个二级指标的金融集聚核心能力评价指标体系[49]；李静等将金融市场细分为信贷市场、保险市场、证券市场和信托市场，分别选取 4、6、5 和 5 个子指标共计 20 个指标纳入金融集聚评价指标体系，并对全国 31 个省（区、市）的金融集聚水平进行测度[50]；茹乐峰等从金融发展背景、金融活动规模、金融活动密度和金融服务活跃度四个方面选取了 10 个指标，构建了中心城市金融集聚评价指标体系[44]；卢爱珍等从区域经济实力、区域金融发展水平、区位条件和信息通达度四个方面，构建了衡量新疆区域金融中心建设条件的指标体系[51]；张同功等采用金融业从业人员、城乡居民储蓄余额、金融机构贷款余额、金融机构存款余额、金融业产值和保费收入 6 个指标与对应的全国相关指标之比来构建金融集聚评价体系[43]。

综上所述，学者们早期主要偏重于对金融中心或集聚能力层级的划分、排名和评价。如今，随着产业集聚及金融集聚研究的不断深入，特别是关于金融集聚的测度方法不断取得阶段性进展，学者们开始偏重于金融中心竞争力或金融集聚水平的综合评价。虽然学者们尝试使用综合指标体系来测度金融集聚水平，但到目前为止，仍然没有建立起统一的评价指标体系。

（三）金融集聚的空间非均衡分析

区域经济发展不平衡是世界各国普遍面临的问题。为了探究经济发展过程中各项经济活动区域的差异、主要来源以及演进趋势，学者们结合 Dagum 基尼系数、Kernel 密度估计法和 Markov 链分析法等，对经济活动的空间非均衡与动态演进进行研究。空间非均衡与动态演进分析被广泛应用于财政支出[52]、公共医疗支出[53]、人口老龄化[54]、金融业发展[55]、保险业发展[56]、城市承载力[57]、农业现代化[58]、全要素生产率[59]等研究领域。

金融集聚和金融发展的空间非均衡与动态演进研究有助于认识金融集聚和金融发展的空间联系及内在规律，为区域金融协同发展提供理论依据。目前，学者们主要从区域划分、城市群等视角，对我国区域金融发展差异和动态演进进行了大量研究，研究成果主要体现在三个方面。其一，主要采用主成分分析法、变异系数、Moran 指数和面板回归模型等对我国区域金融发展差异进行直观比较与实证检验。如周立等借助金融资产相关比率等指标考察了中国金融发展地区差异，并对区域金融差距的产生作出了政治解释[60]；田菁则从部门和整体两个角度考察了金融与经济的区域协调问题，通过构建区域金融发展指标，采用主成分分析法、变异系数等，分析了中国四大区域间和内部各金融发展指标的差异，并对区域金融在区域经济发展中所扮演的角色给予了关注和反思[61]。其二，主要采用泰尔指数、基尼系数等对我国金融发展的差异进行测算与分解。如赵伟等结合金融发展指标，采用泰尔指数测度方法，分析了中国东、中、西部区域金融增长的差异及来源，研究发现，中国区域金融增长也呈现出“威廉姆森倒 U 假说”特征[62]；刘华军等则以金融相关比率作为金融发展的衡量指标，借助基尼系数及其分解法对中国金融发展的空间非均衡进行了测度与分解，并通过构造空间极化指数，测度并考察了中国金融发展的空间极化程度[63]。其三，主要采用 σ 收敛、β 收敛、俱乐部收敛和核密度估计等方法就区域金融发展的收敛性和分布动态进行了考察。如陆文喜等认为区域金融发展差异严重制约了区域经济协调发展，因此，区域金融发展的收敛性对实现区域经济协调发展尤为必要，并采用 β 收敛法检验了我国地区金融发展的收敛问题，发现我国区域金融发展的收敛性存在阶段性和区域性特征，类似于经济发展的俱乐部收敛特征[64]；李敬等也赞同这一观点，并进一步探究了区域金融发展的收敛机制[65]。学者们对金融发展的空间非均衡与动态演进的研究，进一步论证了区域金融协调发展的重要性。

然而，已有文献多聚焦于金融发展的空间非均衡和动态分布，专门针对金融集聚空间非均衡和动态演进的研究甚少。作为最早将动态演进分析用于金融集聚领域研究的国内学者，赵晓斌基于金融地理论、法律金融论和时区论，结合案例法研究了国际金融中心的变迁，得出“主导金融中心空间演化的因素是生产中心和信息中心”的结论。[66] 张浩然从区域异质性视角，借助区位熵、空间基尼系数和横截面模型，对中国 263 个地级及以上城市在 2003—2013 年的金融集聚空间布局演变趋势进行了研究，并对其影响因素进行了深层次分析。[67] 李伟军等通过研究京津冀、长三角和珠三角三大城市群金融集聚的空间网络和结构分化，提出了中国城市群金融集聚格局的配置和优化策略。[68] 已有文献在研究思路及研究方法等方面为本研究提供了重要的启示和借鉴意义。

二、关于金融问题的制度分析范式

面对新古典经济学的困境，理论界开始将视线转向制度和历史，基于历史演进的制度经济学分析范式应运而生。熊彼特认为，经济学的分析不能脱离历史，掌握历史事实是准确理解和解释现实经济现象的基本前提。[69] 作为最早关注中国经济变革的制度经济学家之一，青木昌彦的“政府内生市场”命题与中国渐进式改革实践的情形不谋而合，他认为制度分析的终极目标是借助制度的历史演进分析经济金融发展现状，进而将可能的经济金融制度改革理论化；他还通过制度比较分析发现，在金融全球化背景和全球金融危机影响下，中国经济金融发展面临的问题主要是不均衡和环境问题。[70]

伴随着我国经济的迅速崛起，一幅波澜壮阔的经济改革与制度变迁美丽画卷展现在世人面前，学术嗅觉灵敏的学者们开始关注金融交易费用、金融产权制度、金融制度变迁等因素对我国金融发展的影响，从而拉开了金融制度分析范式的序幕，同时为金融集聚的制度分析奠定了理论基础。张杰认为，我国金融制度分析范式以我国的金融变迁“故事”及历史逻辑为根基，这不仅可以帮助我们甄别不同发展阶段最具优势的金融制度结构，而且有助于政府根据制度均衡边界调整政府与市场的关系，进而得出政府力量与市场力量间的制度均衡解，因此，金融制度分析范式理应发展成为我国金融理论的全新道路。[71，72]21 世纪以来，中国创造的东方奇迹与金融变迁故事逐渐被全球瞩目，这让学者们反思基于欧美“故事”的主流金融学理论在中国金融改革实践中的解释力，同时也开始关注中国金融问题分析的中国视角、中国逻辑与中国框架，中国特色金融学理论研究的创新发展迎来千载难逢的机遇。[73]

中国的改革开放是摸着石头过河、前无古人的伟大事业，范恒山高度肯定了制度在改革开放过程中作出的突出贡献，并指出我国改革开放积累的宝贵经验对人类建设社会主义市场经济具有重要的理论价值与实践意义，同时特别强调继续深化改革、加快改革理论创新、丰富改革理论研究成果以及通过“建设良好的体制机制、杜绝‘一刀切’政策及激发各地区发展潜能”等举措解决地区分化、促进区域协调发展的重要性。[74-75] 如今，制度分析范式在金融研究中的应用范围越来越广，涉及汇率制度改革、人民币国际化、金融转型秩序重构等领域。在汇率制度改革的制度分析方面，韩剑等基于交易费用理论、袁鹰和江春等基于产权理论、高娜和陈晞等基于制度变迁理论分别对汇率制度选择问题进行研究；吴迪则将交易费用理论、产权理论、制度变迁理论和制度供求理论充分结合起来，对中国汇率制度改革问题进行深层次剖析。[76-81] 在人民币国际化的制度分析方面，陆简认为，货币国际化包括“空间上的扩张、职能上的扩展和制度上的变迁”三层含义，其中“制度上的变迁”为人民币国际化的深层次内涵，他首次将制度变迁理论应用于人民币国际化问题研究领域，将货币国际化的动因、内在推动力、可持续性及影响因素等统一纳入制度变迁的理论分析框架内，建立了一个关于货币国际化的制度分析范式。[82] 在金融转型秩序重构的制度分析方面，王芳（2016）从历史与现代、模仿与创新等视角，基于金融制度发展和新制度经济相关理论，建立了一个关于金融转型秩序的“金融正式制度、非正式制度和制度环境”三维制度分析框架，通过审视中国金融制度结构的不足和剖析金融制度不均衡的原因，提出金融转型秩序的制度创新举措。[83] 此外，还有一些学者从交易费用、制度变迁等制度经济学视角对金融生态环境、农村金融改革、股票市场的有效性及证券公司风险行为等问题进行研究。[84-86] 上述关于制度分析范式在汇率制度改革、人民币国际化、金融转型秩序重构、金融生态环境、资本市场等金融研究领域的应用，均给本书写作带来了极大的启发。

综上，中国改革开放创造的东方奇迹为金融制度分析范式奠定了哲学基础和理论逻辑基础，中国金融问题的制度分析范式在学术界逐渐形成气候。不同于主流经济学和主流金融学理论的分析范式，金融制度分析范式更注重真实的、有机的金融世界，接纳存在交易费用、机会主义、有限理性、制度缺陷等事实，强调存在即合理、博弈均衡和适可而止，主张采用演进的眼光客观、平等地对待各种金融制度的产生、绩效及其存在的合理性。[87] 虽然基于中国金融制度变迁历史构建的制度金融学理论分析框架目前仍处于起步阶段，其在数理模型支持方面也稍显欠缺，但可以坚信的一点是，随着制度金融理论工作者队伍的逐渐壮大及制度金融研究成果的不断丰硕，制度金融学在数理模型方面必将实现重大突破，制度金融学也有望跻身主流金融学的舞台并大放异彩。

三、关于制度影响金融集聚的研究

无疑，中国近几十年的改革实践及其创造的东方奇迹为国内外理论界研究制度金融学提供了肥沃的土壤，与此同时，制度金融学的研究与探索也为我国金融集聚研究的制度分析范式打开了一片“新天地”。

（一）理论研究方面

林毅夫认为，政府是每个国家最重要的制度安排，并指出我国的国家制度和政府政策对经济金融发展的影响尤为突出。[88] 从对金融集聚的形成机制和金融集聚的影响因素分析中可见，政府扮演着不可或缺的角色。在形成机制方面，存在政府主导模式和政府引导下的自然形成模式的集聚形成路径；在影响机制方面，大部分研究表明政府政策对金融集聚具有显著影响，表现在政府干预和政府扶持等方面。[89] 在此基础上，部分学者对促进金融集聚的具体政府政策进行了相应研究。

直接研究金融集聚中政府具体政策的文献较少，大多数文献更关注政府政策在产业集聚和金融发展中的作用，如古川秋吉（Akiyoshi Furukawa）分析发现，中央政府和地方政府在不使用区域再分配政策的前提下，通过提供地方公共物品的方式，能够促进当地产业集聚。[90] 由佩鲁（Perroux）、克鲁格曼（Krugman）和波特（Porter）分别提出的增长极理论、空间经济学理论和新竞争经济学理论均强调政府在产业集聚中的作用，他们认为政府可以通过对产业集聚的干预，带动产业集聚的发展，从而促进经济发展。

鉴于政府政策在金融集聚过程中的重要性，国内学者开始尝试从政府政策方面进行探讨，以期为我国金融集聚发展提供有益的政策建议。潘英丽最先对金融集聚中的政府政策进行研究，她认为地方政府可以通过降低金融机构经营成本、人力资源开发、完善监管环境和电信设施及其可靠性等措施以促进金融的集聚。[6] 黄解宇和杨再斌运用增长极理论、空间经济学理论和新竞争经济学理论对金融中心进行研究，指出政府在金融中心的形成过程中主要发挥承诺、立法、推动和监管这四个方面的作用。[1] 陈铭仁研究指出，政府政策在促进金融集聚的过程中应注重“制度安排以保持政治和经济环境稳定、完善基础设施以提供优良发展空间、不同阶段制定不同的金融产业政策、保持政策弹性以克服政策失灵”。然而，上述文献研究仅将金融集聚视为一个整体的过程，没能分阶段进行考察，提出的政府政策也很笼统，未能分出轻重缓急。[91] 因此，之后的文献研究开始有意识地弥补上述不足，如余佳（2015）分别对集聚萌芽时和成熟时的政府政策进行研究，指出在金融集聚萌芽时期，政府应该通过改善基础设施、颁布相应的税收优惠和补贴政策及加强监管来吸引各种金融要素集聚；在金融集聚成熟时期，政府则应该重点保持相关政策的连续性和环境的稳定性，同时减少政府对市场的干预。[92]罗安邦则在将政府政策视为影响金融集聚的重要因素的基础上，采用层次分析法分析了各种政策作用的相对重要性，研究结果表明，地方政府在促进金融集聚过程中应依次采取的政策是地方金融法律法规建设，注册登记“一站式”服务，高端人才落户、子女入学、就医等便利，支付清算体系建设，金融交易培训机构设立和引进，基础公共设施投资比重等，可见，地方金融法律法规建设是地方政府促进金融集聚发展的首要任务。[93]

然而，制度的内涵丰富，包括人为设计的宪法、法令、法规等正式制度和理性继承的习惯、道德、行为准则等非正式制度，不仅限于政府政策。张文中从制度容量角度解释了我国金融改革的主要变化，指出我国从计划经济向市场经济转轨的制度变迁过程是制度容量的扩大过程，制度容量的扩大会带来金融区域化与精细化两大发展趋势，因此，改善地方金融环境、建立地方金融体系成为未来地方政府的不二选择。[94]

（二）实证研究方面

相对于其他因素影响金融集聚的实证研究而言，制度影响金融集聚的实证研究还相当欠缺。实证检验制度与金融集聚之间的关系，最大的难点在于制度指标的量化。

对于制度指标量化的处理，部分学者选择政府干预、政府支撑或政府政策等作为制度的替代指标，并借助计量经济学方法来检验制度等因素对金融集聚的影响，研究表明政府干预、政府支撑等制度因素会显著影响金融集聚。李正辉等利用联合面板数据模型进行实证检验，结果表明政府政策和信息不对称、规模经济一样，也对金融集聚具有显著影响。[29]曹廷求等则通过实证检验，得出产权制度是影响资金集聚的重要因素，但不同地区在完善产权保护制度和要素市场化配置过程中应各有侧重。[95]

然而，制度的内涵极其丰富，涉及政治、经济、文化、法律等多个领域的内容，不仅包括政府干预或政府政策，还包括市场化改革、对外开放、产权制度、法制完善、教育体制改革、科技创新及城镇化和户籍制度等一系列正式制度和社会习惯、道德、行为准则等非正式制度。因此，为了使制度指标的测度能更贴近现实，一部分学者通过构建制度评价指标体系，来对制度指标进行量化。卢中原和胡鞍钢首次在文章中提出市场化指数概念，并将其引入 Samuelson 模型，研究市场化指数对 GNP（国民生产总值）增长的贡献及对经济波动的影响。[96]金玉国在此基础上设计了产权制度、市场化程度、对外开放和分配格局四个制度变量，利用动态关联法计算四个制度变量对经济增长的不同影响，构建了一个相对客观的指标体系。[97]这一指标体系在之后的一段时期被广为引用，直到樊纲等采用比较分析法更加详尽地从“政府与市场的关系、非国有经济的发展、产品市场的发育、要素市场的发育及市场中介组织发育、法治环境”五大方面对各省（区、市）的市场化相对程度进行测度，构建了相对完善的制度评价指标体系，[98]自此，市场化指数作为制度的替代变量被学者们广泛用于制度的实证检验。

综上，越来越多的学者开始关注政府政策等制度因素对金融集聚的影响，然而，因制度的内涵丰富、制度指标的量化困难，制度影响金融集聚的实证研究目前仍较为欠缺。

四、文献评述

对已有文献从金融集聚的传统研究成果、金融问题的制度分析范式、制度影响金融集聚的研究三大方面进行梳理和仔细研读，不难发现学者们对金融集聚问题的研究，无论是从理论上、方法上，还是从研究视角上，均取得了丰硕的成果，对本书的研究具有重要的启示和借鉴意义，但仍然存在需进一步深入探讨之处。

第一，研究视角方面。已有研究多以区位理论、产业集群理论和金融地理学相关理论为基础，分别从区位选择、产业集群和金融地理学视角对金融集聚进行研究，低估了制度建设在金融集聚过程中的重要性。新制度经济学认为，制度是除资本和劳动两大生产要素外，经济增长的又一重要源泉。虽然一些学者开始关注政府政策对金融产业集聚和金融中心建设的重要作用，但相关研究和文献甚少，且对制度的考察不够全面和深入。

第二，研究方法方面。一是学者们对金融集聚的制度分析或偏重理论分析，或偏重实证分析，将理论与实证有机结合的研究甚少，缺乏对制度因素影响金融集聚的内在机理与传导路径的系统和深入探索；二是丰富的制度内涵使得制度变量难以被量化，已有研究或选择政府干预、政府政策等替代指标来进行衡量，往往导致制度的影响被低估，或选择樊纲等学者编制的市场化指数等进行衡量，对细分制度的考虑不够深入；三是不同地区、不同时间段，制度对金融集聚的影响各不相同，而已有研究往往未能同时考虑制度对金融集聚影响的区域和阶段异质性。

第三，研究对象方面。一是已有文献主要对全国，31 个省（区、市）或省会城市，东、中、西部地区，京津冀地区，长江经济带或西北五省（区、市）的金融集聚问题进行研究，高度聚焦湖北省金融集聚问题的研究文献很少。二是已有文献多聚焦于金融发展的空间非均衡与分布动态，专门针对金融集聚空间非均衡与动态演进的研究甚少。三是学者们虽然对制度与金融集聚间的关系展开过理论探索，但对影响金融集聚的制度因素进行分解，并借助计量模型实证检验各制度因素对金融集聚的影响及其传导路径的研究成果还相对欠缺，尤其是在区域协调发展和经济高质量发展背景下，站在区域金融协调发展角度，就制度对金融集聚影响的传导机制进行深入挖掘的则更少。

鉴于此，本书尝试从制度分析视角，以金融集聚理论、交易费用理论、产权理论和制度变迁理论等为理论基础，以湖北省金融集聚现实问题为研究对象，借助熵值法对金融集聚水平进行测度与比较，结合 GIS 技术、Dagum 基尼系数及其分解法、Kernel 密度估计法与 Markov 链分析法等密切关注金融集聚的空间非均衡状态和动态演进特征，采用静态分析与动态分析、定性分析与定量分析、理论分析与实证检验相结合的研究方法，充分考虑制度环境影响金融集聚的区域、阶段和个体异质性，对产权制度、市场制度和法律制度影响金融集聚的内在机理与路径进行系统化与模型化探索，以期为湖北省提升金融集聚水平寻找现实可行的制度创新方案，为推进区域金融协调发展提供一定的理论依据。

第三节　研究思路、内容与方法

一、研究思路

本书以金融集聚理论、交易费用理论、产权理论和制度变迁理论为理论基础，以解决湖北省金融集聚现实问题为目标，在“产权—市场—法律”三元制度分析框架下，采用静态与动态、定性与定量、理论分析与实证检验有机结合的研究方法，沿着“政策解读与理论推演—现行制度下金融集聚的特征事实—制度变迁区域差异对金融集聚空间非均衡的影响—湖北省金融集聚面临的制度约束分析—制度对金融集聚的因果效应与中介效应实证检验—提升湖北省金融集聚水平的制度选择”这条主线，对区域金融协调发展背景下如何提升湖北省金融集聚水平进行深入探究。

根据研究步骤、研究内容和研究方法，将本书的研究框架和技术路线图总结如图 1-1 所示。

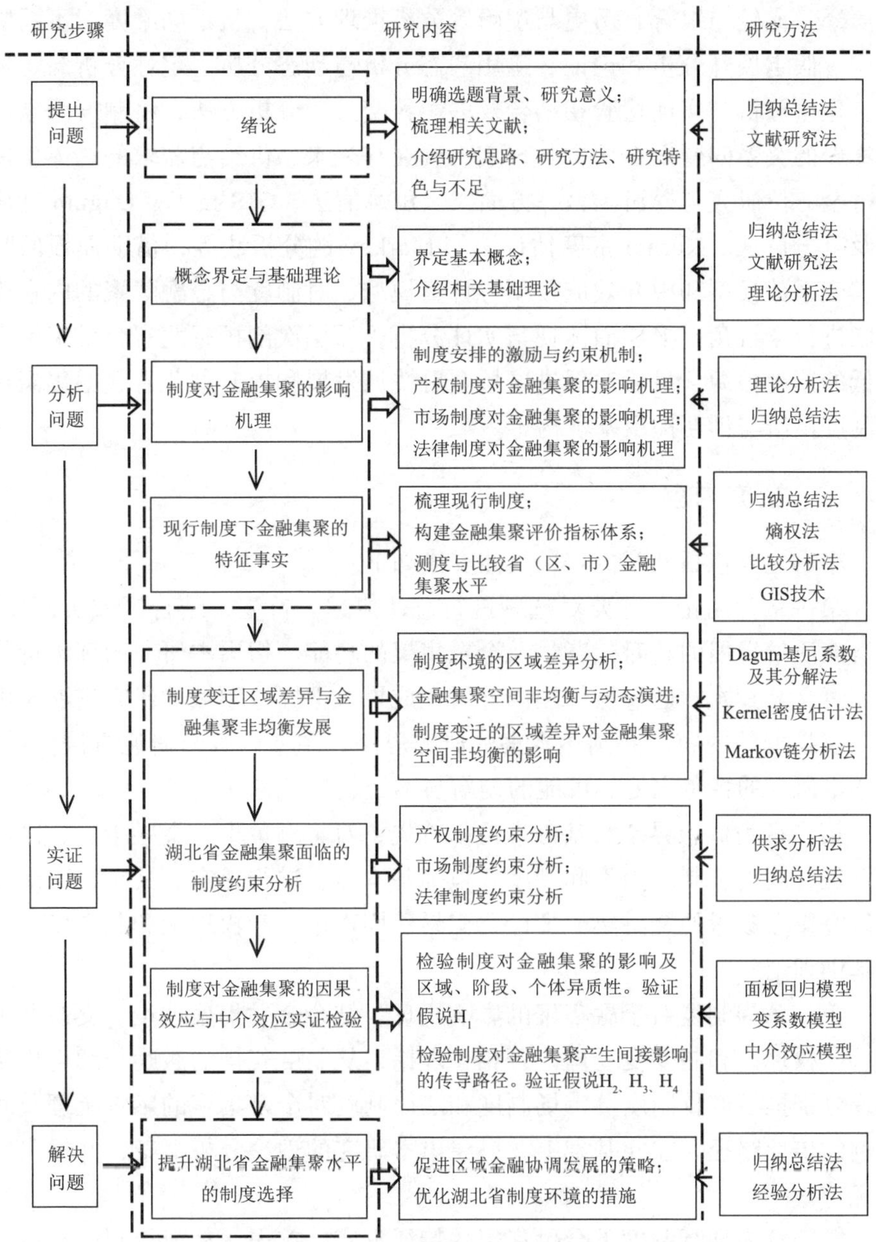

图 1-1　研究框架和技术路线图

具体而言，本书从制度的结构体系及其对金融集聚作用机理的逻辑推演入手，提出“制度是影响金融集聚的重要因素，但制度对金融集聚的影响具有区域异质性、阶段异质性和个体异质性特征，且存在产业结构优化升级、信息化发展、城镇化建设等多条传导路径”的研究假定。一方面，采用归纳与演绎、比较与综合、历史与逻辑等分析推理方法，从不同维度、不同层面对这一假定展开分析和论证。运用静态分析与动态分析、定性分析与定量分析、理论分析与实证检验相结合及多学科交叉的分析方法，将制度因素与金融集聚的关系问题摆在历史与现实、现在与未来、供给与需求的总体坐标上进行全方位研究与探讨。另一方面，采用熵值法、GIS 技术、Dagum 基尼系数及其分解法、Kernel 密度估计法与 Markov 链分析法等，借助面板回归模型、变系数模型和中介效应模型等计量模型，对制度与金融集聚的内在逻辑关联进行全视角、多层面透视与实证分析，深层次剖析湖北省金融集聚水平偏低的制度根源，最后对促进区域金融协调发展和提升湖北省金融集聚水平的制度供给与创新提出基本构想。

二、研究内容

本书主要包括九章内容，具体安排如下。

第一章为绪论，主要对选题进行总体概述。首先，结合区域协调发展、经济高质量发展的新时代背景及金融集聚的功能，指出本研究的理论价值和现实意义。其次，通过梳理国内外研究成果，把握该领域的研究进展及可以进一步挖掘的内容，并阐述本书的研究思路、主要内容与研究方法。最后，阐述本研究的特色之处、可能的创新与不足。

第二章为概念界定与基础理论。首先，对金融集聚、金融中心、区域协调发展、制度、制度因素和制度环境等基本概念进行界定。其次，归纳总结本研究重点参考的金融集聚理论、交易费用理论、产权理论和制度变迁理论等基础理论。

第三章为制度对金融集聚的影响机理。结合金融集聚理论、交易费用理论、产权理论和制度变迁理论等相关理论，从制度安排的激励与约束机制角度，分别推演产权制度、市场制度和法律制度对金融集聚的影响机理及间接影响的传导路径。在此基础上，搭建出本研究的理论分析框架，并提出研究假说。

第四章为现行制度下金融集聚的特征事实。首先，从产权制度、市场制度和法律制度三个方面来阐述现行制度。其次，根据金融集聚的基本内涵总结金融集聚水平的测度逻辑，遵循数据的科学性、可得性、可比性等基本原则，从金融业三大支柱行业角度构建金融集聚评价指标体系，采用熵值法测算 2006—2019 年全国 30 个省（区、市）的金融集聚水平，从全国、区域和省（区、市）等多层面比较分析我国金融集聚的特征，并总结现行制度下省

（区、市）金融集聚的空间分布格局及湖北省金融集聚的演进趋势。

第五章为制度变迁区域差异与金融集聚非均衡发展。首先，根据制度环境的基本内涵与测度逻辑构建制度环境指数评价指标体系，采用熵值法测算30个省（区、市）在2006—2019年的制度环境指数，根据沿海、内陆和沿边的三大区域划分标准，借助Dagum基尼系数及其分解法分析我国制度环境的区域差距、差异来源及其贡献。其次，借助Dagum基尼系数及其分解法、Kernel密度估计法和Markov链分析法对中国省（区、市）金融集聚的空间非均衡与动态演进进行全面分析。最后，在前两节内容的基础上，从产权制度、市场制度和法律制度角度分析制度变迁的区域差异对金融集聚空间非均衡的影响。

第六章为湖北省金融集聚面临的制度约束分析。采用“供给—需求”分析方法，深入剖析湖北省的金融资源在集聚过程中面临的制度供求矛盾，进而归纳总结湖北省金融集聚面临的产权制度、市场制度和法律制度约束问题。

第七章为制度对金融集聚的因果效应与中介效应实证检验。一是根据制度对金融集聚的影响机理分析，基于2006—2019年30个省（区、市）的面板数据，采用面板回归模型检验产权制度、市场制度、法律制度及制度环境对金融集聚的因果效应，考虑到异质性，对基准模型进行分地区和分时间段检验，并采用变系数模型进行个体异质性检验，验证假说H_1。二是根据制度对金融集聚的间接影响的传导路径分析，选择产业结构合理化、产业结构高级化、城镇化水平和信息化水平作为中介变量，运用中介效应模型，检验其是否是各制度因素与金融集聚之间的传导路径，验证假说H_2、H_3、H_4。

第八章为提升湖北省金融集聚水平的制度选择。在前文理论推演、现实分析和实证检验的基础上，针对金融集聚的空间非均衡特征和湖北省金融集聚面临的制度约束问题，提出区域金融协调发展和提升湖北省金融集聚水平的可行性制度供给与创新策略。

第九章为结论与展望。首先，归纳总结本书的主要研究结论。其次，基于本研究存在的几点不足，指出未来有待继续深入研究的方向。

三、研究方法

本书以解决区域金融协调发展和湖北省金融集聚的实际问题为导向，采用制度分析范式及文献归纳、理论分析、统计分析、空间可视化、计量模型和实证检验相结合的研究方法，对制度与金融集聚的关系进行深入探究。不仅要在理论上探究制度影响金融集聚的一般性规律，更重要的是通过对实际情况的考察，为促进区域金融协调发展和提升湖北省金融集聚水平提出相关的制度建议。在此研究目的下，本书综合运用制度金融学、新制度经济学、经济地理学、计量经济学和法学等多学科知识展开研究，采用的研究方法主要包括以下三个方面。

（一）静态分析与动态分析相结合

静态分析方法主要对研究对象在某一时点的状态结果进行分析，而动态分析方法则是对其动态演进过程进行考察。采用静态与动态相结合的分析方法，能够使分析更科学、更全面、更清晰。

静态分析方面，一是对现行制度及现行制度下的金融集聚现状进行分析，二是对湖北省金融集聚面临的制度供求矛盾进行总结。

动态分析方面，一是从全国和省（区、市）层面分析金融集聚的演变特征，并比较分析各省（区、市）间金融集聚水平及动态演进趋势的差异；二是借助 GIS 软件绘制我国金融集聚的空间分布图，直观地展示我国金融集聚空间分布存在的空间非均衡特征、区域金融集聚的空间分布格局及湖北省在全国格局中的地位；三是借助 Dagum 基尼系数及其分解法、Kernel 密度估计法和 Markov 链分析法分别对我国制度环境的地区差距和金融集聚的区域差异及其分布动态进行深入分析，探究制度环境区域差异对金融集聚空间非均衡的影响，总结湖北省金融集聚水平偏低的原因。

（二）定性分析与定量分析相结合

定性分析方法主要以文字语言对问题进行分析，而定量分析方法则以数字、图表和模型分析为主。采用定性与定量相结合的分析方法，能够使研究过程更直观、研究结论更具说服力。

定性分析方面，一是结合制度的激励与约束功能，总结归纳产权制度、市场制度和法律制度对金融集聚的影响机理，包括传导路径的分析；二是基于金融集聚的制度影响因素视角，对我国现行制度进行归纳总结；三是对湖北省金融集聚面临的制度供求矛盾进行总结。

定量分析方面，一是结合省（区、市）金融集聚相关数据，分析我国金融集聚现状；二是借助熵值法对金融集聚水平进行测度与比较；三是结合 GIS 技术、Dagum 基尼系数及其分解法、Kernel 密度估计法与 Markov 链分析法等密切关注金融集聚的空间分布与动态演进特征；四是对影响金融集聚的制度因素进行分解，借助计量模型实证检验各制度因素对金融集聚的影响及传导路径。

（三）理论分析与实证分析相结合

理论分析方法主要依据理论对问题进行逻辑推演，而实证分析方法则结合数理公式和计量模型等数统方法进行计算和检验。采用理论与实证相结合的分析方法，能够使研究兼具理论逻辑和实践逻辑，让理论更好地服务于实践。

理论分析方面，通过检索和研读与“制度”“金融集聚”相关的国内外经典著作和文献，进一步明晰区域金融集聚协同发展问题的相关概念，梳理金融集聚理论与交易费用理论、产权理论、制度变迁理论等制度相关理论，筛选制度环境指数和金融集聚水平的评价指标和测度方法，探寻金融集聚的制度分析视角，并重点分析各制度因素对金融集聚的影响机理。

实证分析方面，一是借助 Dagum 基尼系数及其分解法、Kernel 密度估计法和 Markov 链分析法对我国金融集聚的地区差距及其分布动态进行深入分析，探究金融集聚发展滞后省份金融集聚水平偏低的原因；二是基于2006—2019 年我国 30 个省（区、市）的面板数据，采用面板回归模型，检验制度环境及各项制度对金融集聚的影响，并分区域和分时间段检验制度环境对金融集聚的影响；三是采用变系数模型进行个体的异质性检验，检验制度环境对金融集聚影响的个体异质性，分析湖北省现行制度环境在促进金融集聚发展过程中存在的不足；四是采用中介效应模型，检验各项制度对金融集聚产生间接影响的主要传导路径。

此外，本书还采用了多学科交叉的研究方法，既涉及金融学科本身的研究方法，又选择以交易费用理论、产权理论和制度变迁理论为基础的制度分析范式，并深入金融集聚的空间层面进行金融集聚差异的空间非均衡与动态演进分析。同时，对湖北省金融集聚水平持续偏低问题的探究还与地理学、法学等学科理论思想和分析方法相交融，尽量厘清众多制度因素对金融集聚的隐性作用与间接影响的传导路径，力求使研究达到一定的学科广度和理论深度。

第四节 研究特色、创新与不足

一、研究特色

与以往研究相比，本书的研究特色主要体现在以下三个方面。

一是研究视角方面。以往研究主要从区位选择、产业集群和金融地理学视角对金融集聚问题进行研究，低估了制度建设在金融集聚过程中的重要性。新制度经济学认为，制度是除资本和劳动两大生产要素外，经济增长的又一重要源泉。本书在区域协调发展和经济高质量发展背景下，对产权制度、市场制度和法律制度等制度因素对金融集聚的影响及传导路径进行深入探究，尝试从一个关于制度分析的新视角来研究金融集聚问题。

二是研究方法方面。本书采用熵值法对金融集聚水平进行测度与比较，并借助 Dagum 基尼系数及其分解法、Kernel 密度估计法和 Markov 链分析法对我国金融集聚的地区差距及其分布动态进行深入分析；对影响金融集聚的制度因素进行分解，实证检验各项制度对金融集聚的因果效应及制度环境对金融集聚影响的区域异质性、阶段异质性和个体异质性，并进一步采用中介效应模型检验各项制度对金融集聚产生间接影响的主要传导路径。上述方法的使用，使得分析过程更加全面，研究结论的可信度也更高。

三是研究对象方面。已有文献主要对全国，31 个省（区、市）或省会城市，东、中、西部地区，京津冀地区，长江经济带或西北五省（区、市）的金融集聚问题进行研究，而高度聚焦湖北省金融集聚问题的研究文献很少。本书以区域金融协调发展和提升湖北省金融集聚水平的实际问题为导向，从全国、区域和省（区、市）等多层面对金融集聚水平进行比较，着重分析省（区、市）金融集聚的空间分布格局，基于制度环境区域差异对金融集聚非均衡的影响分析，深层次挖掘湖北省金融集聚面临的金融制度供求矛盾，并提出金融集聚区域协同发展及提升湖北省金融集聚水平的制度创新策略；牢牢把握区域协调发展的理念，在解决湖北省金融集聚个体问题的同时，注重探究制度与金融集聚内在逻辑关联的一般性规律，为研究其他省（区、市）金融集聚问题提供理论支撑。

二、创新之处

基于上述研究特色，本书可能存在以下两点创新。

一是本书基于金融集聚理论、交易费用理论、产权理论和制度变迁理论等，在纯经济学和地理学研究范式的基础上，将研究升华到制度层面，构建了“产权—市场—法律”三元制度分析框架，在实现对金融集聚理论系统化、模型化进一步探索的同时，注重从理论上探究制度影响金融集聚的一般性规律，因此，可为其他省（区、市）研究地区金融集聚问题提供一定的参考价值。

二是本书基于金融集聚的制度影响因素考察视角下的制度环境的基本内涵与测度逻辑，从产权制度、市场制度和法律制度三个方面构建制度环境指数的评价指标体系。不同于已有文献单独选择制度的某一部分因素（如政府干预、政府政策等）作为制度的替代变量进行分析，本书尝试将制度因素扩展到包括产权制度、市场制度、法律制度在内的制度体系来研究制度环境对金融集聚的影响及其传导路径。也不同于已有文献直接采用樊纲的市场化指数作为制度的替代变量进行分析，本书从产权制度、市场制度和法律制度三个方面构建制度环境指数的评价指标体系，在测度制度环境总指数的同时，测算出产权制度、市场制度和法律制度分指数，更加全面、细致地量化了制度变量。

三、不足之处

本书虽得出了一些有价值的结论，并对解决我国金融集聚空间非均衡问题和提升湖北省金融集聚水平作出了一定的贡献，但受自身研究能力及可用资源的限制，尚存在以下三个不足之处。

一是在不同空间尺度下，金融集聚的特征及影响因素均呈现一定差异，囿于数据所限，本书采用2006—2019年30个省（区、市）的数据进行分析，未能实现以地级及以上城市为数据单元，且样本考察期不够长。

二是制度的内涵丰富、体系庞大，包括一系列正式制度和非正式制度，但考虑到非正式制度难以量化，本书研究的制度仅限定在对金融集聚产生影响的产权制度、市场制度和法律制度等正式制度范畴内。

三是本书初步搭建了金融集聚的“产权—市场—法律”三元制度分析框架，这只是对区域金融集聚协调发展理论系统化、模型化的初步探索，未来还需继续深入研究并予以完善。

第二章　概念界定与基础理论

对金融集聚的分析离不开基本概念的界定、相关理论的梳理及影响因素的总结，在此基础上，明晰制度是金融集聚的决定因素的观点，能为本书构建金融集聚的制度分析理论框架奠定基础。分析过程中，本书既注重将制度金融学、新制度经济学、地理学和法学等的最新成果有机结合起来，又注重构建细分的金融业（含银行业、证券业和保险业）集聚评价指标体系及“产权—市场—法律”三元制度分析框架。

第一节　概念界定

一、金融集聚、金融中心与武汉区域金融中心

（一）金融集聚

古人语“集聚”，含会合、聚会和安定聚居之意。现代“集聚”概念的产生源于产业经济学中的“产业集群”概念。根据波特对“产业集群”的界定，产业集聚可以理解为地理上接近的相关企业和机构，依靠共性和互补性联系在一起。根据产业经济学的观点，产业集聚是指集中在某些特定区域的产业，依靠比较稳定的分工协作和纵横交错的相互关系形成的具有独特竞争优势的空间企业集合体。[99]

“金融集聚”这一概念是在“产业集聚”研究的基础上逐步延伸出来的。金融集聚不仅仅是一种产业的发展过程，还可以理解为一种状态或者结果，有着丰富而深刻的内涵。黄解宇等指出，金融集聚既可以理解为金融资源在特定区域集聚的一个过程，也可以理解为一种状态结果，具有地域性、动态性和复合性等特征。[1] 学者们先后基于区位理论、集群理论和金融地理学等

理论对金融集聚进行研究，这些理论分别代表了金融集聚的地域性、动态性和复合性，并为学者们提供了纯地理学、经济学及地理学与经济学相结合的金融集聚研究视角。

虽然学术界对“金融集聚”的定义还未达成一致，但学者们对其基本内涵的理解已达成共识，认为其兼具动态和静态两种内涵，既可以理解为一个动态的过程，也可以理解为一种静态的状态结果。将金融集聚看成一个过程的话，因其具有地域性、复合性和动态性的特征，可将其定义为“金融资源与地域条件协调、配置、组合的时空动态变化，金融产业成长、发展，进而在经济发达、政策环境优越的地域空间生成金融地域密集系统的变化过程”[1]。将其看成一种状态结果的话，金融集聚指数量庞大的金融资源经过上述过程，在某一地区形成的一定规模和密集度的金融要素有机组合的状态。

金融集聚表现为银行业、证券业和保险业等金融领域的机构、资金、人才、信息与技术等资源在特定区域内集中。金融集聚既是金融资源和金融系统的规模、层次和功能的时空演变结果，又是金融资源与区域地理、经济、文化及其他产业相互影响、相互促进的结果。[99] 金融集聚的影响因素有很多，已有文献主要从区位选择、产业集群和金融地理学视角进行考察，研究发现，区位因素、经济基础、信息腹地、人力资本、对外开放等是金融集聚的主要影响因素。

基于研究内容的需要，本书将金融集聚的静态和动态两种内涵有机结合起来，首先，依托金融业三大支柱（即银行业、证券业和保险业）构建金融集聚评价指标体系，并从静态的状态结果视角对金融集聚水平进行测度；其次，从动态的过程视角对金融集聚的空间非均衡与动态演化特征进行考察，进而深入探寻制度因素对金融集聚的影响及其区域、阶段和个体异质性特征。

（二）金融中心

随着金融全球化的推进，国际金融产业向某些区域集中的态势愈发明显，金融资本在全球范围内进行空间整合，并在各大中心城市内出现以金融为核心的中央商务区，一些城市因其金融功能的突出优势而逐步发展为国际金融中心。金融资源在时间和空间维度上的集聚与扩散，已成为全球金融业发展演变的大趋势，全球地区都在努力提升自身对金融资源的吸引力，提升金融集聚水平，进而实现经济高质量发展，提升国际影响力。可见，当金融集聚达到一定水平时就形成金融中心，金融中心是金融集聚演化的高级阶段。如今，金融集聚在世界范围内形成了不同能级的金融中心，如纽约、伦敦和东京等全球性国际金融中心，香港等区域性国际金融中心。随着我国金融业的快速发展，金融机构、资金和专业人才等金融资源不断向某些中心城市集聚，也形成了不同能级的金融中心，如北京、上海和深圳等全国性金融中心，广州、武汉、天津等区域性金融中心，合肥、长沙、石家庄等地方性金融中心。

事实证明，金融中心在区域经济增长和推动经济发展过程中扮演着越来越重要的角色，正逐渐成为区域经济竞争力的中坚力量。一方面，金融中心的集聚效应和创新效应等，使其在促进金融产业成长的同时，也促进了整个地区的经济发展；另一方面，金融中心的辐射效应和空间溢出效应，使其在促进本地区经济发展的同时，还可以促进周边地区的经济增长。认识到金融集聚对经济增长的重要作用之后，国内部分中心城市纷纷制定了各自的金融中心建设目标（表 2-1）。[99]

表 2-1　国内部分中心城市的金融中心建设目标

城市	定位	城市	定位
北京	国际金融中心	武汉	中部金融中心
天津	区域性金融中心	长沙	中南地区金融中心
石家庄	区域性金融中心	深圳	全国金融中心
太原	承东启西区域金融中心	广州	泛珠三角区域金融中心
沈阳	东北区域金融中心	南宁	北部湾区域金融中心
哈尔滨	东北亚区域金融中心	昆明	泛亚金融中心
大连	区域性金融中心	重庆	长江上游金融中心
郑州	区域性金融中心	成都	西部金融中心
合肥	区域性金融中心	西安	西部重要金融中心
杭州	区域性金融中心	兰州	西北区域金融中心
南京	华东地区区域金融中心	呼和浩特	西北部金融中心
厦门	海峡西岸区域金融中心	乌鲁木齐	中亚区域国际金融中心

（三）武汉区域金融中心

2014 年，湖北省立足于服务地方实体经济发展、促进湖北省在中部地区率先崛起，在充分领会《国务院关于武汉城市圈资源节约型和环境友好型社会建设综合配套改革试验总体方案的批复》（国函〔2008〕84 号）、《国务院关于大力实施促进中部地区崛起战略的若干意见》（国发〔2012〕43 号）及《武汉 2049 远景发展战略规划》等文件精神的基础上，迅速启动了武汉区域金融中心建设规划，争取通过积极打造"一心、两核、资本谷"空间分布格局[①]的金融集聚区，不断提升其对自身及周边地区的金融集聚效应和辐射效应，逐步推进湖北省金融业在武汉城市圈金融服务一体化、长江中游城市群及中部六省金融业融合发展等区域协同发展中的辐射带动作用。

此后，武汉区域金融中心专项课题组通过考察论证，进一步明确了湖北省在建设武汉区域金融中心过程中的阶段性任务，并正式发布了《武汉区域金融中心建设总体规划（2014—2030 年）》（简称《规划》），《规划》中明确指出武汉区域金融中心建设的发展目标，即到 2020 年，要将武汉区域金融中心建设成中部地区区域性金融中心和以科技金融为重点的全国专业性金融中心[②]；到2030年，要将武汉区域金融中心全面建设成为与武汉建设国家中心城市相匹配的全国性金融中心[③]。2021 年 5 月 25 日，为了能够尽快顺利实现该建设目标，地方政府结合武汉区域金融中心建设的实际进展，又正式发布《武汉市打造区域金融中心实施方案（2021—2025 年）》，明确指出武汉区域金融中心建设要围绕"壮大总部型金融机构体系、培育多层次金融市场体系、打造标杆级金融创新体系和构建可持续金融生态体系"四项工作任务来展开，以实现集聚壮大金融总部、提升直接融资水平、推动金融创新发展和促进金融人才集聚等发展愿景。另外，地方政府还发布了《武汉市加快区

① "一心"指汉正街国际金融中心区；"两核"指武汉中央商务区—建设大道综合金融聚集区和华中金融城总部金融聚集区；"资本谷"指东湖资本谷科技金融服务区和光谷金融港后台产业基地。

② 具体要求包括：形成以服务实体经济为导向的多元化金融机构聚集区、以要素市场为特色的资金融通高效区、以互联网金融为先导的金融创新试验区，创新发展科技金融、绿色金融、城镇化金融、民生金融、物流金融等，金融业增加值达到 1200 亿元。

③ 湖北省武汉市人民政府．市人民政府关于印发武汉区域金融中心建设总体规划（2014　2030 年）的通知 [A/OL].（2015-01-06）http：//www.wh.gov.cn/fggwszfwj/57465.jhtml.

域金融中心建设若干支持政策》，以确保对武汉区域金融中心建设最大程度的政策扶持与创新驱动。

二、区域协调发展

关于什么是区域协调发展，比较常见的观点主要有以下四种：第一种观点认为区域协调发展就是区域经济协调发展，特指不同区域之间通过经济交往上的日益密切、相互依赖、关联互动，达到不同区域之间经济发展逐渐均衡的目标；第二种观点认为区域协调发展是一种开发模式，是不同区域基于自身要素和资源禀赋，通过要素市场自然选择和政府调控两种方式形成的分工合理的发展状态，在此状态下，区域间经济社会发展水平和人民群众生活水平差距能够保持在一个合理的范围之内；第三种观点更进一步认为区域协调发展的过程是区域间提高相互开放水平、加深经济交往、加强区域间分工，在促进不同区域经济高效增长的同时，又适度将区域间经济发展差距控制在合理范围内并逐渐收敛，最终达到区域间经济发展的正向促进、良性互动的状态和过程；第四种观点着眼宏观层面，认为区域协调发展是在国民经济的发展过程中，既保持国民经济的高效运转和适度增长，又促进各区域经济协调发展，使区域间经济差异稳定在合理范围内，达到各区域共同繁荣的一种区域经济发展模式。

上述四种观点分别从区域间的相互联系、相互促进作用、缩小区域差距和宏观调控等方面刻画了区域协调发展，可见，区域协调发展关注的对象主要是区域经济发展的联系和差距控制。因此，区域协调发展是空间布局合理，总体经济、社会效益最佳，人民享受公共服务水平基本均等的一种理想状态[①]。

中共十六届三中全会在“五个统筹”[②]中正式提出区域协调发展战略。其具体内容包括：积极推进西部大开发，振兴东北地区等老工业基地，促进中部地区崛起，鼓励东部地区率先发展，继续发挥各个地区的优势和积极性，通过健全市场机制、合作机制、互助机制、扶持机制，逐步扭转区域发展差距拉大的趋势，形成东中西相互促进、优势互补、共同发展的新格局。实践证明，区域协调发展战略是我国全面建成小康社会，进而实现全体人民

① 基本公共服务主要包括义务教育、公共卫生和基本医疗、社会保障、社会救助、促进就业、减少贫困、防灾减灾、公共安全、公共文化等。

② “五个统筹”指的是统筹城乡发展、统筹区域发展、统筹经济社会发展、统筹人与自然和谐发展、统筹国内发展和对外开放。

共同富裕的内在要求，不仅是践行新发展理念的必然选择，而且是建设现代化经济体系的重要举措。

三、制度、制度因素与制度环境

（一）制度

根据《辞海》对“制度”一词的解释，制度是“要求成员共同遵守的、按统一程序办事的规程”。[100] 制度在社会经济生活中尤为重要，其通过约束当事人的思维方式和行为，以期有效维持社会秩序。纵观制度经济学理论的演进史，各派学术观点都强调了制度在社会经济生活中的重要性，但对制度内涵的表述却不尽相同。[101]

虽然古典经济学家亚当·斯密提出了经典的“看不见的手”的原理，但其实他也非常重视制度。他一方面极力主张自由市场制度在资源配置中的作用，并提出了“看不见的手”的著名理论；另一方面认为国家是公共物品的提供者，在保护自由市场经济秩序中发挥着重要作用。他还指出，经济社会的发展是关于生产技术、法律、社会和政治的综合安排，其变化即体现为制度发生变迁。亚当·斯密将这一制度发展（或发生变迁）看作社会进程的思想，对制度经济学理论的发展产生了深远影响。[101]

考虑到新古典经济学理论中关于“个人效用最大化、完全预见性和制度框架规则的恒定性”的假设过于理想，而制度分析对解释现实经济具有重要作用，因此，旧制度经济学认为制度理论理应成为核心经济理论，并将制度界定为人类惯常的思维和行为习惯，同时指出交易（即产权的转让）须依据一定的制度规则进行。[101] 然而，因未能对制度影响各个国家和地区经济增长差异的原因进行直接分析，旧制度经济学的一些观点只能停留于“思想的实验”层面。

1937 年，科斯在著名的《企业的性质》一文中提出“交易成本”概念，认为“能够节约交易成本”是企业存在的原因，并明确将交易成本界定为由“信息成本、谈判成本和契约成本”构成的一切使用成本。[102] 伴随着“交易成本”概念的引入，新制度经济学诞生。然而，对于如何降低成本，古典经济学尤为强调分工和竞争的作用，新制度经济学却认为制度是关键，因为制度决定了交易成本的高低。由此，制度理论与制度分析成为新制度经济学的理论中心。

新制度经济学的集大成者诺斯将制度界定为一个能够决定人们的相互关

系，并构造人们在社会、政治、经济等方面发生交换的激励结构的社会游戏规则，并指出制度的变迁过程决定了社会演进的方式。[103]诺斯认为制度的内涵丰富，可以归纳为以下几点。第一，制度与人类行为间存在密切联系。从历史演进的视角来看，制度具有历史惯性，是人类基于各种利益选择行为结果的积累和沉淀。第二，制度是一系列规则或习惯的表现，不仅包括人为设计的宪法、法令、法规等正式规则，还包括理性继承的习惯、道德、行为准则等非正式约束，具有强制性和约束性，由人类“制造”或“发明”出来，用以规范和约束人们的活动和行动。第三，交易是对制度进行分析的基本单位。不同的交易形式为描述不同的制度创造了条件。交易活动会带来“对交换物品有价值特性的测量成本、法制成本和契约的监督实施成本”等一系列交易成本。第四，在一切制度安排中，产权制度是基础。鉴于清楚地界定产权能够降低交易成本，促进交易活动的开展，因此，产权制度成为社会中最基本、最重要的制度，是经济繁荣的关键。第五，制度的基本功能体现为降低交易成本、促进交易活动、实现经济效益。合适的制度安排能够通过减少因人的有限理性和不完全信息带来的不确定性和机会主义行为，从而降低交易风险与交易费用。[104]

国内著名的经济学家林毅夫教授指出，制度是管束特定行动模型和关系的一系列行为规则，且制度安排涉及社会的方方面面，不仅包括与家庭、企业、工会、医院、大学、政府、货币、市场等有关的一系列正式制度安排，还包括与价值、意识形态、习惯等相关的一系列非正式制度安排。[88]

综上，制度是界定人们的选择空间、规范人们之间的相互关系，从而减少人们相互交往过程中的不确定性和交易成本、保护产权并促进生产活动的一系列规则，是人类社会赖以形成和维持秩序的保障。

（二）制度因素

基于新制度经济学和金融集聚理论，结合本书的研究对象来考察制度因素，金融集聚相关制度应是涉及金融资源、金融产品在交易过程中产生的权利义务匹配与约束的一系列规则。参照“结构主义”的功能结构标准[105]，本书认为可从产权制度、市场制度和法律制度三个角度审视影响金融集聚的制度结构。产权制度、市场制度和法律制度的调整对象和调整层次各不相同，分别承担着市场形成、市场化运行、市场秩序维持的职责，共同形成了对一国（地区）金融资源配置和经济绩效起决定性作用的制度框架。虽然对经济主体行为产生的约束在相当大程度上来源于非正式制度，但非正式制度包括的范围很宽泛且难以量化。因此，本书研究的制度因素主要界定在服务于经济金融发展领域，以及与金融集聚相关的“产权制度、市场制度和法律制度”等正式制度范畴内。

产权制度是在既定的产权关系和产权规则下，为了对产权关系实现有效的组合、调节和保护而进行的一系列制度安排，可以调整市场基础资源配置。产权制度是经济社会中最基本、最重要的经济制度，体现在国民经济的各个方面，也是各个方面的动力源，不仅构成了市场制度及其他各种制度安排的基础，而且对经济行为主体参与市场活动的积极性与经济效率产生了重要影响。

市场制度是为明确政府与市场边界、规范市场主体交易行为、维护市场交易与竞争秩序而做的一系列制度安排，主要包括市场准入与退出制度、利率市场化、汇率市场化、融资结构调整、对外开放、人民币国际化、产业结构优化升级、房地产市场改革、科技振兴、宏观监管调整等一系列推进市场化进程的政策举措，可以调整市场主体权利义务关系。完善的市场制度有助于妥善处理政府与市场的关系、培育产品和要素市场发展。

法律制度则是为调整各种社会关系、维护市场秩序、保障其他制度顺利实施及经济活动顺利开展而制定的一系列法律规范，通过组织监管和市场监管来降低和防范市场风险。实践表明，当一国（地区）试图寻求更长远、更成熟的经济发展时，健全的法律体系是必需的，且健全的法律体系不仅体现在立法层面，还体现在执法和司法层面；法律秩序是市场成熟、持续发展的重要前提，需中央、地方两级政府通力协作，共同完善和高效执行现代法律制度。

产权制度、市场制度和法律制度等制度因素间关系尤为紧密，简言之，产权制度是前提，市场制度是核心，法律制度是保障。其一，产权制度是市场制度得以实施的基础，为市场化改革的全面推进提供有效前提；其二，市场制度是产权制度、法律制度等其他制度因素服务的焦点，目的是妥善处理政府与市场的关系、营造良好的市场氛围、规范市场经济主体行为、提高市场竞争程度、降低市场交易成本、保障产品和要素市场的快速发育；其三，产权制度和市场制度均建立在法律制度基础之上，产权制度和市场制度的高效运行都需要法律制度提供有力的保障。唯有建立完善的法律制度，使政府公权部门履行好维护市场秩序的职责，维护应有的社会法治秩序，产权制度和市场制度才能够得以贯彻与执行，产权才能够得到有效的保护，市场经济主体的积极性才能够被充分调动，市场化改革才能够实现全面突破和取得重大进展，市场经济才能够真正运行起来。

（三）制度环境

相对于制度而言，制度环境的概念要“年轻”很多，近几十年才被提出，但一经提出就备受各界关注。戴维斯和诺斯认为，制度环境是由一系列政治、经济、社会基础规则交织而成的体系环境，这一系列基础规则为建立生产、交换和分配关系奠定了坚实的基础。[106] 在社会经济活动中，产权制度、市场制度、法律制度等制度因素往往涉及政府与市场的关系、非国有经济的发展、产品市场和要素市场的发育、市场中介组织发育与法治环境等多个方面，它们在某个区域的组合就形成了该区域特定时期的制度环境。

基于研究对象，本书关注的主要是直接影响金融机构、资金、人才等金融资源聚集活动的制度环境，这一制度环境主要由相关的金融市场主体行为所受的制度约束因素组合而成。一般而言，金融集聚的制度约束因素主要包括产权制度、市场制度和法律制度等，上述制度因素形成制度合力，共同营造良好的制度环境并充分发挥其对金融资源集聚的支撑作用。因制度兼具激励和约束功能，不同的制度环境不仅会对经济主体行为形成不同程度的约束，还会对经济主体产生不同的激励，具体表现为：制度环境越优化，越有利于降低交易费用、规范交易行为、提高劳动和资本配置效率及营造公平的竞争环境；同时还可以激励企业加大创新投入、提高技术创新转化率和促进产业结构优化升级，激励和吸引更多高素质人才。可见，不同的激励与约束机制是不同区域间金融集聚水平和长期经济增长绩效呈现出差异的重要原因。

第二节　基础理论

本书的理论分析框架建立在金融集聚理论、交易费用理论、产权理论、制度变迁理论基础之上，通过对金融集聚的制度分析，阐明制度因素对金融集聚的重要影响及作用机理，探寻提升金融集聚发展滞后省（区、市）金融集聚水平并实现区域金融集聚协同发展的制度供给与创新之策。

一、金融集聚理论

随着服务业在国民经济中地位的不断提升，金融产业集群在现代经济生活中的作用日益突出，学者们开始关注金融集聚现象，随后，金融集聚理论在产业集群理论的基础上逐渐形成起来。早期，学术界对金融集聚问题的研究主要体现在金德尔伯格（Kindleberger）[10] 关于金融中心的研究体系之中；直到 20 世纪 80 年代中后期，帕克（Park）[11] 等国外一批学者开始专门研究金融集聚问题，并主要聚焦于金融集聚的动因、理论基础及金融中心建设。21 世纪初，金融集聚理论逐渐传入我国，国内学者也开始关注金融集聚问题，黄解宇 [1] 等一批国内学者在金融中心建设热潮背景下，以区位选择理论、产业集群理论和金融地理理论等为理论基础，对金融集聚的内涵、特征、动因、主要类型、形成机制及经济效应等问题进行了全面归纳与总结。

（一）金融集聚的内涵、特征与动因

金融集聚有着丰富而深刻的内涵，包括静态和动态两层含义，具有地域性、动态性和复合性等特征。国内外学者先后以区位选择理论、产业集群理论和金融地理学理论为基础，对金融集聚问题展开研究。这些理论分别代表了金融集聚的地域性、动态性和复合性，分别为金融集聚提供了地理学、经济学及地理学与经济学相结合的研究视角。根据区位选择理论的观点，在激烈的产业竞争环境中，因独特的区位优势，只有那种被称作“光滑空间中的豁节点”的特殊地区才适合金融产业集聚，所以，在区位选择分析视角下，金融机构区位选择是金融产业集聚产生的一个重要动因 [3-7]。根据产业集群理论的观点，非金融产业的发展在促使该产业集聚的同时，会对金融业服务提出更高的要求，这种强有力的内生金融需求必将引起大量金融机构集聚，形成各种规模经济、降低交易成本，并在特定区域形成金融集聚区，因此，在产业集群研究视角下，外部规模经济、集聚经济和交易成本是金融集聚的主要动因 [10-14]。根据金融地理学的观点，从金融信息流动方面来看，信息外部性和信息不对称会造成信息腹地，金融部门因信息不对称而产生接近信息源的需求，因此，在金融地理学研究视角下，信息腹地是影响金融集聚及金融地区等级的重要因素 [15-23]。

由此可见，在传统研究视角下，地理区位、经济基础、信息因素等是影响金融集聚水平的重要因素。本书在传统研究视角的基础上，将研究进一步升华至制度层面，认为制度是影响金融集聚的深层次原因，具体而言，制度安排能够对区位优势、产业经济和信息流等因素产生重大影响，进而对金融集聚行为产生影响。如今，湖北省在区域协调发展和经济高质量发展背景下，虽然区位优势逐渐凸显，但因其经济基础薄弱、金融信息流动性不足，金融集聚水平仍然较低，需通过制度安排予以改善。

（二）金融集聚的主要类型与形成机制

金融集聚的类型有很多，可以按照金融中心的影响范围、金融中心产业类型的广度和深度、金融集聚的形成机制及金融集聚空间布局的特征等分类标准进行划分（表 2-2）。与市场主导型、政府主导型、政府与市场联动型三种金融集聚类型相对应，金融集聚的形成机制主要包括市场主导机制、政府主导机制、政府与市场联动机制三种。

表 2-2　金融集聚的划分依据及主要类型

划分依据	主要类型
金融中心的影响范围	全球型、区域型、国家型和地区型
金融中心产业类型的广度和深度	混合型和专业型
金融集聚的形成机制	市场主导型、政府主导型、政府与市场联动型
金融集聚空间布局的特征	马歇尔新产业区型、中心—轮辐型、卫星产业平台型和政府支撑型

市场主导型金融集聚模式又称为内生型、需求引致型或“原发型”金融集聚。其形成机理表现为：在完善的市场机制背景下，随着非金融产业经济的迅速发展，经济发展对金融产品及其服务产生大量需求，从而促使金融机构、资金、人才、信息和技术等金融资源集聚，金融市场不断壮大。市场主导型金融集聚模式的主要特征包括：产权明晰、市场完善、法律健全，政府在金融集聚过程中的作用仅限于事后调节；经济与贸易均高度发达，经济发展的内生金融需求机制健全，金融需求决定金融供给，自然形成需求拉动型金融中心；大多数传统的国际金融中心均属于市场主导型金融集聚模式。

政府主导型金融集聚模式又称为外生型或自上而下型金融集聚。其形成机理表现为：在经济体制处于转轨时期且金融体系尚不够完善的背景下，政府结合经济发展的战略布局，对内部金融产业发展进行行政干预，借助优惠政策促使金融资源快速集聚。政府主导型金融集聚模式的主要特征包括：市场机制不完善，法律制度不健全，政府行政干预过多；经济与贸易欠发达，经济发展的内生金融需求机制不健全，需要依靠政府的力量实现金融集聚和金融产业跨越式发展；大多数新兴工业化国家的国际金融中心属于政府主导型金融集聚模式。

政府与市场联动型金融集聚模式则是上述两种模式的结合体，已发展成为20世纪80年代以来最典型的金融集聚模式。从历史经验来看，市场主导型与政府主导型金融集聚模式间的区别并不是绝对的，一方面，政府主导型模式不可能独立于经济发展，而往往以市场主导型金融集聚为基础；另一方面，金融集聚发展到一定阶段时，政府的行政干预反而会阻碍金融资源流动，此时需逐步弱化政府干预、强化市场主导作用，并将以市场主导型金融集聚模式下的政府职能取而代之。此模式的形成机理表现为：在政府的推动下，鼓励金融创新，推动金融市场化与自由化，政府与市场共同促成金融集聚的进一步深化。

（三）金融集聚的主要功能与经济效应

从功能角度来看，金融集聚主要有集聚闲散资金、信息收集、公司治理、分散风险和促进创新等功能。一是金融机构通过吸收公众存款等方式将社会闲散资金集聚在一起，并促使储蓄转化为投资；二是为了提高资金投资效率，金融机构不仅会对相关信息进行收集和整理，通过信息处理对市场、行业和企业进行筛选，以此来降低因信息不对称带来的投资风险，而且会通过严密监督企业在项目开展或者经营活动中对资金的运用状况，促使其提高自身公司治理能力；三是对融资者来说，在参与融资活动的过程中，金融机构自身专业优势所提供的分散风险功能有助于其开展更多的创新活动，从而促进技术进步，提高企业创新能力和资金配置效率。

从经济效应角度来看，国内外学者均已作出诸多探索，且一致认为金融集群能够有效促进经济发展。国外学者主要从“新古典均衡理论”“循环累积因果原理”和“威廉姆森倒U形假说”等方面展开分析。彼得·卢梭（Peter L.Rousseau）[107]、迈克尔·佩纳（Michael Peneder）[108]和穆欣·卡尔（Muhsin Kar）[109]研究发现金融集聚能够通过区内信息与资源的共享，产生外部经济效应，使得高收益机构得到资金支持并加速生产要素流动，进而推动区域经济增长。布鲁哈特（Brulhart）和马修·妮可（Mathys Nicde）[110]研究指出，金融业是对劳动生产率提升作用最明显的产业，金融产业集群不仅对当地经济具有增长效应，还会对周边地区经济产生辐射效应。鲍德温（Baldwin）[111]、奥德里斯（Audress）[112]、伯纳（Bernat）[113]则发现金融集聚能够带来技术和创新等优质要素，由技术“外部性”产生的“知识溢出”与“技术溢出”效应，有助于加快形成金融集聚区，提高资金的流动性和配置效率，进而对经济增长产生空间溢出效应。国内学者的研究成果主要体现在三个方面：一是金融集聚通过集中区域金融资源，发挥规模经济、竞争优势和自我强化等效应，从而形成经济发展的新增长极，进而推动区域经济快速增长[43]；二是金融集聚能够通过提高金融机构间的合作效率，加速金融资源流动和降低交易成本，这不仅有助于带动附属行业集约化发展并实现当地经济的快速增长，而且有助于带动周边地区实现经济增长[114]；三是因区域经济发展水平存在差异，金融集聚的经济溢出效应在不同区域间存在显著的时空分异性[2，115-117]。

二、交易费用理论

新古典经济学关于“理性的经济人、信息完全和零交易费用等”的假设前提都过于理想，与现实相距甚远。面对新古典经济学的困境，理论界开始将视线转向制度和历史，基于历史演进的制度经济学分析范式应运而生。新制度经济学在新古典经济学的基础上，引入交易成本和产权结构等变量，使得研究更贴近现实、理论推理更严谨、解释更具说服力。其中，交易费用理论和产权理论是新制度经济学研究制度构成和变迁的两大分析工具。

（一）交易费用的内涵

“交易”一词问世已久，但在经济学中的应用范围极窄。直到康芒斯将其与早已一般化的“生产”相对立，指出“生产”和“交易”活动分别是人对物的活动、人与人之间的活动[118]，并把其作为制度分析的基本单位之后，才真正实现了“交易”概念的一般化。阿罗是最早提出“交易成本”这一术语的人，他认为交易成本是利用经济制度的成本或经济制度的运行成本，在特殊情况下甚至可能阻碍市场的形成。[119]

“交易费用”作为新制度经济学的基本概念，最早由科斯在其经典之作《企业的性质》中正式提出。他认为市场交易中因存在发现价格、商议交易合约、监督合约履行等带来的各种成本（即交易费用），从而使得企业的存在成为可能。其从交易成本分析角度解释了企业与市场间的关系，指出企业存在的原因是其能够通过交易的内部化而节省交易成本，企业的本质则是以相对稳定的契约来替代市场的制度选择。之后，科斯又在其另一篇经典之作《社会成本问题》中，进一步明确了市场交易成本的内容，并指出交易费用的高低决定了交易进行的难易程度。[102，120]

“新制度经济学”的命名人威廉姆森指出，有限理性、机会主义和资产专用性共同决定交易费用，并将交易费用进一步细分为事前交易费用和事后交易费用。[121]诺斯在科斯的基础上对交易费用进行了更加详细的探讨，认为交易费用为交易物品和实施合约的成本之和，也是生产性成本和制度性成本之和。[103]巴泽尔则在产权界定的基础上，将交易费用具体化为“与转让、获取和保护产权有关的成本”。[122]张五常认为，交易费用是包括“信息费用、谈判费用、起草实施并监督契约执行”等的一系列制度费用，换句话说，交易费用为一切发生于非生产过程中的费用之和。[123]

综上，经济学家们对交易费用的界定并无实质性区别，都认为交易费用属于市场经济中的噪声，为经济运行的内生变量，只是各自关注的焦点和范围不同而已。

（二）交易费用理论的论点

首先，因信息费用、契约费用和监督管理费用等一系列交易费用的存在，市场并不能实现完美的新古典均衡。交易费用的高低决定了企业和市场间的替代结果。具体而言，当交易费用较低时，市场取代企业实现交易；当交易费用偏高时，企业也可以取代市场实现交易。

其次，受交易的频率、不确定性和资产专用性等因素的影响，交易费用会呈现明显差异。具体而言，交易的频率越高，越需要经济组织来保障；不确定使得能够应变的连续性决策尤为重要；资产专用性程度越高，纵向一体化越能体现企业在资源配置方面的优势。因市场的非完全竞争性、有限理性、不确定性、机会主义及资产专用性等因素的存在，市场交易费用往往会非常高昂，从而需要一整套有效率的制度安排以降低交易费用，提高经济活动效率。

再次，交易费用的绝对大小虽然量化起来非常困难，但是从序数角度或者采用边际成本等间接测度方法来实现则是完全可能的。随着分工和专业化程度的提升，社会总交易费用会增加，但每一笔交易所需成本会下降。不同制度结构下的交易成本变动趋势不同，关系经济是以关系为本的制度结构，其固定成本低廉但边际成本高昂；契约经济是以法治为本的制度结构，其固定成本很高但边际成本极低。

最后，任何一种新的经济制度或组织之所以建立并运行，是因为它们能够节约交易费用、实现交易收益，不同制度间的交易费用差异和绩效差异是巨大的。在诺斯看来，相对于发展中和落后国家而言，西方发达国家在现代工业文明中率先崛起，这主要归功于其高效率的制度成功降低了交易费用。

综上，交易费用实际上是一系列制度成本，不仅包括建立交易关系、搜寻信息、进行讨价还价谈判、订立契约条款所花费的直接费用成本，还包括因机会主义行为而产生的如监督和实施契约条件及不能履行契约所带来的产出损失而造成的间接费用成本。交易费用理论改变了新古典经济学关于完全理性、信息完全和零交易成本等的理想假设，大大拓展了经济学的研究领域，改变了经济学的研究方向，在分析交易费用如何影响经济活动的同时，使制度成为理解长期经济增长的关键因素，并使所有权分配问题成为经济学分析的首要因素。

三、产权理论

新制度经济学认为，产权的界定可以明晰产权的边界，合理的产权制度有助于降低交易费用，提高经济效率。根据科斯的观点，在交易费用为零时，无论产权如何分配都能够实现资源最优配置的结果；而存在正的交易费用时，产权的分配则将对资源配置的运行结果产生重大影响。[104] 产权的界定是一切市场交易活动开展的前提，因此，产权在新制度经济学中具有举足轻重的地位。产权制度是经济社会中最基本、最重要的制度。产权理论不仅是解释社会交易费用变动特征及其原因的重要工具，也是理解制度变迁理论的重要基石。

（一）产权

从历史演进角度来看，产权的演变大致经历了“建立产权的排他性—建立产权的可转让制度—实现与各种组织形式创新紧密联系在一起的产权”三个阶段。对于“产权”概念的表述，也经历了由“简单”到“复杂”、由“易”而“难”、由“外”至“内”的演变过程。其中，最经典的表述莫过于“产权是一个权利束，包括所有权、使用权、收益权、处置权等一系列财产权利”。因具有排他性、明晰性、可分割性和可转让性等特征，产权具备了将外部性内部化、解决激励问题等功能。

根据产权的演进分析发现，产权的形成主要受技术、人口压力和资源的稀缺度、产品和要素相对价格的变动等因素的影响。私有产权产生的前提是产权所有者从产权中获得的收益大于排除他人使用该产权的成本。马克思认为社会制度结构以技术为前提，技术进步有助于降低交易费用，同时也降低了行使所有权的费用。诺斯则从技术缺乏的角度解释了为何有些所有权未能实现个人收益与社会收益相等，即阻止“搭便车”行为等。人口与资源的矛盾不仅会带来资源的稀缺性，还会引起劳动、土地等要素相对价格的变化，因此迫切需要建立具有排他性的产权。

产权是为了满足社会经济发展需求而出现的，会随着经济发展的变化而变化。根据权利界定的使用范围的不同，产权被划分为私有产权、共有产权和国有产权。其中，私有产权意味着财产的一系列权利均界定给一个特定的人；共有产权意味着享有这些权利的不止一人，且共同体内的成员可以共同享受财产的一系列权利；国有产权则意味着该项财产的一系列权利均归国家所有。阿尔钦认为，资源的稀缺性意味着资源的各用途间存在冲突，须通过竞争来予以解决，而竞争的结果和市场运行效率由产权的安排来决定。[124]张五常指出，不同的产权规则会使人们的行为和收入分配的方式不同，也会带来一国财富总量的变化。[123]若想使稀缺资源得以有效利用，就必须建立有效的产权制度和合理的产权制度结构。

（二）产权制度

作为既定的产权关系和产权规则，产权制度是为了对产权关系实现有效的组合、调节和保护而进行的一系列制度安排，产权制度的主要功能体现在降低交易费用和提高资源配置效率两个方面。作为经济社会中最基本、最重要的经济制度，其不仅能构成市场制度及其他各种制度安排的基础，而且能独自对经济效率产生重要影响。

有效的产权制度有助于形成稳定的正向预期激励，降低市场运行过程中的道德风险，进而通过实现市场运行外部成本内部化，降低交易费用、提高资源配置效率；而缺乏效率的产权制度往往会因产权界定不明晰或产权界定不合理，导致交易费用过高、滋生垄断或寻租行为，从而阻碍市场经济的顺利运行。

在经济市场化发展道路上，建立健全现代产权制度是我国产权制度改革的终极目标。现代产权制度具有归属清晰、权责明确、保护严格和流转顺畅四大基本特征。其中，产权归属清晰是现代产权制度的基础，产权权责明确和保护严格是现代产权制度的基本要求，产权流转顺畅则是健全现代产权制度的重要标志。现代产权制度是权、责、利高度统一的制度，有助于国民经济持续快速健康发展和社会有序运行。

（三）产权理论的发展

原始产权理论主要关注的是产权的起源问题。德姆塞茨[125]指出，产权产生的前提条件是内在化的收益大于成本，且外部性内在化的动力主要包括技术变革、新市场的开辟、相对价格的变化及产权的不协调性等。可见，新产权的形成是人们对外在条件变化带来的预期收益与成本的变化作出的回应。[125] 原始产权理论模型主要分析初始产权的界定与形式及排他性产权的形成过程，考察的对象并不包括国家，因此，政治、法律制度均不在其分析的产权影响因素范围内。

科斯是现代产权理论的奠基者和主要代表，是学术界公认的产权理论创始人，他在对制度和产权的理论内涵进行界定的基础上，根据成本与收益分析，从法律和经济两个角度阐释了产权理论的基本观点，提出了著名的科斯定理。科斯定理包括三个层次的内涵：第一个层次的内涵是“如果交易费用为零，那么无论初始产权如何界定，市场均能够实现最优配置状态”；第二个层次的内涵是“如果交易费用不为零（即正的交易费用），那么制度将对资源的配置产生着重大影响”；第三个层次的内涵是“针对外部性问题，不同的法律与经济环境下，最优策略各不相同，策略选择的依据是制度带来的交易费用及制度选择带来的成本与收益间的比较”。[102，120]

事实上，科斯本人并未对其产权理论思想进行直接总结和阐释，从而导致西方经济学界对其产权理论思想的理解出现了诸多分歧，并使得之后的西方产权理论形成了多个分支。一大分支以威廉姆森为代表，认为交易的自由度和交易成本的大小是影响资源配置效率的关键因素；一大分支以布坎南为代表，强调产权界区和产权转让的重要性，认为只要产权界定明晰、可自由转让，无论初始权利配置如何，结果都能够实现资源的有效配置；还有一大分支以舒尔茨为代表，强调以自由竞争为重要前提，认为只要产权界定明晰且保证自由竞争环境，那么无论初始权利如何分配，结果都能够实现资源的有效配置。尽管学术界对科斯定理还存在较大的争议，但其成为新制度经济学分析问题的重要参照系是不争的事实，为经济学家们打开了产权理论探索的新领域。

西方产权理论从舍掉了社会和历史属性的孤立的个人出发，得出“产权是一种超历史的自然权利，产权制度是在经济人假说和交易成本的约束下，经济人为了追求利益最大化而自发形成”的理论逻辑。不同于西方产权理论的逻辑，马克思认为人并不是抽象的、超历史的、无差别的纯自然人，而是处于社会整体联系中的个体，具有社会和历史属性，进而将制度安排视为影响经济绩效的重要因素，并根据人类社会发展的内在规律来阐释产权制度的形成与变迁。虽然马克思明确指出社会主义要消灭私有制，使生产资料公有制成为社会主义生产关系的基础，但这并不意味着公有制不可以通过不同的形式或产权制度来实现。其实现形式应根据经济发展所处的特定历史阶段和经济活动组织形式的特征适时予以调整。通过合适的产权制度明晰各权利主体的权利，将劳动者与生产资料以有效的方式结合起来，各司其职、各尽其责、各获其利，最终实现生产资料的增值并造福全体劳动人民。有效的产权制度和合理的产权制度结构是市场化改革和经济增长的关键，马克思的产权理论对新制度经济学理论框架产生了重要的影响，对我国产权制度改革等问题具有重要的指导意义。

严格意义上来讲，马克思的产权理论思想的形成要远远早于西方现代产权理论，他是首位将产权作为内生变量引入经济学分析的经济学家。诺斯曾在其著作《经济史中的结构与变迁》中指出，马克思的思想为产权理论发展作出了根本性贡献。马克思的产权理论以辩证唯物主义和历史唯物主义的哲学思想为基础，将产权关系视为生产范畴而非交易范畴，采用整体主义分析方法，深刻揭示了生产力与生产关系之间的矛盾运动规律，理论逻辑严谨，经得起历史与实践的检验，因此未来制度分析的发展需更大程度上吸收马克思制度分析思路的营养。

四、制度变迁理论

新制度经济学将“需求－供给”这一经典经济学理论分析框架引入制度分析领域中，搭建了一个制度变迁理论的分析框架。制度经济学家认为，制度的供给与需求不匹配意味着制度的均衡被打破，根据成本－收益分析，如果制度创新的预期收益大于预期成本，那么制度创新可以带来“帕累托改进”，追求个人利益最大化是制度创新的终极动力，制度变迁就是制度不断循环“均衡—非均衡—均衡”的“帕累托改进”过程。[126]

（一）制度的需求

根据诺斯的观点，制度是一系列被制定出来的规则、应遵循的要求与合乎伦理道德的行为规范，用以约束追求福利或最大化利益的个人行为。[103]制度提供了人类相互影响的框架，并由此产生合作和竞争关系，这些关系构成了一个社会，或者更准确地说，构成了一种经济秩序。

这些秩序决定了经济行为主体在社会生活中能做什么和不能做什么，具有一定的社会功能和经济功能。社会功能体现在提供有效协调和信任、保护自主权益、建立权势平衡及防止和化解冲突等方面；经济功能体现在降低交易成本、提供激励机制、创造合作秩序、鼓励创新并实现外部利益内部化等方面。

基于上述社会功能和经济功能，制度的存在为人们的生活和生产活动等提供了诸多便利和风险保障，为增加经济主体间的利益创造了条件，从而使得人们对制度产生需求。

影响制度需求的因素有很多，主要包括产品和要素的相对价格、宪法秩序、技术进步和市场规模等。[126]产品和要素的相对价格发生变动后，人们之间的激励结构和讨价还价能力会随之发生变化，还可能带来技术水平的变化，从而影响制度需求。制度经济学家们认为，产品和要素相对价格的变动是制度变迁的源泉。宪法秩序的变化会对制度的预期成本和预期收益产生深刻的影响，进而影响制度需求。技术进步不仅有利于降低交易费用，而且能够降低产权的排他性费用，进而从多方面影响制度需求和制度变迁。研究表明，对任何制度的需求都离不开技术因素。市场规模的变化会影响社会分工的专业化程度，从而改变固定成本和制度运行成本的大小，市场规模的扩大更有助于制度创新的实施。

（二）制度的供给

制度的供给是对制度需求的回应，即制度的生产。制度的供给是制度供给者提供的制度数量和质量的总和，指制度供给者在给定的社会环境下，通过特定的程序和渠道，创新和设立约束经济主体行为的一系列正式规则。

影响制度供给的因素很多，主要包括宪法秩序、制度创新的预期成本、知识积累与社会科学知识的进步、制度供给者的预期收益、现行制度的路径依赖等。[126]

新制度经济学认为宪法秩序可以通过增强或削弱知识基础、增加或减少立法的成本和难易度、扩大或缩小制度选择的空间、提高或降低引入文明秩序的意识来影响制度的供给；制度创新的预期成本与预期收益之间的大小，是制度供给者调整制度供给的重要参考依据，无疑，只有当制度创新的预期收益大于预期成本时，制度供给者才有制度创新的动力；知识积累与社会科学知识的进步会对制度的预期收益产生正向影响；和物体的运动一样，制度变迁也存在一种“惯性”（即路径依赖），现行制度会在一定程度上影响新制度安排，具体表现为如果现存制度和制度变迁的路径方向一致，那么现存制度会有助于制度的创新和社会经济的发展，反之将会给新制度的安排带来障碍。

（三）制度的均衡与非均衡

1. 制度均衡

制度均衡是经济行为主体对既定制度安排和制度结构的一种满意状态，

现行任何制度安排的改变不可能给任何经济行为主体带来额外的收益，则意味着现行制度结构处于“帕累托最优”状态。因制度均衡是多重和全面的，所以制度表现出复杂性、多样性和稳定性等特征。

从制度供给和需求角度分析制度均衡问题，有助于深入考察制度变迁的原因和变迁过程。和其他商品均衡一样，制度均衡也只是一种理想状态，现实往往表现为制度供给与制度需求的非均衡状态。从供求关系来看，制度均衡状态下的制度供给正好适应制度需求。制度均衡的形成过程是涉及代表各方经济行为主体利益的集团或者组织博弈的结果，是一个错综复杂的过程。

2. 制度非均衡

制度非均衡是经济行为主体对既定制度安排和制度结构不满意、制度供给与制度需求不匹配的一种状态，意味着存在“帕累托改进”的空间。结合现实来看，制度的非均衡包括制度供不应求和制度供过于求两种情形。

制度供不应求表明存在潜在利润，制度创新在改善制度供给不足的同时，还能够带来“帕累托改进”。制度供不应求的原因主要表现如下：一是制度供给存在“时滞”，即经济行为主体对制度创新的需求往往先于制度的实际供给，从而造成供给时滞性的制度供给不足；二是某些制度的外部效应和非排他性造成制度的供给不足；三是处于垄断地位的制度提供者出于制度创新费用及对自身利益的考虑，造成体制性制度供给不足。

制度供过于求同样表明存在潜在利润，但此时应减少制度供给，消除某些不合适的制度，从而提高经济效率，实现“帕累托改进”。制度供过于求的原因主要表现如下：一是出于对社会各既得利益集团利益的考量及政府“创租”和“抽租”的考虑，政府主导的强制性制度变迁极易带来制度供给过剩问题；二是政府干预政策的延续性或惯性，也极易带来制度供给过剩问题；三是某些行业或部门为了获得垄断利润，产生管制需求并对政府部门施加压力，借此获得保护性政策和垄断利润，从而导致制度供给过剩。

（四）制度变迁

诺斯指出制度不是一成不变的，而是处于不断的变迁过程中，表现为成本更低和收益更高的制度将代替成本更高和收益更低的制度。[103] 制度变迁是现行制度对制度非均衡状态的一种现实反映，制度非均衡是制度变迁的诱致因素，制度变迁就是制度不断循环“均衡—非均衡—均衡”的“帕累托改进”过程。

根据变迁方式的不同，新制度经济学将制度变迁分为诱致性变迁与强制性变迁。诱致性变迁特指现行制度安排的变更或替代（或者新制度安排的创造），是由个人或一群人在响应获利机会时自发倡导、组织和实行的过程。诱致性制度变迁的主体是一群（个）人或团体，是一种自下而上、由局部到整体的制度变迁过程。诱致性制度变迁具有渐进和逐步推进的特征，因其遵循一致性同意原则和内在演进机制而具有自动的稳定性、降低决策失误率、激励机制更持久等比较优势，但同时存在改革难彻底、改革周期长、改革成本高等不足。强制性变迁则是由政府命令和法律引入和实行的一种制度变迁方式。与此相对应，强制性制度变迁是以国家为主体，由国家通过政策法令实施的一种自上而下的制度变迁过程。强制性制度变迁具有时间短、速度快的特征，因其主体为国家而具有制度供给的规模经济、制度实施成本和组织成本较低等比较优势，但同时具有低效能、破坏性大、极易带来“搭便车”行为和社会震荡等缺陷。[126]

根据变迁速度的不同，新制度经济学将制度变迁分为激进式变迁与渐进式变迁。激进式制度变迁是一步到位地安排制度变迁，具有行动迅速、果断的特征，其优点是能够减少不必要的争议和变迁成本向后累积的风险及迅速安排核心制度，其面临的风险是改革的不可逆可能会增大改革的成本，无法适当地修正和调整不适合实际的制度，甚至还可能会出现政权易位。渐进式制度变迁则是循序渐进、分阶段突破地安排制度变迁，事先并未设计好终极制度模型。其优点是较易为各大利益主体所接受，且短期实施成本较低。其面临的风险则是新旧制度的并存可能带来“双轨制”和寻租问题等，寻租不仅会增加改革成本，还会使社会风气变坏。

诱致性和强制性的变迁方式与激进式和渐进式的变迁速度进行组合，可以形成四种制度变迁模式，即诱致性变迁＋激进式变迁、诱致性变迁＋渐进式变迁、强制性变迁＋激进式变迁、强制性变迁＋渐进式变迁（表 2–3）。[126]

这四种变迁组合并无绝对的好坏、优劣之分，需要结合实际情形选择适当的组合模式，把握好组合模式间的转换时机，逐个解决阶段性的改革任务。现实经济生活中，由于制度内在固有的稳定性和制度变迁的“路径依赖”特性，相应的组织与利益集团、制度与组织间的共生状态极易形成“锁定”状态，从而使得更具效率的制度创新难以被高效实施。正因为如此，绝大多数的制度变迁均具有渐进性的特征。将新古典经济学的“需求–供给”理论分析框架引入制度变迁分析，不难发现，诱致性制度变迁以制度需求为主导，而强制性制度变迁以制度供给为主导，由此，制度的非均衡性就转化为政府供给主导型变迁与市场需求主导型变迁的非均衡问题。

表 2-3 制度变迁的四种组合模式

组合模式	名称	优点	缺点
诱致性变迁 + 激进式变迁	激进式诱致性制度变迁	阻力小、成本低、成功率高；制度供给较及时，有利于缩小制度供求缺口；制度安排可逆性大，有助于制度微调	易因制度供给者盲目乐观而陷入制度供给陷阱；变迁时间长，易造成矛盾和问题的累积
诱致性变迁 + 渐进式变迁	渐进式诱致性制度变迁	社会震荡小、成功率高，能准确把握变迁方向	变迁时间长，易带来寻租和“搭便车”行为；变迁强度不够、成本高；陷入供给陷阱的概率高
强制性变迁 + 激进式变迁	激进式强制性制度变迁	速度快、节约成本、变迁力度大	破坏性强、损失了信息存量、缺乏弹性的修正合理时滞
强制性变迁 + 渐进式变迁	渐进式强制性制度变迁	制度安排有先后顺序、满足制度累增的需要	增加了寻租机会和“搭便车”行为、变迁强度不够

根据金融集聚理论的观点，金融集聚能够对区域经济增长产生辐射效应和空间溢出效应，金融机构、资金、人才、信息、技术等金融资源的集聚会考虑交易成本和配置效率的高低，和区位因素、经济因素一样，制度也是影响金融集聚的重要因素，政府与市场联动型金融集聚模式已发展成为 20 世纪 80 年代以来经济转型国家最典型的金融集聚模式。金融交易费用是金融理论模型中衡量制度绩效的重要工具和标准，根据交易费用理论的观点，金融市场也存在交易费用，其高低必将对金融资源的配置效率产生重大影响，合理的金融制度安排是降低金融交易费用、提高金融资源配置效率的重要前提。根据产权制度理论的观点，产权可以是共有与私有共存，无论何种产权制度安排，均须在特定的制度环境中考察其效率。合理的产权制度结构不仅有助于产权明晰、保护和流转，而且有助于降低金融交易费用、提高金融资源配置效率。将私有产权和共有产权进行合理配比并明确划分二者的权利边界，或许才是最优产权制度结构的安排。制度变迁理论是新制度经济学的重要分支之一，我国的金融制度变迁存在明显的路径依赖，导致金融制度变迁远远滞后于国内经济体制改革，考量制度变迁背后的历史逻辑与诱因是研究

我国省（区、市）金融集聚发展的重要前提。此外，制度差异是金融集聚差异的前提条件，要实现区域金融均衡发展，各区域的制度收敛是前提。由此可见，本节关于金融集聚理论、交易费用理论、产权理论和制度变迁理论等的主要观点，为分析我国金融集聚空间非均衡的原因和探寻消除金融集聚多极化问题的解决办法提供了丰富的思想源泉。

第三章　制度对金融集聚的影响机理

制度可为经济主体提供明确的行为预期框架。有效的制度安排能为经济行为主体提供激励—约束条件、降低交易成本，并提高交易效率，是促进和保障经济增长的基础性条件。[104]在市场经济中，有利于市场主体发展的制度条件主要包括完备的法治体系、完善的市场机制和良好的政府治理。在市场化改革过程中，通过以强制性制度变迁为主、诱致性与强制性制度变迁并存的制度变迁模式，我国分地区、分时空统筹安排并实施了一系列产权制度、市场制度与法律制度改革与创新，对区域金融集聚产生了深远影响。改革开放以来，源于制度变迁带来的激励与约束机制，促进了我国总体金融资源的空间集聚及金融业实现快速发展，与此同时，差别化的制度环境也带来了区域金融发展不平衡、不协调等问题。

第一节　制度安排的激励与约束机制

传统经济学认为市场能够自动调节产品与要素的供求关系并达成均衡，实现资源的优化配置。然而，事实证明，没有制度的保驾护航，任何市场都会因机会主义泛滥而陷入欺诈、冲突与混乱之中，从而导致交易成本高昂并最终无法进行交易。由此，新制度经济学指出，市场只有在制度框架的规范下才能长期存在并发挥其调节功能，只有通过一系列规范市场主体交易行为和维护市场交易秩序的制度安排来构建有效的市场协调机制与约束机制，才能充分发挥其调节功能。根据新制度经济学的观点，制度安排是用于约束特定领域内经济主体行为的一个规则集，并通过这一规则集来支配各经济主体间可能采取的合作与竞争方式。制度安排不仅能够为经济行为主体提供利益激励，而且能够对经济行为主体产生约束。制度安排不同，意味着相对应的制度结构和制度环境不同，不同的制度安排对经济主体的激励与约束程度及其带来的经济绩效均存在显著差异。

一、制度安排的激励机制

一系列关于契约条款的完善，经济主体行为责、权、利关系的界定，专利保护等的制度安排，有助于减少外部性，使其私人收益接近社会收益，从而实现对经济主体的有效激励（图 3-1）。根据诺斯对“西方世界兴起的原因”的解释，制度激励机制的不断完善和有效实施是关键。有效的制度安排，不仅能够通过正向利益机制（增加预期收益）来激发金融市场经济行为主体的活力，提高金融市场经济行为主体的积极性与创造性，以便实现金融组织的特定目标，而且能够通过负向利益机制（减少预期收益）来调整低效率金融行为主体的工作态度，以便引导其向积极方向转化。[127]

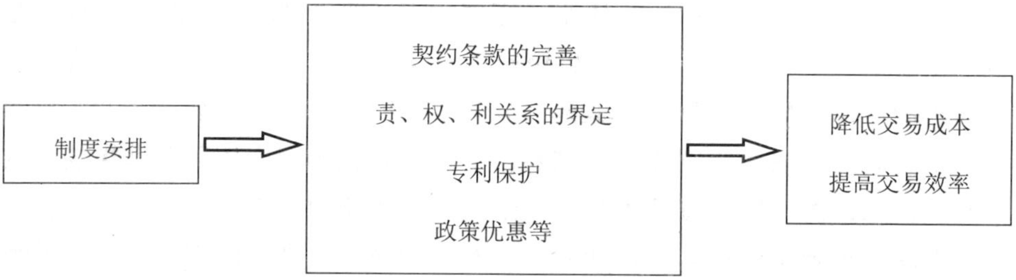

图 3-1　制度安排的激励机制

制度安排能够产生激励机制，制度安排的差异也会产生不同的激励机制。在金融集聚过程中，制度激励机制运行的好坏往往能够通过金融个体交易成本与交易效率及金融个体目标与社会目标的关系来反映。一般情况下，有效的制度激励机制能够把金融个体的交易成本与交易效率、金融个体目标与社会目标合理统一起来，在降低金融个体交易成本的同时，还能提升整个金融行业的交易效率。[105] 相比较而言，制度容量较大的地区往往更有助于减少金融交易的不确定性、降低金融交易费用，从而有效激发金融市场经济运行活力。

二、制度安排的约束机制

一系列规范市场主体交易行为、维护市场交易与竞争秩序的制度安排，不仅有助于建立多元化有效的约束机制，强制交易者遵守市场交易规则，承担交易契约规定的责任和义务，惩罚交易中的违约侵权行为，迫使市场交易者不得不抑制利己主义，还有助于构建有效的市场协调机制，营造公正、公平的市场交易与竞争环境，排解中长期合同条件下市场交易中的外部性，限制行业垄断等，降低由此引发的市场交易成本（图 3-2）。

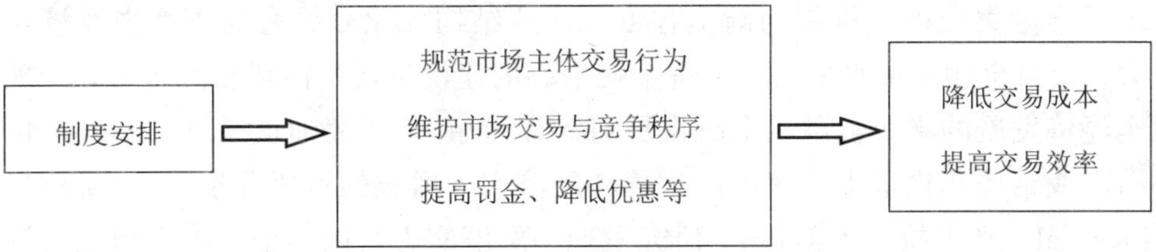

图 3-2　制度安排的约束机制

在金融集聚过程中，制度约束机制往往通过制定法律条文或发布负面清单等方式限制金融市场主体开展制度不允许的经济活动，这意味着金融经济主体一旦有所违背，必将为此付出额外的成本（如提高罚金、降低优惠等）。相比较而言，制度容量较小的地区因制度不健全、机会主义盛行、交易风险大，无形中会大大增加金融交易费用，使交易效率与交易成本脱节，同时也使得金融个体目标与社会目标完全脱节，金融市场主体缺乏寻求更有效的产出的动力，金融交易效率低下。

综上，制度安排会对社会经济的方方面面产生不容忽视的影响，可能会因提高制度绩效而促进社会经济的发展，也可能会因增加制度运行成本而制约社会经济的发展。如前文所述，涉及政府与市场的关系、非国有经济的发展、产品市场和要素市场的发育、对外开放程度、税负水平、市场主体权益保护、市场中介组织发育与法治环境等多个方面的一系列产权制度、市场制度和法律制度安排，在某个区域的组合就会形成该区域特定时期的制度环境。不同的制度安排所产生的激励与约束机制不同，从而导致不同的制度环境背景下，区域金融集聚水平不同。据此，提出以下研究假说。

假说 H_1：制度环境的不断优化有助于促进金融集聚水平的提升，但存在区域异质性、阶段异质性和个体异质性。

理论上，金融集聚包括内生与外生两种状态，内生状态是特定的内生机制发挥作用的结果，包括完善的金融激励、创新与约束机制。[128] 无疑，金融资源集聚的内生机制很重要，它可以充分调动和提高金融资源流动过程中市场微观主体的积极性、参与度与贡献率，因此金融资源集聚的内生机制与现实经济存在密切关联。实践证明，地方制度环境的改善有助于提升地区工业集聚水平、城镇化水平、信息化水平等，从而内生出更多的金融需求，进而促进金融要素集聚。[129] 由此推断，产业结构调整、城镇化进程和信息化发展极有可能对金融集聚产生重要的内生驱动力。首先，经济发展基础决定了金融集聚内生机制的健全程度，产业结构优化升级有助于增强经济实力，提升金融集聚水平，并推进金融中心的建设步伐。格利和肖认为离开现实经济发展的来龙去脉，金融发展将难以理解。[130] 麦迪逊（Maddison）指出产业结构变化是生产率得以改善和经济实现增长的重要源泉。[131] 凯拉尔（Kayral）和卡拉恩（Karan）研究发现，经济实力是国际金融中心形成与发展的重要前提之一。[132] 李刚等则发现，当前的国际金融中心格局与全球经济发展格局高度契合。[133] 因此，产业结构优化升级成为制度影响金融集聚的一条重要传导路径。其次，从金融集聚的地理布局来看，城市历来就是金融资源集聚的中心，城镇化建设有助于加速金融资源的自由流动、提高金融集聚水平及其资源配置效率和外部经济性。[134] 同时，城镇化建设会带来更多的城镇居民就业机会，收入的增加必将内生出更多的金融产品与服务需求，因此，城镇化建设成为制度影响金融集聚的另一条重要传导路径。最后，在传统的区位选择、产业集群和金融地理研究视角下，除地理区位和经济基础因素外，信息流也是影响金融集聚的重要因素，合理的制度安排有助于促进信息化发展，减少信息不对称并提高金融信息流动性，因此，信息化发展成为制度影响金融集聚的又一条重要传导路径。为了更深入地探讨制度因素对金融集聚的影响，接下来，本书将进一步从产权制度、市场制度和法律制度三个方面对金融集聚的制度影响因素进行分解，分别分析产权制度、市场制度和法律制度对金融集聚的具体影响机理，并重点基于金融集聚的内生机制从产业结构、城镇化和信息化角度对其在各项制度因素与金融集聚水平之间的间接效应进行理论推演。

第二节　产权制度对金融集聚的影响机理

根据新制度经济学的观点，产权具有排他性、明晰性、可分割性和可转让性等特征，并兼具将外部性内部化与解决激励问题等功能，制度是影响金融集聚与金融发展的重要因素。作为经济社会中最基本、最重要的经济制度，产权制度是其他各种制度安排的基础，合理的产权制度结构通过妥善处理政府与市场间的关系，推动非国有经济快速成长，启动各方利益激励机制，提高要素市场的资源配置效率，降低产品市场的交易费用，提高预期收益率，进而激发市场各参与主体的积极性和产品与要素市场的活力。在产品与要素市场有序运行的过程中，利益激励机制必然促使金融机构、资金和人才等金融资源迅速向产权制度完善的城市集聚。进一步分析发现，产权制度对金融集聚的影响体现在直接影响和间接影响两大方面。其中，直接影响指的是金融领域的产权制度影响，间接影响指的是非金融领域的产权制度影响（图 3-3）。

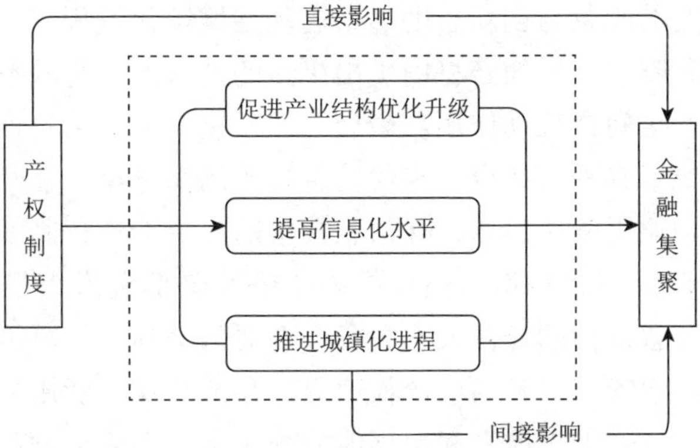

图 3-3　产权制度对金融集聚的影响机理

一、产权制度对金融集聚的直接影响

金融产权制度作为产权制度的重要组成部分，是开展金融活动必备的要素，它通过提供一系列竞争规则，使得金融市场参与主体形成合理预期，进而依托其利益激励机制和成本约束机制，直接促使金融机构、资金和人才在特定区域内高度集聚，并实现金融资源的优化配置。一方面，金融产权制度及相关政策规定的完善有助于明晰金融产权边界、提升金融产权保护力度和增强金融产权流动性，从而吸引金融机构、信息、资金和技术等金融资源在区域内集聚。另一方面，金融的本质是金融产权的跨时交易，完善的金融产权制度不但有助于推动金融市场的发展与完善，而且有助于提高金融市场的预期融资效率、投资回报率和金融从业人员收入，因此触发金融产权制度的利益激励机制的机关，吸引金融机构、资金、人才技术与信息等金融资源在区域内集聚。

二、产权制度对金融集聚的间接影响

产权制度能够通过作用于产业结构、信息化水平和城镇化进程等间接影响金融集聚水平（图 3-3）。有效的产权制度能够明晰产权边界，妥善处理政府与市场间的关系，赋予各种微观生产要素自由签约权，促使各种生产要素自生产效率偏低的企业和部门流向生产效率更高的企业和部门，进而通过约束交易成本和激励生产、交易行为，降低交易费用、提高物质资本和人力资本的生产率。首先，随着产权制度改革带来的制度环境的不断优化，各大产业日渐繁荣，产业结构不断优化升级，由此带来的经济效应必将内生出更多的金融产品与服务需求，从而对区域金融集聚产生间接拉动作用。其次，土地等产权制度的改革与创新有助于推进新型城镇化进程，由此带来的城镇居民就业机会和收入的增加必将内生出更多的金融产品与服务需求，从而对区域金融集聚产生间接拉动作用。最后，产权制度能够通过促进信息化发展进而提升金融集聚水平。如今，现代信息技术已渗透至社会经济生活的方方面面，现代金融业服务更是离不开信息技术的支持。产权制度变迁及信息技术的发展有助于提高金融市场信息披露水平和降低金融市场面临的道德风险，进而降低金融机构的经营成本和资金融通的交易成本。可见，有效的产权制度能够通过明晰产权和划清产权边界，在节约交易费用的同时，推进信息化发展，助力金融治理体系和治理能力现代化、完善金融市场，提高信息化水平和资源配置效率。随着资源配置效率的提升，将有更多的企业入驻和外部资金流入，并内生出更多的金融产品与服务需求，从而间接提升区域金融集聚水平。

据此，提出以下研究假说。

假说 H_2：产权制度的不断优化有助于促进金融集聚水平的提升。产权制度不仅会直接影响金融集聚水平，而且能够通过促进产业结构优化升级、提高信息化水平和推进新型城镇化进程间接影响金融集聚水平。

第三节　市场制度对金融集聚的影响机理

计划经济体制时期，各种市场制度不仅不成体系，而且不能充分发挥资源优化配置的核心功能和经济调节、风险规避等扩展功能，也无法衍生出公司治理、引导消费、风险交易、信息传递、区域协调和财富再分配等功能。[135]可见，功能健全的要素市场制度与产品市场制度，对可持续经济增长和发展至关重要。进一步分析发现，市场制度对金融集聚产生的影响还体现在直接影响和间接影响两大方面。其中，直接影响指的是金融领域的市场制度影响，间接影响指的是非金融领域的市场制度影响（图 3-4）。

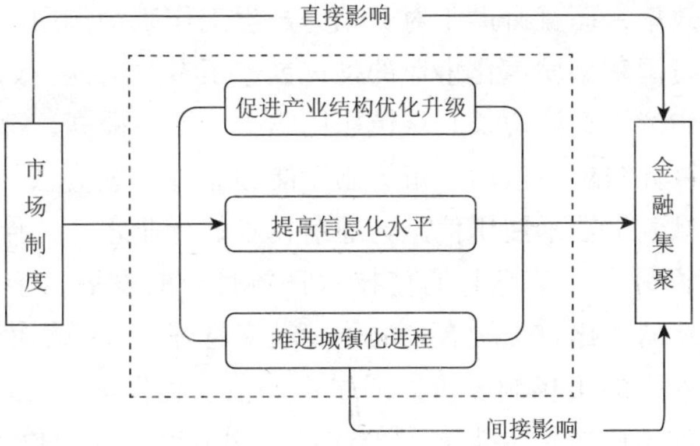

图 3-4 市场制度对金融集聚的影响机理

一、市场制度对金融集聚的直接影响

伴随着市场化改革的推进，不断成熟与完善的金融市场制度能直接促进金融机构、资金、人才等金融资源在区域内集聚。首先，伴随着市场制度的逐步完善，金融市场化改革得以深入推进，金融市场竞争程度不断提升，金融机构的经营成本与风险随之不断降低。其次，资金具有逐利的天性。在利率管制条件下，统一的利率水平使得资金的逐利天性无法释放；利率市场化之后，在逐利天性的驱使下，资金的流动性大大增强，从而提高了资本配置效率。最后，随着金融市场制度的逐渐完善与金融市场化进程的逐步推进，金融专业人才队伍也越来越壮大。

二、市场制度对金融集聚的间接影响

市场制度也能够通过作用于产业结构、信息化水平和城镇化进程等传导路径间接影响金融集聚水平（图 3-4）。不断完善的市场制度有助于营造良好的竞争环境和自由进出的市场环境，促使劳动、资本、技术、信息等生产要素不断从低收益、高成本领域流向高收益、低成本领域，大大提高各要素的生产效率。首先，市场制度能够通过促进产业结构优化升级提升金融集聚水平。随着市场制度变迁及市场化改革的深入推进，市场交易行为不断得以规范、交易费用不断下降、劳动和资本的配置效率不断得以提高，金融及其附属产业快速发展的同时，其他产业经济也得到长足发展，并促使区域经济逐渐实现产业结构优化升级，由此内生出更多的金融需求，进而对金融集聚产生间接推动作用。其次，市场制度能够通过推进城镇化建设提升金融集聚水平。合理的市场化改革措施，不仅有助于劳动力在区域间自由流动，提高劳动力的分配效率，而且有助于对劳动力产生工作激励作用，进而提高劳动生产率，这为我国新型城镇化事业的推进创造了有效前提。如前文所述，城镇化建设带来的产业经济增长和城镇居民收入水平的提高，都将内生出大量的金融产品与服务需求。最后，市场制度能够通过促进信息化发展提升金融集聚水平。金融业是较早使用信息与通信技术的行业之一，伴随着市场制度的变迁及互联网、电子信息与通信技术日新月异的发展，金融业服务方式发生了翻天覆地的变化，金融客户的体验越来越好，金融集聚程度也越来越高。可见，有效率的市场制度可以通过推动信息化发展、提高信息化水平，降低市场交易的不确定性、提高预期收益；创造更安全的投资环境和氛围，不仅能够激励投资者将资本持续地投入生产，而且能够吸引大量的资本从收益率较低的地区流入，并对金融产品与服务产生更多的需求，进而间接提升区域金融集聚水平。

据此，提出以下研究假说。

假说 H_3：市场制度的不断优化有助于促进金融集聚水平的提升。市场制度不仅会直接影响金融集聚水平，而且能够通过促进产业结构优化升级、提高信息化水平和推进新型城镇化进程间接影响金融集聚水平。

第四节　法律制度对金融集聚的影响机理

法律制度对金融集聚的影响程度，表现为其在多大程度上通过法治建设及其营造的法律环境来提供安全的市场环境和强化市场监督管理。实践证明，立法完善、执法公正、司法独立的法律制度环境有助于良好社会秩序的维护，能为金融市场参与主体提供安全保障，进而增强金融市场活力。进一步分析发现，法律制度对金融集聚的影响同样体现在直接影响和间接影响两大方面。其中，直接影响指的是金融领域的法律制度影响，间接影响指的是非金融领域的法律制度影响（图 3-5）。

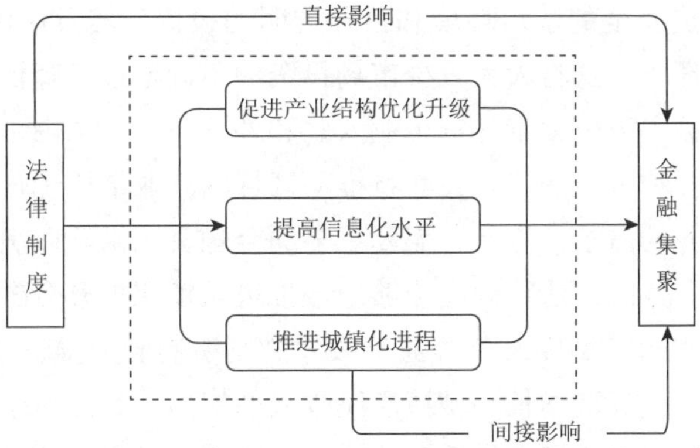

图 3-5 法律制度对金融集聚的影响机理

一、法律制度对金融集聚的直接影响

《中华人民共和国中国人民银行法》《中华人民共和国商业银行法》《中华人民共和国证券法》和《中华人民共和国保险法》等一系列金融法律法规及行业监管条例会对金融集聚产生直接影响。一方面，金融业完善的相关法律体系可为金融市场的高效运转提供有效的法律保障，从而提高金融市场主体的权益保护水平，降低金融机构的经营风险与经营成本。另一方面，随着金融业相关法律体系的不断完善，其逐渐与社会主义市场经济相适应，同时推进我国金融机构顺利开展了一系列以市场化为导向的金融变革，金融市场的竞争机制逐渐建立，金融市场规模逐渐壮大，市场效率不断得以提高。

二、法律制度对金融集聚的间接影响

法律制度同样能够通过作用于产业结构、信息化水平和城镇化进程等传导路径间接影响金融集聚水平（图 3-5）。有效的法律制度能够为金融、劳动力、房地产、技术和信息等市场监管提供法理的基础、监管的标准，使得各市场交易行为不断得以规范，从而为经济主体的权益提供强有力的法律保护，在降低交易费用的同时，大大调动了经济主体生产与交易的积极性。首先，法律制度能够通过促进产业结构优化升级提升金融集聚水平。中华人民共和国知识产权法和《中华人民共和国劳动法》等一系列明确产权边界和推进市场化进程的法律法规条例，通过产生激励机制和营造竞争环境，促进了市场经济繁荣发展。在全方位对外开放背景下，《中华人民共和国外商投资法》是法律制度型开放的具体表现，制度型开放通过明晰产权、公开竞争等，为外商营造安全的法治环境和公开透明的投资环境及法治化、便利化、国际化的营商环境，这将大大减少市场投资的不确定性，降低交易费用，保护外资合法权益，吸引大量外资企业入驻和外资流入。国内市场的繁荣加上外部企业的入驻和资金的流入，必将推动区域内产业结构优化升级并增强对金融产品与服务的需求，由此，需要更多的金融资源供给以满足其内生出的大量金融需求。其次，法律制度能够通过推进城镇化提升金融集聚水平。其中，就业政策和户籍制度改革等通过人才激励机制有力推进了城镇化进程，城镇化带来的产业经济增长和城镇居民收入的提高，必然内生出更多的金融需求，促使金融资源集聚。最后，法律制度能够通过促进信息化发展提升金融集聚水平。伴随着法律制度的逐渐完善及信息化的快速发展，社会经济发展的各个领域均对信息化水平产生很高的诉求，尤其是伴随着信息技术的快速发展，互联网金融横空出世并突飞猛进，同时给传统金融发展模式带来深刻影响。无疑，依托于信息与通信技术的互联网金融和传统金融互联网发展给人类生活创造了极大的便利，极大地降低了交易成本并提高了资源配置效率，但同时也带来巨大的技术、信用、操作等安全隐患，而法律制度的完善将有助于减少互联网金融和传统金融互联网发展过程中带来的各类安全隐患。

据此，提出以下研究假说。

假说 H_4：法律制度的不断优化有助于促进金融集聚水平的提升。法律制度不仅会直接影响金融集聚水平，而且能够通过促进产业结构优化升级、提高信息化水平和推进新型城镇化进程间接影响金融集聚水平。

根据上述关于产权制度、市场制度和法律制度对金融集聚水平的详细作用机制的分析，绘制制度因素对金融集聚的影响机理图（图 3-6）。简言之，制度兼具激励与约束双重功能，有效的制度安排具有减少交易的不确定性、确保合约的有效实施、激励低交易成本行为及外部效益内部化等作用，不仅会对金融集聚水平产生直接影响，还可以通过促进产业结构优化升级、提高信息化水平和推进城镇化进程等相关路径对金融集聚产生间接影响。因制度的内涵丰富、体系庞大，一方面，产权制度、市场制度、法律制度等不同的制度因素对金融集聚的影响程度各不相同；另一方面，源于区域经济基础、地理区位和资源禀赋等方面的不同，制度对金融集聚的影响存在区域异质性和个体异质性。此外，在不同的时代背景下，制度对金融集聚的影响存在阶段异质性。

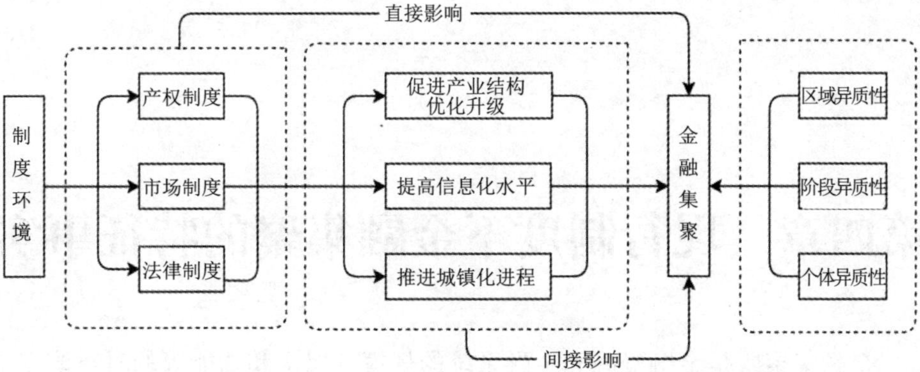

图 3-6　制度对金融集聚的影响机理

第四章　现行制度下金融集聚的特征事实

金融集聚既是金融资源和金融系统的规模、层次和功能等的时空演变结果，又是金融资源与区域地理、经济、文化及其他产业相互影响、相互促进的结果，不仅要求金融体制的全面改革和金融资源的协调配合，还需特定的制度环境以保障各项制度的实施。

第一节　现行制度

如前文所述，产权制度、市场制度和法律制度等制度组合共同营造了影响金融集聚程度的制度环境。制度变迁的过程是生产力的张力和生产关系的适应能力之间的相互作用过程。事实表明，我国经济近几十年来取得了长足发展，这在很大程度上得益于产权制度、市场制度和法律制度等制度的创新与变迁。

一、产权制度

作为经济社会中最基本、最重要的经济制度，产权制度体现在国民经济的各个方面，是国民经济的动力源，不仅构成了市场制度及其他各种制度安排的基础，还对金融市场经济行为主体参与市场活动的积极性与资金融通效率等产生了重要影响。

现代产权制度特指诸多经济权利与生产资料私有权相分离，且经济活动过程的决策由一系列经济权利共同决定的产权制度，其核心在于经济权利向劳动者转移，具有产权归属清晰、权责明确、保护严格、流转顺畅等特征。当前，作为社会主义公有制的主要组成部分，我国国有经济在国民经济中起着主导作用，虽然国有企业仍然是我国基本经济制度的主体，但国有企业产权制度的两重性导致我国现有产权体系在本质上实现现代产权制度的同时，还保留着部分古典产权制度的痕迹。[136] 因此，去除古典产权制度痕迹，进一步完善国有企业现代产权制度，对我国实现现代产权制度至关重要。

党的十八届三中全会通过了《中共中央关于全面深化改革若干重大问题的决定》，明确指出产权是所有制的核心，国企改革仍然不到位的根本是产权改革滞后，继续深化国企改革的重点无疑是产权改革。为贯彻落实党中央关于产权制度改革的重大决策部署，湖北省先后围绕国有企业、自然资源资产、农村集体产权、知识产权、股权、排污权和碳排放权等颁布并实施了一系列产权制度改革和重要决策。其中，金融产权制度方面的改革举措主要体现在三大方面：一是对金融体系进行产权制度建设，通过国有商业银行股份制改革和设立民营银行、民营保险公司等民营金融机构来优化金融体系的产权结构，进一步完善金融体系的投融资功能，以更好地服务实体经济；二是金融机构的产权制度建设，主要对国有商业银行进行一系列的产权制度改革，通过引进非国有资本（包括外资和民间资本等）、战略投资者以及公开上市等方式实现国有商业银行股权结构的多元化，逐步改善国有商业银行的公司治理结构；三是金融资产交易的产权制度建设，通过设立武汉光谷联合产权交易所、武汉股权托管交易中心、湖北碳排放权交易中心和搭建要素交易平台等，进一步规范金融企业产权交易行为，促进金融资产有序流转。

实践证明，国有企业需要通过实现产权结构多元化、合理化来建立现代企业产权制度。产权结构多元化在宏观层面上主要表现为经济成分的非国有化。从某种意义上来讲，产权制度的完善程度可以借助非国有经济工业企业销售产值占工业企业总销售产值比重、非国有经济固定资产投资占全社会固定资产投资比重、非国有经济就业人数占城镇总就业人数比重等指标来予以体现。

截至 2019 年底，湖北省私营企业达 121.79 万户（同比增长 12.40%），其中，新登记私营企业 25.13 万户（同比增长 8%），民营市场主体实现迅速扩张；民营经济增加值达 2.50 万亿元（同比增长 8.30%），占全省 GDP（国内生产总值）比重的 54.60%，对地方经济增长的贡献率高达 59.60%；全社会固定资产总投资中，非国有经济的固定资产投资占比约上升至 40%；城镇私营企业和个体从业人数达 1021.93 万人，约占城镇总就业人口的 60%。与近十年的历史数据相比较，湖北省非国有经济工业企业销售产值占工业企业总销售产值的比重和非国有经济就业人数占城镇总就业人数的比重均实现了较大幅度提升，非国有经济的固定资产投资占全社会固定资产投资的比重稍有下降。总体而言，在国家引领产权制度改革的大背景下，湖北省的产权制度也在逐步得以完善，非公有制经济发展较为迅速，非国有工业企业销售产值占工业企业总销售产值的比重在稳步提升，多元化产权在扩大就业、增加财政税收、促进经济增长等诸多方面发挥了重要作用，但仍然存在较大的改善空间。

为顺利实现“一主引领、两翼驱动、全域协同”的区域发展格局，打造内陆开放新高地和全国重要增长极，湖北省人民政府认真领会《中共中央 国务院关于新时代加快完善社会主义市场经济体制的意见》的精神，结合自身实际积极制定地方实施方案，并于2021年初正式发布《新时代湖北省加快完善社会主义市场经济体制的若干措施》（简称《若干措施》），《若干措施》从国资国企改革、非公有制经济发展等方面对全面完善产权制度作出明确指示，为国有企业混合所有制改革及国有经济布局优化和结构调整、培育和增强市场主体活力及支持非公有制经济高质量发展指明了方向，为保护民营经济产权、保护药品专利等知识产权、形成以管资本为主的经营性国有资产监管体制等提供了法律保障，为地方政府代理行使自然资源所有权的资源清单和监督管理等提供了政策依据，也为产权惩罚性赔偿制度的实施等提供了行动指南。

二、市场制度

作为明确政府与市场边界、规范市场主体交易行为、维护市场交易与竞争秩序而作出的一系列制度安排，市场制度主要包括市场准入、市场化交易和市场监管制度等，涉及融资结构调整、利率市场化、汇率市场化、对外开放、人民币国际化、产业结构优化、房地产市场改革、科技振兴、宏观监管调整等社会经济的方方面面，这些制度安排会对金融机构、资金、人才、信息与技术等金融资源集聚及其未来发展趋势产生直接或间接影响。完善的市场制度有助于妥善处理政府与金融市场的关系、培育金融产品和资本市场发育，促进金融资源集聚。

对金融集聚活动产生影响最大的当属金融市场制度。中华人民共和国成立初期，为配合国家的经济赶超战略，中央实施了大一统的金融制度，严禁私人参与金融业，对金融资源进行高度集中管理，作为中国唯一一家银行的中国人民银行身兼数职，同时拥有金融监管权与经营权，不存在真正意义上的金融市场。张杰认为，对于劳动力相对充裕而资本相对匮乏的中华人民共和国而言，市场化逻辑必然会给工业化发展带来高昂的成本，从而内生出集中配置金融资源的制度安排，中华人民共和国成立初期的经济赶超战略是一个理性且合理的集体抉择，由此论证了国有金融供给的历史必然性，同时肯定了其在特定历史时期的贡献和意义。[137]

改革开放后，源于高度集中管理的金融运行成本高昂、效率低下，大一统的金融体制逐渐被打破，但因制度变迁具有路径依赖特性，改革开放初期，受旧有金融体制的影响，内陆和沿边地区多数省（区、市）的金融机构和网点数量仍然极其有限，仅有中国人民银行和农村信用社两家金融机构，金融市场效率低下。1994 年之后，伴随着社会主义市场经济体制的确立，金融市场准入、运行、监管等制度逐渐得以建立，国家控制金融偏好的边界开始收缩，湖北省的金融业同时进入快速发展的新阶段。然而，因不同地区的经济发展状况和自然资源禀赋各不相同，金融制度在由传统的计划金融制度向市场金融制度的过渡阶段，呈现出明显的二元金融制度特征，具体表现为沿海地区发达省（区、市）的金融市场化程度较高，而包括湖北省在内的内陆和沿边地区省（区、市）的金融市场发育程度较低，金融制度往往处于被支配地位。金融制度的二元化特征与我国实行的一元金融政策相矛盾，从而使得我国的金融发展出现区域差异化。

在金融制度的统一供给模式下，现实区域发展的不平衡必然带来不利于区域经济协调发展的后果。一是资本的虹吸效应。从货币市场发展来看，包括湖北省在内的市场化程度较低的内陆和沿边地区落后省（区、市）主要以国有银行为主，其他金融机构较少。市场化改革后，在资本逐利的本性驱使下，国有银行分支机构在吸收当地的资金后，再将资金投放到风险较低、效益较好的沿海地区，这种金融资源的扭曲配置，进一步增强了地区发展间的不平衡性。从资本市场的发展来看，实力雄厚的全国性资本市场中介机构几乎均集中在东部沿海地区，证券发行量占全国近一半的规模。这种资本市场发展的不平衡，在加速东部沿海地区资本集聚的同时，也严重削弱了湖北省及其他内陆和沿边地区省份的资本积累、吸纳能力，不利于内陆和沿边地区的经济发展。二是沿海、内陆和沿边地区非国有经济的金融境遇不同。非国有经济在我国经济增长中起了重要的作用，但在实行统一的金融制度体制下，湖北省及其他内陆和沿边地区省（区、市）大量的中小企业、民营企业得不到国有金融机构的贷款，出现融资难的问题。大量存在的国有银行支持的对象往往是效益低下的国有经济，而非国有经济缺乏信贷支持。这使得湖北省及其他内陆和沿边地区省（区、市）的非国有经济长期面临资金瓶颈，从而使得其在带动地方经济发展方面的作用极其有限。三是不同金融监管下金融促进经济发展的差距。东部沿海地区金融监管相对较松，有利于金融创新和发展，降低金融交易成本，提高金融服务实体经济的效率，促进东部沿海地区的经济发展。反观湖北省及其他内陆和沿边地区省（区、市），金融监管的重心集中在经营的合法性和风险性等方面，虽然在一定程度上有利于维护正常的金融秩序，但因过度监管而不利于金融创新，增加了金融交易成本，从而不利于金融对实体经济促进作用的有效发挥。四是湖北省及其他内陆和沿边地区省（区、市）的经济发展更多依赖国家的财政支持，然而，因金融在推动、促进湖北省及其他内陆和沿边地区省（区、市）经济发展速度和规模的作用均非常有限，从而严重抑制了湖北省及其他内陆和沿边地区省（区、市）的经济发展。

市场化改革以来，我国金融制度改革较少考虑内陆和沿边地区经济发展的现实差距，缺乏与之配套的差异化的制度供给，致使短期内金融市场化改革对湖北省及其他内陆和沿边地区省（区、市）经济发展形成梗阻。我国统一的市场化金融制度对湖北省及其他内陆和沿边地区省（区、市）经济发展的抑制作用，通过经济运行中较高的交易成本表现出来，并使湖北省及其他内陆和沿边地区省（区、市）社会福利的净损失和资源配置效率较为低下。因此，要实现区域经济协调发展，应根据区域经济发展进程的快慢实行渐进式的市场制度变迁。同时，由于我国经济发展具有明显的梯度推进特征，因此应根据不同梯度区域的经济特征培育多层级的区域金融发展极即区域金融中心，通过发挥不同层级区域金融发展极对周边的扩散效应，带动区域经济统一协调发展。

湖北省人民政府为夯实市场经济基础性制度，保障市场公平竞争，规范市场行为，激发市场活力，厘清政府与市场间关系，减少政府对市场不必要的行政干预，提高政府服务市场经济的能力，相继出台了一系列地方政策法规。如《湖北省行政权力清单管理办法》（湖北省人民政府令第382号）、《省人民政府关于深入推进简政放权放管结合优化服务改革工作的通知》（鄂政函〔2016〕136号）、《关于印发〈湖北省政务服务“好差评”管理办法（试行）〉的通知》（鄂政管办函〔2019〕11号）以及《湖北省优化营商环境办法》（湖北省人民政府令第412号）等。此外，2021年初发布的《中共湖北省委、湖北省人民政府关于构建更加完善的要素市场化配置体制机制的实施意见》也明确提出要夯实市场经济基础性制度，保障市场公平竞争，要求通过“全面推进市场准入负面清单制度”以确保清单管理模式在湖北省全面实施，通过“制定并实施公平竞争审查的抽查、考核、公示及第三方评估制度”以增强公平竞争审查制度的刚性约束，通过“构建统一开放的要素市场、加快要素价格市场化改革、创新市场要素配置及推进商品和服务市场提质增效”以完善要素市场化配置体制机制并激发社会创造力和市场活力。

三、法律制度

法律制度是产权制度和市场制度等得以有效实施的保障，法律制度建设应遵循“有法可依、有法必依”的原则，为调整各种社会关系、维护市场秩序、保障其他制度顺利实施及经济活动顺利开展制定并实施一系列法律规范。法律制度不仅包括法律本身，还包括法律实施。现代金融是法治金融，作为金融发展核心内容的金融集聚能否顺利进行离不开法律制度保障。当一国（或地区）试图寻求更高的金融集聚水平和实现更长远、更成熟的金融发展时，健全的法律体系是必须的。法律体系的健全性不仅体现在立法层面，还体现在执法和司法层面；法律秩序是金融市场成熟并实现持续发展的重要前提，需中央、地方两级政府通力协作，共同完善和高效执行现代法律制度。实践表明，法律制度的有效实施需要以完善的基础性法律制度为前提。金融集聚活动的顺利开展，不仅需要科学完善的金融法律制度，而且需要涉及经济、行政、民事、刑事等各领域的系统完善的法律制度。此外，区域金融集聚水平的提升不仅需要全国性金融法律制度提供大力支持，还需要地方性金融法规为地方金融生态建设提供有效保障。

目前，我国全国性的基础法律较完备，具体表现为囊括经济法、公司法、行政许可法、行政处罚法、民法典、刑法等在内的基础性法律体系日臻成熟完善。金融领域的基础性法律法规也一应俱全，如用于规范金融市场主体的《中华人民共和国商业银行法》《中华人民共和国证券法》《中华人民共和国证券投资基金法》《中华人民共和国保险法》《信托投资公司管理办法》《金融资产投资公司管理办法（试行）》等；用于规范金融市场交易的《中华人民共和国票据法》《中华人民共和国信托法》《储蓄管理条例》《同业拆借管理办法》《支付结算管理办法》等；用于规范金融市场监管的《中华人民共和国中国人民银行法》《中华人民共和国银行业监督管理法》《中华人民共和国反洗钱法》《中华人民共和国外汇管理条例》《金融机构撤销条例》《证券公司风险处置条例》《国有重点金融机构监事会暂行条例》等。[83]

然而，湖北省及其他内陆和沿边地区省（区、市）在地方金融法规制度建设方面还存在诸多不足。首先，在地方金融立法方面，湖北省及其他内陆和沿边地区省（区、市）的地方性金融法规体系尚不完善。一是从产权交易范围、品种、规则、管理和保护等方面加快中西部地区产权交易市场建设的法律法规较为欠缺。二是如何凸显内陆和沿边地区地方金融法规设置的特色性、地域性和职能性，也需要进一步明确并予以强化。

其次，在地方金融执法方面，湖北省及其他内陆和沿边地区省（区、市）的现实情况不容乐观。从王小鲁等测度的我国各省（区、市）的法律环境指数来看，内陆和沿边地区的中介组织发育和法治环境得分普遍偏低，2017 年湖北省的中介组织发育和法治环境得分仅为 5.09 分，虽然较往年有提升趋势，但仍低于当年全国平均值（6.69 分）。[138] 究其原因，受不完善的执法机制与体制、落后的执法理念、不健全的执法队伍和薄弱的执法监督等因素的影响，湖北省地区的执法效率相对沿海地区省份较低下。

最后，在地方金融司法环境方面，湖北省及其他内陆和沿边地区省（区、市）也面临着一定的困境，缺乏公正独立的司法保障。根据《中国检察年鉴（2018）》中的数据，湖北省及其他内陆和沿边地区省（区、市）的金融司法环境也不够优化。[139] 究其原因，一是缺乏具备丰富金融知识和金融专业理论功底的高素质司法人才；二是受诸多外部因素的干扰，法院对金融案件的执行较难。

虽然湖北省在地方金融法规制度建设方面存在诸多不足，但由近期颁布和实施的《湖北省法治政府建设实施方案（2016—2020 年）》《湖北省法治政府建设与责任落实督察工作实施办法》《湖北法治发展报告（2019）》① 和《湖北省人民政府关于 2020 年度推进法治政府建设情况的报告》等一系列地方性法规、政策实施方案及报告可见，湖北省委省政府正在为地方法治建设付出诸多努力与实践。《湖北法治发展报告（2019）》明确指出，湖北省未来的地方法治建设应通过压实责任强化担当、优化立法做实监督、全面推进依法行政、完善司法体制机制和加强社会治理创新等举措，来加强党委对法治建设的领导、保障新时代湖北省的高质量发展、加大法治政府建设攻坚力度、强化社会公平正义法治保障及全面提升法治社会建设水平等，这为湖北省今后的全面依法治省工作指明了方向。

① 《湖北法治发展报告（2019）》全面展示了 2019 年湖北省法治建设的情况，通过“讲事实、摆数据、亮成绩”和“找差距、查问题、明思路”，在总结宝贵工作经验的基础上，进一步明晰了未来推进全面依法治省工作的思路。

第二节　金融集聚评价指标体系构建

一、金融集聚的基本内涵

如前文所述，虽然学术界对“金融集聚”的定义还未达成一致，但学者们对其基本内涵的理解已形成共识，认为其兼具动态和静态两种内涵，既可以理解为一个动态的过程，也可以理解为一种静态的状态结果。将金融集聚看成一个过程的话，金融集聚指金融资源与地域条件协调、配置、组合的时空动态变化，金融产业成长、发展，进而在经济发达、政策环境优越的地域空间生成金融地域密集系统的变化过程。将其看成一个状态结果的话，金融集聚则指数量庞大的金融资源经过上述过程，在某一地区形成的一定规模和密集度的金融要素有机组合的状态。

本书以广义的货币资金、微观的金融组织机构及专业人才等金融资源在某区域的密集组合状态来描述金融集聚，并将金融集聚的静态和动态两种内涵有机结合起来，首先，从静态的状态结果视角对金融集聚水平进行测度；其次，从动态的过程视角对金融集聚的空间非均衡与动态演化特征进行考察，并深入分析制度环境对金融集聚的影响及其区域、阶段和个体异质性特征。

二、金融集聚的测度逻辑

在我国金融业改革和经济转型发展的过程中，银行业、证券业和保险业在资金融通、资产配置和风险管理方面发挥了巨大的作用，被誉为我国金融业的三大支柱。伴随着经济金融业的发展，这三大支柱行业的各类金融要素会在特定区域内生成金融地域密集系统，并不同程度地影响当地金融集聚水平。下面综合考虑当前我国各省（区、市）的实际情况，同时结合金融集聚的基本内涵，从金融业三大支柱角度切入，归纳总结省（区、市）金融集聚的测度逻辑。

（一）银行业及其集聚水平

金融最基本、最重要的功能是促进社会资金融通，实现资源的优化配置。根据融资方式的不同，资金融通分为直接融通和间接融通两种。出于历史的原因，我国银行业具备了“半官半商”色彩，从而拥有了金融业另外两大支柱难以匹敌的品牌、资金和渠道优势，并成为最重要的间接融资渠道。在我国金融领域，银行业长期占据重要地位，同时为我国金融业改革和经济崛起作出历史性的巨大贡献。无疑，作为银行业的三大市场要素，银行类金融机构、资金和银行从业人员数量在很大程度上反映了银行业集聚水平。

（二）证券业及其集聚水平

我国证券业是从商业银行证券部门分离出来的，与银行业相反，证券业是最重要的直接融资渠道。上市是公司融资的重要渠道，上市公司可利用证券市场广泛吸收社会闲散资金，并提高公司知名度。证券公司、基金公司和期货公司以股票、债券等各种标准化合约为融资方和出资方提供直接融资服务，这能够有效化解社会资本的供求矛盾和结构调整难题。证券市场越活跃，证券业机构数量越多、证券市场交易额度越高、资金融通的规模越大。因此，可以从机构数量、市场活跃度和融通资金规模角度来衡量证券业集聚水平。

（三）保险业及其集聚水平

不同于银行业和证券业，保险业作为一种风险管理工具而出现，其基本功能是分散风险、补偿损失。受知识结构、收入水平和传统观念的影响，我国保险业的基本功能远未充分发挥。随着金融业改革的推进和经济的转型发展，我国保险业面临着巨大的发展机遇，保险功能必将向纵深发展，给个人、家庭、企业及社会提供更有力的风险保障和更有效的风险管理手段。保险密度和保险深度分别反映出的国民受到保险保障的程度、保险业在整个国民经济中的地位，可以用来衡量保险业的发展程度。无疑，保险机构队伍越庞大、保险业经营规模越大、保险市场发展程度越高，保险业集聚水平就越高，因此，本研究从机构数量、经营规模和发展程度三个维度来衡量保险业集聚水平。

三、金融集聚评价指标体系

已有文献多根据“分行业测度、分市场测度、根据规模和发展程度来测度、根据要素或资源来测度”等测度逻辑构建了金融集聚评价指标体系。

本书根据金融集聚的基本内涵，在综合借鉴丁艺[38]、茹乐峰[44]和李静等[50]的金融集聚水平测度逻辑的基础上，结合金融集聚主要表现为金融机构、资金和人才等重要金融要素集聚的特征，确定本研究的金融集聚测度逻辑，同时遵循评价指标体系的层次性、科学性和指标数据的可获得性等原则，从银行业、证券业和保险业这三大支柱行业来构建金融集聚评价指标体系。将省（区、市）金融集聚水平的评价指标体系划分为目标层、准则层和指标层，其中，目标层为金融集聚总水平，准则层包括银行业集聚、证券业集聚和保险业集聚，每个准则层又由若干个具体因子组成，指标层由15个指标构成（表4-1）。

表4-1　中国各省（区、市）金融集聚评价指标体系

目标层	准则层	指标层	指标单位
金融集聚	银行业集聚	银行类金融机构网点数	家
		银行类金融机构从业人员数	万人
		银行类金融机构资产总额	亿元
		金融机构存款余额	亿元
		金融机构贷款余额	亿元
	证券业集聚	证券公司营业部数量	家
		国内股票（A股、H股）筹资额	亿元
		国内债券筹资额	亿元
		沪、深证券交易所总交易金额	亿元
		上市公司数	家
	保险业集聚	保险公司分支机构数	家
		原保费收入	亿元
		各类赔款给付	亿元
		保险密度	元
		保险深度	%

其中，银行业集聚从机构、资金和人才三个维度进行考察。本书以银行类金融机构网点数来衡量银行业机构集聚水平，以银行类金融机构资产总额、金融机构存款余额和金融机构贷款余额来衡量银行业资金集聚水平，以银行类金融机构从业人员数来衡量银行业人才集聚水平。证券业集聚从机

构、市场活跃度及资金三个维度进行考察。本书以证券公司营业部数量来衡量证券业机构集聚水平，以国内股票（A股/H股）筹资额、国内债券筹资额和沪、深证券交易所总交易金额来衡量证券业资金集聚水平，以上市公司数来衡量资本市场活跃度。保险业集聚从机构、经营规模和发展程度三个维度进行考察。本书以保险公司分支机构数来衡量保险业机构集聚水平，以原保费收入和各类赔款给付来衡量保险业经营规模，以保险密度和保险深度来反映保险行业发展程度。

第三节　金融集聚水平测度

一、数据处理

考虑到数据的量纲问题，首先对所选取的各项指标数据进行极值化处理。对于正向指标，本书根据计算公式 $X_{ij}=(x_{ij}-\min x_j)/(\max x_j-\min x_j)$ 进行处理；对于负向指标，本书根据计算公式 $X_{ij}=(\max x_j-x_{ij})/(\max x_j-\min x_j)$ 进行处理。其中，i 表示样本，j 表示指标，$\max x_j$ 表示第 j 个指标 2006—2019 年所有取值的最大值，$\min x_j$ 表示第 j 个指标 2006—2019 年所有取值的最小值。各项指标数据来源于历年《中国金融统计年鉴》、各省（区、市）统计年鉴、Wind 数据库和中国银行保险监督管理委员会统计数据库，部分缺失数据采用线性插值法予以补充。

二、测度方法

目前，对指标进行赋权的方法主要包括相关分析赋权法（如灰色关联分析法、相关系数法）、效率赋权法（如数据包络分析法、随机前沿分析法）、多元统计赋权法（如因子分析法、主成分分析法、变异系数法）、数据挖掘赋权法（如K均值聚类、分类树、随机森林、神经网络等）、主观赋权法（如模糊评价法、层次分析法）及其他赋权法（如熵值法、CRITIC 法）。已有文献多采用区位熵或因子分析法测度金融集聚水平，考虑到熵值法因具有严格的数学意义、能有效避免权重赋予的主观性等优点，被广泛应用于各类评价模型。为最大限度地提升金融集聚水平测度结果的准确性和可信度，并从行业角度更深入细致地考察金融集聚情况，本书采用熵值法测算各省（区、市）金融集聚水平及其银行业集聚水平、证券业集聚水平和保险业集聚水平。

熵值法是根据数据携带的信息量大小来确定权重的一种客观赋权法。数据间差异性越大，反映的信息就越多，所赋权重也就越大，反之亦然。其计算公式如下：

$$w_j = \frac{1-e_j}{\sum_{j=1}^{n}\left(1-e_j\right)} \tag{4.1}$$

$$P_i = \sum_{j=1}^{n} w_j * r_{ij} \tag{4.2}$$

其中，$e_j = -\frac{1}{\ln m}\sum_{i=1}^{m}\left(r_{ij}\ln r_{ij}\right)$，$r_{ij} = X_{ij} / \sum_{i=1}^{m} X_{ij}$，$m$ 代表年份数量，n 代表指标数量。P_i 为第 i 年的金融集聚水平综合指数，j 表示不同指标，W_j 为第 j 个指标的权重值。综合指数越大，表示金融集聚水平越高。

三、测度结果

考虑到西藏、香港、澳门、台湾地区部分指标数据缺失较严重，本书最终选择以 2006—2019 年 30 个省（区、市）的数据对其金融集聚水平以及银行业集聚水平、证券业集聚水平和保险业集聚水平进行测度。

（一）目标层测度结果

根据熵值法对各指标赋权，然后对权重与各个指标标准化值的乘积进行加总，最终得到 30 个省（区、市）的金融集聚水平（表 4-2）。

表 4-2 2006—2019 年中国各省（区、市）金融集聚水平

省（区、市）	年份													
	2006	2007	2008	2009	2010	2011	2012	2013	2014	2015	2016	2017	2018	2019
北京	0.180	0.252	0.247	0.282	0.333	0.318	0.340	0.352	0.414	0.457	0.498	0.521	0.528	0.578
天津	0.061	0.084	0.084	0.092	0.102	0.108	0.116	0.126	0.138	0.155	0.165	0.169	0.178	0.187
河北	0.139	0.155	0.169	0.191	0.205	0.213	0.222	0.238	0.257	0.284	0.313	0.328	0.341	0.351
辽宁	0.145	0.177	0.195	0.196	0.233	0.242	0.247	0.266	0.294	0.324	0.350	0.359	0.349	0.366

续表 4-2

省（区、市）	年份													
	2006	2007	2008	2009	2010	2011	2012	2013	2014	2015	2016	2017	2018	2019
上海	0.192	0.213	0.228	0.241	0.325	0.311	0.290	0.305	0.345	0.414	0.465	0.469	0.467	0.505
江苏	0.194	0.229	0.254	0.271	0.313	0.341	0.366	0.393	0.435	0.493	0.556	0.594	0.627	0.642
浙江	0.179	0.219	0.237	0.258	0.299	0.351	0.374	0.406	0.444	0.484	0.534	0.554	0.572	0.620
福建	0.097	0.110	0.127	0.137	0.156	0.160	0.172	0.187	0.210	0.241	0.263	0.272	0.276	0.285
山东	0.196	0.208	0.218	0.242	0.272	0.293	0.325	0.346	0.372	0.402	0.443	0.470	0.484	0.505
广东	0.276	0.324	0.342	0.372	0.424	0.451	0.484	0.524	0.569	0.653	0.751	0.775	0.796	0.834
山西	0.099	0.091	0.115	0.124	0.133	0.147	0.152	0.164	0.168	0.193	0.213	0.223	0.219	0.231
安徽	0.112	0.119	0.131	0.143	0.155	0.161	0.162	0.181	0.200	0.224	0.254	0.271	0.278	0.283
江西	0.075	0.086	0.096	0.103	0.112	0.116	0.121	0.132	0.148	0.172	0.187	0.193	0.201	0.213
河南	0.150	0.163	0.189	0.195	0.212	0.230	0.240	0.256	0.271	0.313	0.351	0.383	0.386	0.404
湖北	0.110	0.122	0.136	0.147	0.162	0.179	0.187	0.198	0.216	0.241	0.266	0.285	0.302	0.319
湖南	0.119	0.129	0.139	0.151	0.163	0.168	0.173	0.183	0.201	0.226	0.244	0.267	0.273	0.281
重庆	0.072	0.075	0.093	0.102	0.118	0.123	0.128	0.136	0.149	0.158	0.173	0.182	0.193	0.199
四川	0.180	0.189	0.207	0.222	0.257	0.271	0.287	0.306	0.332	0.358	0.394	0.414	0.425	0.436
贵州	0.048	0.051	0.056	0.060	0.070	0.072	0.076	0.086	0.095	0.107	0.122	0.131	0.137	0.143
陕西	0.090	0.102	0.116	0.121	0.136	0.140	0.148	0.158	0.170	0.191	0.209	0.224	0.232	0.247
甘肃	0.056	0.061	0.067	0.078	0.081	0.082	0.086	0.093	0.095	0.114	0.127	0.140	0.141	0.145
青海	0.001	0.006	0.007	0.016	0.018	0.018	0.020	0.026	0.030	0.033	0.046	0.047	0.049	0.051
宁夏	0.021	0.024	0.026	0.031	0.036	0.035	0.038	0.041	0.049	0.063	0.067	0.081	0.083	0.087
内蒙古	0.064	0.069	0.071	0.084	0.092	0.100	0.110	0.114	0.119	0.133	0.150	0.161	0.171	0.178
吉林	0.072	0.079	0.085	0.094	0.099	0.095	0.101	0.114	0.117	0.137	0.164	0.169	0.172	0.197
黑龙江	0.089	0.095	0.111	0.118	0.127	0.135	0.142	0.146	0.162	0.179	0.190	0.216	0.211	0.230

续表 4-2

省（区、市）	年份													
	2006	2007	2008	2009	2010	2011	2012	2013	2014	2015	2016	2017	2018	2019
广西	0.063	0.067	0.070	0.085	0.095	0.102	0.109	0.119	0.127	0.141	0.158	0.160	0.168	0.178
海南	0.020	0.023	0.027	0.027	0.035	0.039	0.043	0.046	0.051	0.063	0.073	0.076	0.083	0.086
云南	0.058	0.082	0.086	0.097	0.102	0.107	0.112	0.122	0.131	0.143	0.163	0.166	0.170	0.173
新疆	0.062	0.065	0.071	0.079	0.089	0.089	0.097	0.102	0.107	0.126	0.143	0.157	0.157	0.165
均值	0.107	0.122	0.133	0.145	0.165	0.173	0.182	0.195	0.214	0.241	0.268	0.282	0.289	0.304

（二）准则层测度结果

同时，测算出 2006—2019 年各省（区、市）银行业、证券业和保险业集聚水平。其中，30 个省（区、市）的银行业集聚水平的测度结果如表 4-3 所示。

表 4-3　2006—2019 年中国各省（区、市）银行业集聚水平

省（区、市）	年份													
	2006	2007	2008	2009	2010	2011	2012	2013	2014	2015	2016	2017	2018	2019
北京	0.145	0.161	0.179	0.215	0.239	0.262	0.292	0.308	0.351	0.392	0.419	0.428	0.451	0.480
天津	0.054	0.061	0.062	0.076	0.087	0.099	0.111	0.122	0.130	0.136	0.144	0.145	0.149	0.149
河北	0.250	0.258	0.259	0.276	0.286	0.295	0.310	0.331	0.350	0.374	0.394	0.414	0.432	0.447
辽宁	0.189	0.233	0.244	0.220	0.268	0.286	0.281	0.318	0.339	0.360	0.369	0.375	0.386	0.402
上海	0.116	0.148	0.163	0.177	0.207	0.232	0.246	0.276	0.302	0.325	0.344	0.354	0.369	0.396
江苏	0.293	0.326	0.349	0.359	0.409	0.440	0.479	0.514	0.550	0.599	0.631	0.682	0.690	0.734
浙江	0.285	0.303	0.321	0.352	0.398	0.423	0.452	0.485	0.525	0.548	0.578	0.592	0.631	0.669
福建	0.132	0.140	0.148	0.160	0.170	0.184	0.201	0.221	0.241	0.270	0.294	0.299	0.309	0.319
山东	0.359	0.365	0.340	0.388	0.408	0.432	0.459	0.493	0.518	0.529	0.578	0.591	0.604	0.624
广东	0.458	0.480	0.484	0.521	0.578	0.605	0.667	0.699	0.754	0.812	0.910	0.894	0.922	0.976

续表 4-3

省（区、市）	年份													
	2006	2007	2008	2009	2010	2011	2012	2013	2014	2015	2016	2017	2018	2019
山西	0.151	0.116	0.137	0.155	0.159	0.184	0.191	0.213	0.195	0.219	0.235	0.244	0.246	0.256
安徽	0.166	0.166	0.168	0.181	0.192	0.208	0.200	0.233	0.247	0.276	0.284	0.297	0.309	0.321
江西	0.130	0.136	0.134	0.142	0.146	0.161	0.170	0.181	0.195	0.210	0.225	0.234	0.243	0.253
河南	0.286	0.286	0.298	0.303	0.316	0.328	0.351	0.371	0.379	0.411	0.446	0.480	0.463	0.477
湖北	0.175	0.181	0.181	0.189	0.199	0.211	0.224	0.242	0.254	0.270	0.287	0.303	0.313	0.326
湖南	0.200	0.204	0.202	0.216	0.222	0.235	0.246	0.257	0.271	0.290	0.309	0.322	0.330	0.342
重庆	0.099	0.081	0.091	0.100	0.110	0.135	0.146	0.159	0.169	0.163	0.163	0.170	0.185	0.185
四川	0.296	0.296	0.291	0.315	0.361	0.382	0.409	0.434	0.458	0.476	0.496	0.514	0.525	0.540
贵州	0.072	0.075	0.076	0.076	0.089	0.095	0.102	0.119	0.131	0.145	0.160	0.170	0.171	0.182
陕西	0.139	0.141	0.147	0.154	0.164	0.176	0.186	0.199	0.209	0.225	0.233	0.242	0.252	0.260
甘肃	0.082	0.082	0.081	0.088	0.092	0.101	0.106	0.115	0.123	0.133	0.154	0.150	0.148	0.148
青海	0.001	0.002	0.002	0.003	0.005	0.007	0.010	0.013	0.016	0.018	0.022	0.021	0.022	0.021
宁夏	0.006	0.006	0.007	0.009	0.011	0.014	0.016	0.019	0.021	0.028	0.027	0.028	0.029	0.032
内蒙古	0.109	0.109	0.101	0.120	0.125	0.133	0.152	0.145	0.152	0.161	0.189	0.192	0.188	0.197
吉林	0.119	0.116	0.114	0.120	0.130	0.127	0.136	0.156	0.152	0.163	0.176	0.182	0.173	0.183
黑龙江	0.137	0.137	0.145	0.159	0.164	0.174	0.188	0.196	0.204	0.213	0.217	0.219	0.219	0.220
广西	0.114	0.115	0.105	0.130	0.138	0.146	0.158	0.168	0.178	0.187	0.204	0.202	0.208	0.225
海南	0.011	0.010	0.011	0.013	0.016	0.019	0.021	0.025	0.028	0.034	0.039	0.043	0.047	0.050
云南	0.076	0.112	0.099	0.125	0.130	0.136	0.147	0.156	0.165	0.177	0.184	0.189	0.192	0.199
新疆	0.067	0.066	0.054	0.065	0.078	0.086	0.092	0.100	0.108	0.114	0.118	0.128	0.130	0.133
均值	0.157	0.164	0.167	0.180	0.197	0.211	0.225	0.242	0.257	0.275	0.294	0.304	0.311	0.325

2006—2019年30个省（区、市）的证券业集聚水平的测度结果如表4-4所示。

表 4-4　2006—2019 年中国各省（区、市）证券业集聚水平

省（区、市）	年份													
	2006	2007	2008	2009	2010	2011	2012	2013	2014	2015	2016	2017	2018	2019
北京	0.107	0.248	0.152	0.188	0.249	0.242	0.256	0.254	0.360	0.390	0.376	0.416	0.463	0.538
天津	0.018	0.044	0.024	0.026	0.032	0.031	0.033	0.037	0.052	0.061	0.058	0.060	0.063	0.072
河北	0.024	0.026	0.025	0.028	0.044	0.057	0.049	0.053	0.060	0.074	0.077	0.077	0.075	0.079
辽宁	0.049	0.058	0.049	0.051	0.071	0.078	0.072	0.072	0.092	0.113	0.109	0.116	0.109	0.105
上海	0.146	0.202	0.162	0.203	0.218	0.225	0.233	0.242	0.290	0.427	0.486	0.491	0.510	0.516
江苏	0.076	0.094	0.091	0.113	0.160	0.181	0.188	0.202	0.259	0.356	0.432	0.404	0.523	0.455
浙江	0.071	0.109	0.100	0.125	0.174	0.190	0.189	0.202	0.265	0.353	0.425	0.448	0.413	0.478
福建	0.039	0.050	0.045	0.055	0.083	0.081	0.081	0.088	0.115	0.164	0.176	0.180	0.173	0.187
山东	0.052	0.071	0.074	0.085	0.108	0.124	0.134	0.128	0.161	0.199	0.219	0.235	0.235	0.249
广东	0.155	0.220	0.191	0.229	0.296	0.315	0.324	0.382	0.410	0.561	0.719	0.733	0.700	0.697
山西	0.026	0.016	0.016	0.019	0.034	0.035	0.035	0.039	0.041	0.060	0.058	0.058	0.062	0.061
安徽	0.027	0.036	0.038	0.044	0.055	0.063	0.061	0.070	0.081	0.102	0.123	0.113	0.108	0.115
江西	0.017	0.022	0.018	0.025	0.033	0.031	0.034	0.043	0.053	0.077	0.094	0.079	0.087	0.085
河南	0.022	0.029	0.027	0.033	0.047	0.059	0.060	0.060	0.077	0.101	0.107	0.110	0.107	0.138
湖北	0.040	0.046	0.045	0.054	0.065	0.074	0.073	0.066	0.090	0.115	0.129	0.137	0.142	0.174
湖南	0.029	0.034	0.033	0.052	0.066	0.063	0.064	0.070	0.089	0.108	0.118	0.145	0.131	0.127
重庆	0.015	0.021	0.021	0.027	0.038	0.037	0.033	0.041	0.054	0.065	0.064	0.066	0.065	0.076
四川	0.051	0.056	0.053	0.064	0.077	0.084	0.086	0.087	0.114	0.142	0.147	0.171	0.189	0.177
贵州	0.007	0.007	0.005	0.008	0.011	0.012	0.014	0.015	0.020	0.024	0.029	0.029	0.033	0.034
陕西	0.017	0.020	0.026	0.023	0.036	0.031	0.037	0.041	0.058	0.071	0.079	0.086	0.080	0.094
甘肃	0.008	0.010	0.011	0.021	0.015	0.019	0.020	0.026	0.023	0.030	0.030	0.029	0.031	0.030

续表 4-4

省（区、市）	年份													
	2006	2007	2008	2009	2010	2011	2012	2013	2014	2015	2016	2017	2018	2019
青海	0.000	0.003	0.007	0.006	0.005	0.004	0.003	0.007	0.007	0.007	0.008	0.008	0.007	0.007
宁夏	0.002	0.002	0.002	0.005	0.004	0.005	0.005	0.005	0.007	0.008	0.012	0.010	0.011	0.015
内蒙古	0.013	0.012	0.010	0.012	0.013	0.017	0.024	0.025	0.029	0.043	0.036	0.035	0.034	0.034
吉林	0.016	0.022	0.021	0.022	0.025	0.027	0.030	0.032	0.038	0.045	0.049	0.048	0.049	0.047
黑龙江	0.021	0.025	0.021	0.025	0.033	0.030	0.046	0.031	0.040	0.049	0.064	0.062	0.057	0.052
广西	0.015	0.014	0.014	0.018	0.025	0.027	0.026	0.036	0.040	0.052	0.054	0.050	0.054	0.058
海南	0.012	0.009	0.008	0.010	0.015	0.015	0.018	0.017	0.018	0.020	0.046	0.027	0.026	0.025
云南	0.012	0.016	0.016	0.018	0.022	0.023	0.021	0.037	0.036	0.046	0.051	0.053	0.050	0.054
新疆	0.019	0.019	0.017	0.018	0.030	0.027	0.033	0.030	0.031	0.042	0.046	0.067	0.054	0.049
均值	0.037	0.051	0.044	0.054	0.069	0.074	0.076	0.081	0.100	0.130	0.147	0.151	0.155	0.161

2006—2019年30个省（区、市）的保险业集聚水平的测度结果如表4-5所示。

表 4-5　2006—2019 年中国各省（区、市）保险业集聚水平

省（区、市）	年份													
	2006	2007	2008	2009	2010	2011	2012	2013	2014	2015	2016	2017	2018	2019
北京	0.279	0.364	0.401	0.435	0.511	0.444	0.462	0.482	0.532	0.586	0.689	0.715	0.673	0.727
天津	0.103	0.144	0.159	0.164	0.175	0.180	0.188	0.201	0.216	0.252	0.276	0.283	0.303	0.324
河北	0.095	0.132	0.172	0.217	0.235	0.236	0.251	0.270	0.299	0.341	0.401	0.422	0.440	0.449
辽宁	0.167	0.202	0.251	0.279	0.317	0.317	0.344	0.357	0.398	0.446	0.517	0.531	0.493	0.528
上海	0.319	0.300	0.358	0.348	0.550	0.472	0.386	0.389	0.439	0.511	0.595	0.590	0.553	0.628
江苏	0.169	0.217	0.267	0.290	0.317	0.347	0.370	0.397	0.434	0.473	0.564	0.637	0.634	0.679
浙江	0.138	0.204	0.242	0.251	0.277	0.392	0.425	0.471	0.488	0.510	0.567	0.591	0.627	0.672

续表 4-5

省（区、市）	年份													
	2006	2007	2008	2009	2010	2011	2012	2013	2014	2015	2016	2017	2018	2019
福建	0.099	0.121	0.166	0.174	0.196	0.193	0.208	0.225	0.248	0.266	0.294	0.310	0.316	0.322
山东	0.112	0.127	0.185	0.189	0.238	0.257	0.313	0.341	0.363	0.410	0.455	0.510	0.536	0.563
广东	0.151	0.217	0.289	0.305	0.340	0.372	0.389	0.425	0.471	0.532	0.585	0.665	0.721	0.771
山西	0.092	0.120	0.166	0.169	0.180	0.192	0.195	0.202	0.234	0.266	0.309	0.326	0.311	0.335
安徽	0.113	0.127	0.158	0.175	0.189	0.181	0.194	0.205	0.238	0.258	0.321	0.364	0.373	0.369
江西	0.056	0.075	0.110	0.116	0.134	0.127	0.131	0.142	0.166	0.200	0.213	0.232	0.241	0.264
河南	0.088	0.119	0.183	0.193	0.217	0.246	0.248	0.270	0.294	0.362	0.427	0.479	0.513	0.525
湖北	0.087	0.111	0.154	0.170	0.193	0.222	0.231	0.249	0.271	0.304	0.349	0.379	0.414	0.425
湖南	0.093	0.113	0.146	0.152	0.169	0.171	0.171	0.183	0.204	0.241	0.265	0.297	0.317	0.328
重庆	0.085	0.108	0.153	0.164	0.190	0.175	0.181	0.185	0.200	0.224	0.271	0.287	0.302	0.314
四川	0.141	0.166	0.225	0.236	0.273	0.285	0.297	0.323	0.352	0.386	0.464	0.486	0.491	0.513
贵州	0.052	0.059	0.073	0.081	0.093	0.090	0.094	0.101	0.111	0.127	0.149	0.165	0.178	0.180
陕西	0.087	0.121	0.148	0.157	0.182	0.182	0.188	0.201	0.212	0.244	0.282	0.311	0.326	0.352
甘肃	0.064	0.075	0.094	0.111	0.119	0.109	0.112	0.119	0.119	0.157	0.171	0.215	0.221	0.232
青海	0.003	0.014	0.012	0.040	0.043	0.044	0.045	0.056	0.066	0.072	0.103	0.110	0.115	0.121
宁夏	0.053	0.063	0.068	0.078	0.093	0.086	0.091	0.097	0.116	0.148	0.158	0.199	0.205	0.209
内蒙古	0.050	0.065	0.084	0.097	0.114	0.125	0.128	0.146	0.151	0.171	0.192	0.223	0.258	0.269
吉林	0.060	0.079	0.101	0.120	0.120	0.108	0.113	0.128	0.138	0.178	0.239	0.249	0.268	0.330
黑龙江	0.083	0.100	0.141	0.142	0.157	0.170	0.162	0.176	0.208	0.239	0.257	0.333	0.322	0.381
广西	0.039	0.052	0.071	0.082	0.098	0.107	0.116	0.125	0.135	0.154	0.184	0.195	0.210	0.216
海南	0.038	0.050	0.059	0.058	0.074	0.081	0.088	0.094	0.104	0.131	0.134	0.152	0.171	0.178
云南	0.072	0.097	0.126	0.124	0.131	0.139	0.140	0.149	0.164	0.179	0.226	0.228	0.239	0.236
新疆	0.090	0.100	0.135	0.143	0.150	0.141	0.152	0.161	0.166	0.207	0.248	0.263	0.270	0.294
均值	0.103	0.128	0.163	0.175	0.202	0.206	0.214	0.229	0.251	0.286	0.330	0.358	0.368	0.391

第四节　金融集聚水平分析

一、全国层面金融集聚水平比较

根据上一节的测度结果，本书结合曲线图进一步描述和分析全国层面金融集聚水平呈现出来的特征及其演变趋势。

（一）金融集聚总水平

图 4-1 描述了 2006—2019 年全国金融集聚水平、银行业集聚水平、证券业集聚水平和保险业集聚水平的变化趋势。

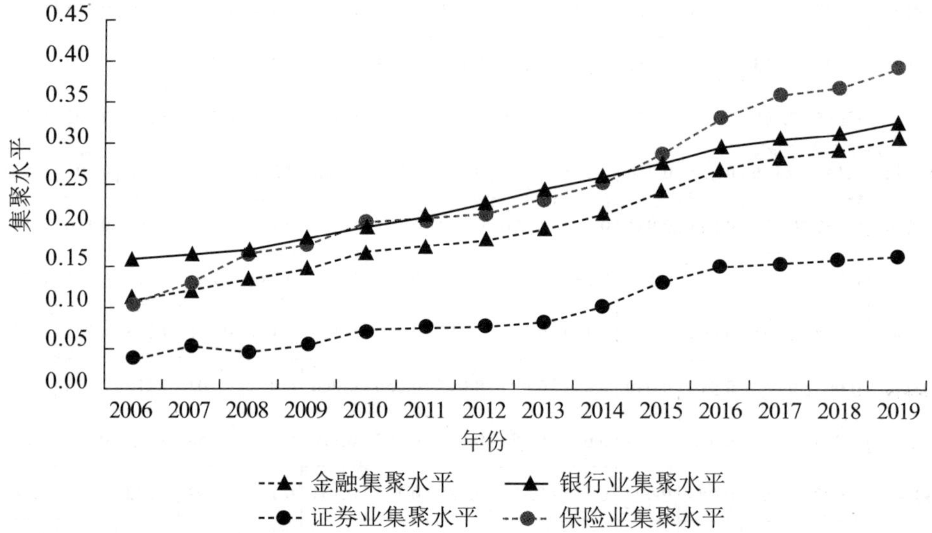

图 4-1　2006—2019 年中国金融业集聚水平变化趋势

从绝对值大小来看，样本考察期内，全国金融集聚总水平偏低，均值为 0.202，呈递增变动趋势。从变化趋势来看，2007—2008 年出现小幅下降，其他年份均表现为提升趋势，在 2011—2012 年和 2017—2018 年，金融集聚总水平提升速度较慢，年平均增速分别为 5.02% 和 4.34%，增速最慢的一年为 2018 年，仅 2.55%；而在 2006—2010 年和 2013—2016 年，金融集聚总水平提升速度较快，平均增速分别为 11.40% 和 10.12%，增速最快的一年为 2007 年，达 13.91%，这主要得益于东部地区证券业和全国保险业所做出的贡献。2019年金融集聚总水平为0.304，为2006年的2.83倍，这意味着2019年全国金融集聚总水平较2006年有明显提升，但仍存在较大的提升空间。

（二）银行业集聚水平

从绝对值大小来看，与证券业和保险业集聚水平相比较而言，在样本考察期内，全国银行业集聚水平相对较高，均值为0.236，且呈逐年递增变动趋势。从变化趋势来看，在2008年、2011年和2017—2018年，银行业集聚水平提升速度较慢，年平均增速分别为1.81%、7.10%、3.13%和2.51%，增速最慢的一年为2008年，为1.81%；而在2009—2010年，银行业集聚水平提升速度相对较快，平均增速分别为8.22%、9.02%，增速最快的一年为2010年，为9.02%。可见，受2008年全球金融危机和2011年欧债危机引发的全球经济下行压力的影响，虽然我国银行业集聚也作出迅速反应，但增速明显放缓。

（三）证券业集聚水平

从绝对值大小来看，与银行业和保险业集聚水平相比较而言，在样本考察期内，全国证券业集聚水平相对较低，均值仅有0.095，这意味着我国证券业集聚水平在未来存在极大的提升空间。从变化趋势来看，和银行业集聚一样，受2008年全球金融危机和2011年欧债危机引发的全球经济下行压力的影响，证券业集聚水平在2008年、2011年和2017—2018年同样出现明显下滑和停滞趋势。具体而言，证券业集聚水平增速在2008年出现下降，在2011年、2017年和2018年平均增速分别降至5.97%、2.77%和2.10%；而2007年、2009—2010年和2014—2016年，证券业集聚水平提升速度相对较快，平均增速分别为39.50%、21.68%、29.65%、23.56%、29.81%和13.21%，增速最快的一年为2007年，达39.50%。可见，我国多层次资本市场还不够成熟，极易受外部经济金融环境和证券市场的影响。

（四）保险业集聚水平

从绝对值大小来看，与银行业和证券业集聚水平相比较而言，在样本考察期内，全国保险业集聚水平相对较高，均值达0.243，在2010年一度超过银行业集聚水平，最终于2015年开始正式超过银行业集聚水平，成为目前金融业集聚程度最高的分支行业。从变化趋势来看，和银行业、证券业集聚水平一样，受2008年全球金融危机和2011年欧债危机引发的全球经济下行压力的影响，保险业集聚水平提升速度也在2009年、2011年和2017—2018年明显放缓，年平均增速分别降至7.39%、1.91%、8.53%和2.74%；在2007—2008年、2010年及2015—2016年，保险业集聚水平提升速度则相对较快，平均增速分别为24.77%、27.53%、15.47%、13.78%和15.46%，增速最快的一年为2008年，为27.53%。这意味着我国保险业近年来整体发展势头较好，在经历了全球金融危机、欧债危机等后危机时代经济下行的考验之后，管理风险能力、抗风险能力和盈利能力等均有所提升，但保险业集聚水平未来仍存在较大提升空间。

二、区域层面金融集聚水平比较

随着区域协调发展战略的逐步推进，全国各省（区、市）均肩负着金融支持实体经济发展并全面实现经济高质量发展的历史使命与重要职责。接下来，依据中国各地区相继开放的特征，参照张毓峰等关于沿海、内陆和沿边地区新三大区域①的划分标准[140]，结合沿海、内陆和沿边地区金融集聚总水平及银行业、证券业、保险业集聚水平，分别考察各地区金融集聚的具体表现。

（一）金融集聚总水平

图4-2描述了2006—2019年沿海、内陆和沿边地区金融集聚总水平的变化趋势。在样本考察期内，沿海地区金融集聚总水平一直在全国遥遥领先，内陆地区居中，沿边地区则长期位于倒数第一的位次，与沿海地区差距悬殊，且长期低于全国平均水平。以2019年为例，全国金融集聚水平的平均水平为0.304，沿海地区为0.488，沿边地区仅0.173，与沿海地区相差0.315。究其原因，沿边地区在银行类金融机构营业网点数、银行类金融机构从业人员数、银行类金融机构资产总额、金融机构存贷款余额、证券公司营业部数量、赔款给付及保险密度等方面存在明显劣势，从而导致沿边地区银行业、证券业、保险业集聚水平均相对较低。此外，随着时间的推移，沿海、内陆和沿边地区金融集聚总水平均逐年得以提升，然而，因沿海地区金

① 沿海地区包括北京、天津、河北、辽宁、上海、江苏、浙江、福建、山东和广东；内陆地区包括山西、安徽、江西、河南、湖北、湖南、重庆、四川、贵州、陕西、甘肃、青海和宁夏；沿边地区包括内蒙古、吉林、黑龙江、广西、海南、云南和新疆。

融集聚总水平提升速度较快，内陆和沿边地区金融集聚水平与沿海地区之间的差距呈继续扩大的演变趋势。

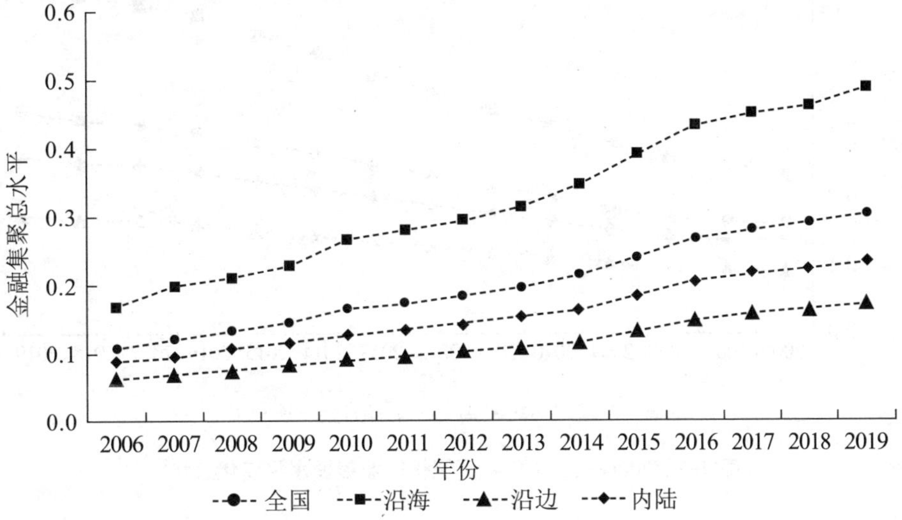

图 4-2　2006—2019 年各区域金融集聚总水平变化趋势

（二）银行业集聚水平

图 4-3 描述了 2006—2019 年沿海、内陆和沿边地区银行业集聚水平的变化趋势。在样本考察期内，沿海地区银行业集聚水平一直遥遥领先，内陆地区居中，沿边地区则长期位于倒数第一的位次，与沿海地区差距悬殊，且长期低于全国平均水平。以 2019 年为例，全国银行业集聚水平的平均水平为 0.325，沿海地区为 0.520，内陆地区为 0.257，沿边地区仅 0.173，内陆、沿边地区与沿海地区分别相差 0.263、0.347。究其原因，多数沿边地区省（区、市）在银行类金融机构从业人员数、银行类金融机构资产总额和金融机构存款余额方面的表现不佳。与此同时，随着时间的推移，沿海、内陆和沿边地区银行业集聚水平均逐年得以提升，然而，沿海地区银行业集聚水平提升速度较快，内陆和沿边地区银行业集聚水平的提升速度则较为缓慢，导致内陆和沿边地区银行业集聚水平与沿海地区之间的差距也呈继续扩大的演变趋势。

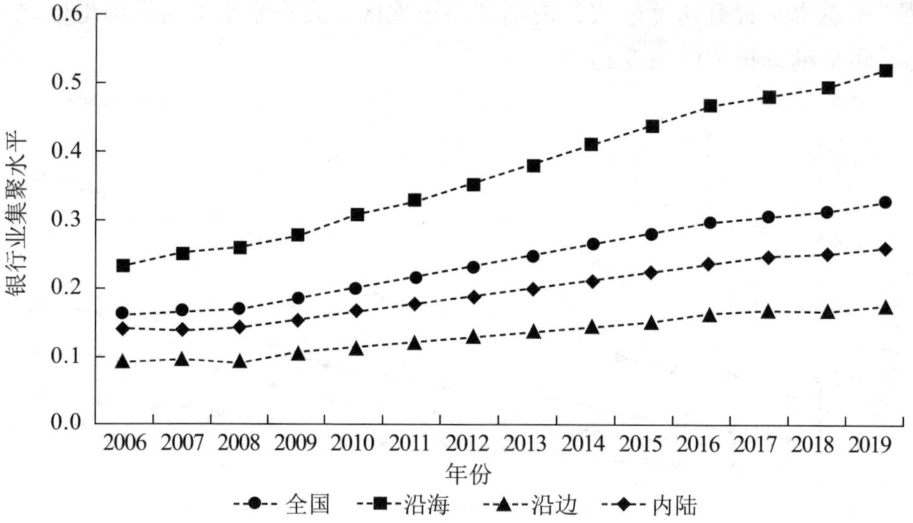

图 4-3　2006—2019 年各区域银行业集聚水平变化趋势

（三）证券业集聚水平

图 4-4 描述了 2006—2019 年沿海、内陆和沿边地区证券业集聚水平的变化趋势。和金融集聚水平、银行业集聚水平一样，各地区证券业集聚水平间也存在较大差异。在样本考察期内，沿海地区证券业集聚水平同样一直遥遥领先，内陆地区居中，沿边地区则长期位于倒数第一的位次，内陆、沿边地区证券业集聚水平与沿海地区间差距极其悬殊，且长期低于全国平均水平。以 2019 年为例，全国证券业集聚水平的平均水平为 0.161，沿海地区为 0.338，内陆地区为 0.087，沿边地区仅 0.046，沿边地区不及沿海地区 1/5 的水平。由此可见，内陆和沿边地区证券业集聚能力的偏低，极大地限制了其金融支持实体经济发展功能的发挥。究其原因，内陆和沿边地区大多数省（区、市）多层次资本市场建设仍不甚健全和完善。与此同时，随着时间的推移，沿海、内陆和沿边地区证券业集聚水平均逐年得以提升。其中，沿海地区证券业集聚水平提升速度较快，特别是在 2008—2016 年，沿海地区的证券业集聚水平提升了 234.09%；内陆和沿边地区证券业集聚水平的提升速度则较为缓慢，部分年份甚至止步不前，导致内陆和沿边地区证券业集聚水平与沿海地区之间的差距也呈继续扩大的演变趋势。

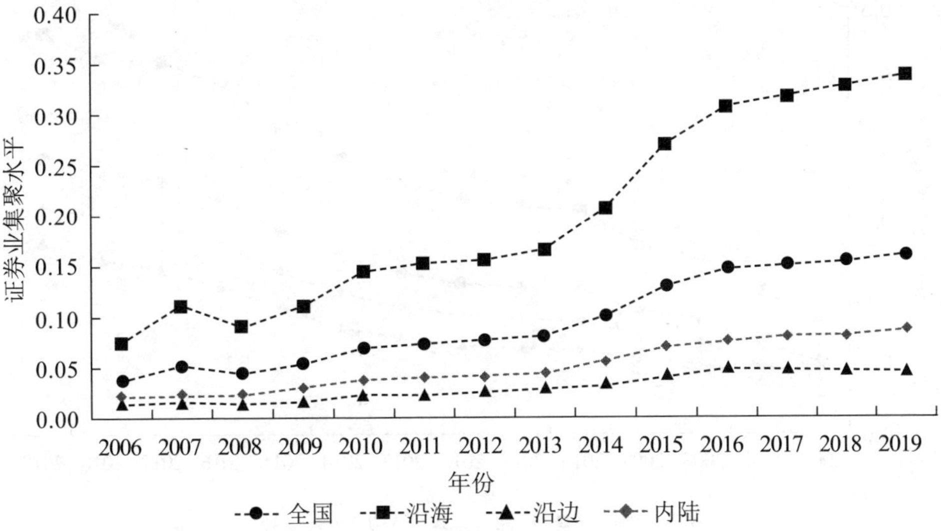

图 4-4　2006—2019 年各区域证券业集聚水平变化趋势

（四）保险业集聚水平

图 4-5 描述了 2006—2019 年沿海、内陆和沿边地区保险业集聚水平的变化趋势。同金融集聚水平及银行业集聚水平、证券业集聚水平一样，各地区保险业集聚水平间也存在显著差距。在样本考察期内，沿海地区保险业集聚水平同样一直遥遥领先，内陆地区居中，沿边地区则长期位于倒数第一的位次，内陆、沿边地区保险业集聚水平与沿海地区间差距极其悬殊，且长期低于全国平均水平。以 2019 年为例，全国保险业集聚水平的平均水平为 0.391，沿海地区为 0.566，内陆地区为 0.320，沿边地区仅 0.272，沿边地区保险业集聚水平与内陆地区较接近，但不及沿海地区保险业集聚水平的 1/2。究其原因，虽然部分沿边地区（如新疆）的保险业发展具有一定的先天优势，但保险公司分支机构数量、保费收入和赔款给付等均明显低于沿海地区，导致其保险业发展的后劲明显不足。与此同时，随着时间的推移，沿海、内陆和沿边地区保险业集聚水平均逐年得以提升，然而，沿海地区保险业集聚水平提升速度较快，内陆和沿边地区保险业集聚水平提升速度相对较慢，导致内陆和沿边地区保险业集聚水平与沿海地区之间的差距同样呈继续扩大的演变趋势。

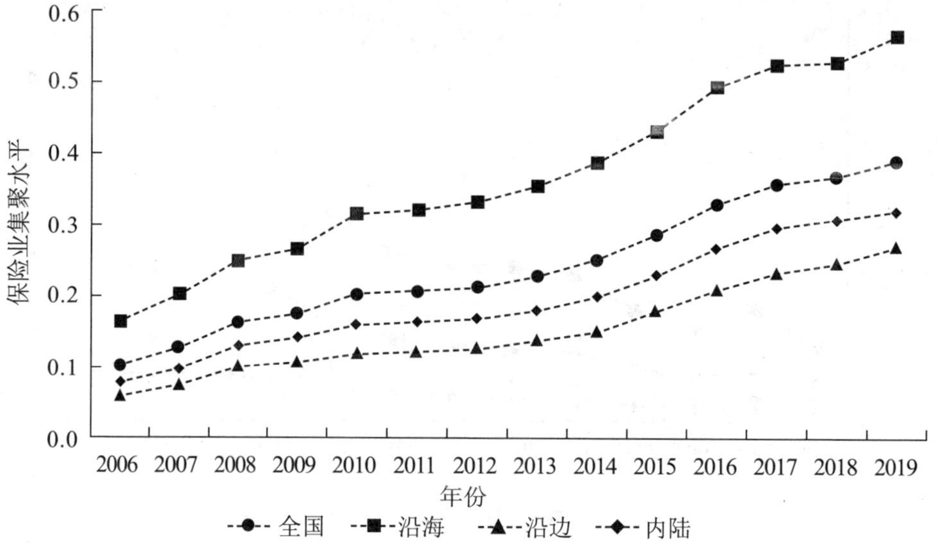

图 4-5　2006—2019 年各区域保险业集聚水平变化趋势

综上，从绝对值来看，金融集聚水平和银行业集聚水平、证券业集聚水平、保险业集聚水平由高至低排名均依次是沿海地区、内陆地区和沿边地区，沿海地区一直遥遥领先，内陆和沿边地区则长期低于全国平均水平。从变动趋势来看，各地区金融集聚水平均呈递增趋势，且沿海地区增速最快，内陆和沿边地区增速大致相同，内陆、沿边地区与沿海地区间的差距呈扩大的演变趋势；相比较而言，证券业集聚水平和保险业集聚水平提升速度较快，平均增速分别为 12.92% 和 11.10%，而银行业集聚水平提升速度则较慢，平均增速为 5.77%；2008 年，受全球金融危机的影响，沿海和沿边地区证券业集聚水平分别出现 18.69% 和 10.01% 的大幅下降，内陆地区出现 0.43% 的微幅下降，其他年份，无论是金融集聚水平还是银行业集聚水平、证券业集聚水平、保险业集聚水平，沿海、内陆和沿边地区均呈上升趋势。

三、省（区、市）层面金融集聚水平比较

根据上一节的测度结果，各省（区、市）金融集聚水平各异。虽然各省（区、市）金融集聚水平均呈逐年提升趋势，但相同年份的金融集聚总水平及银行业集聚水平、证券业集聚水平、保险业集聚水平表现各不相同。接下来，将结合全国 30 个省（区、市）的金融集聚总水平及银行业集聚水平、证券业集聚水平、保险业集聚水平，分别考察省（区、市）层面金融集聚的具体表现。

（一）金融集聚总水平

一方面，金融集聚总水平最低与最高省（区、市）之间的差距悬殊。以2019年为例，全国排名第一的省（区、市）是广东，其金融集聚总水平高达0.834，而排名倒数第一的省（区、市）是青海，其金融集聚总水平为0.051，两者差距达0.783，青海的金融集聚总水平仅为广东的3.89%，这意味着像青海这类金融集聚总水平偏低省（区、市）的金融集聚水平存在极大的提升空间。

另一方面，根据2019年省（区、市）金融集聚总水平将30个省（区、市）划分为三个发展梯队。第一梯队包括广东、江苏、浙江、北京、山东、上海、四川和河南；第二梯队包括辽宁、河北、湖北、福建、安徽、湖南、陕西、山西、黑龙江、江西和重庆；而吉林、天津、广西、内蒙古、云南、新疆、甘肃、贵州、宁夏、海南和青海则处于第三梯队（表4-6）。由此可见，得益于政策环境带来的区位、经济基础等优势，东部和沿海地区省（区、市）的金融集聚水平普遍较高；与此相反，部分内陆和沿边地区省（区、市）的金融集聚水平则因制度环境带来的相对劣势而长期偏低；同样作为中部和内陆大省，河南省的金融集聚总水平经常位于第一发展梯队，而湖北省却长期位于第二梯队，究其原因，相较于河南省，湖北省的各项银行业集聚指标和除保险密度外的各项保险业集聚指标长期处于劣势，可见，湖北省未来的金融集聚水平（特别是银行业集聚水平和保险业集聚水平）还存在较大的提升空间。

表4-6 2019年中国省（区、市）金融集聚总水平三大发展梯队划分情况

梯队	省（区、市）
第一梯队	广东、江苏、浙江、北京、山东、上海、四川、河南
第二梯队	辽宁、河北、湖北、福建、安徽、湖南、陕西、山西、黑龙江、江西、重庆
第三梯队	吉林、天津、广西、内蒙古、云南、新疆、甘肃、贵州、宁夏、海南、青海

（二）银行业集聚水平

一方面，银行业集聚水平最低与最高省（区、市）之间的差距悬殊。以2019年为例，排名第一的省（区、市）还是广东，其银行业集聚水平高达0.976，而排名倒数第一的还是青海，其银行业集聚水平为0.021，两者相差0.955，青海的银行业集聚水平仅为广东的2.15%，意味着包括青海在内的银

行业集聚水平偏低省（区、市）的银行业集聚水平存在极大的提升空间。

另一方面，根据2019年省（区、市）银行业集聚水平，同样可将30个省（区、市）划分为三个发展梯队，处于第一梯队的省（区、市）大多属东部沿海地区，内陆地区省（区、市）多居于第二梯队，而多数沿边省（区、市）则仍处于第三梯队（表4-7）。作为金融领域发展最早的行业，沿海地区因特殊的制度安排快速吸引了大量银行业金融机构、资金和人才流入；沿边地区省（区、市）则因区位、经济和制度因素长期处于相对劣势，银行业金融资源仍然流失严重，致使沿边地区省（区、市）银行类金融机构营业网点数、银行类金融机构从业人数、银行类金融机构资产总额和金融机构存贷款余额等长期处于相对劣势。如前文所述，因湖北省的各项银行业集聚指标（包括银行类金融机构营业网点数、银行类金融机构从业人数、银行类金融机构资产总额和金融机构存贷款余额）表现不佳，其银行业集聚水平不仅长期位于全国第二发展梯队，而且排名相对靠后。

表4-7　2019年中国省（区、市）银行业集聚水平三大发展梯队划分情况

梯队	省（区、市）
第一梯队	广东、江苏、浙江、山东、四川、北京、河南、河北
第二梯队	辽宁、上海、湖南、湖北、安徽、福建、陕西、山西、江西、广西、黑龙江
第三梯队	云南、内蒙古、重庆、吉林、贵州、天津、甘肃、新疆、海南、宁夏、青海

（三）证券业集聚水平

一方面，证券业集聚水平最低与最高省（区、市）之间的差距悬殊。以2019年为例，全国证券业集聚水平最高的省（区、市）同样是广东（为0.697），最低的省（区、市）同样是青海（为0.007），仅为广东的1%。由此可见，作为国内证券业集聚水平最高的省（区、市），广东的多层次资本市场亟待进一步完善，青海等证券业集聚水平偏低的省（区、市）更应花大力气发展其多层次资本市场。

另一方面，根据2019年省（区、市）证券业集聚水平，同样可将30个省（区、市）划分为三个发展梯队（表4-8）。毫无悬念，除四川外，居于第一发展梯队的几乎全部是东部沿海发达地区省（区、市），而内陆地区省（区、市）多位于第二发展梯队，沿边地区省（区、市）则多位于第三发展梯队，大多数省（区、市）的证券公司营业部数量、上市公司数量及沪深两市交易额等长期偏低，资本市场发展极为落后。对于湖北省而言，得益于证

券公司营业部数量、沪深两市总交易金额、国内债券筹资额和上市公司数量的相对优势，其证券业集聚水平较银行业集聚水平和保险业集聚水平表现更佳，虽然仍处于全国第二发展梯队，但位居第二发展梯队榜首。

表 4-8 2019 年中国省（区、市）证券业集聚水平三大发展梯队划分情况

梯队	省（区、市）
第一梯队	广东、北京、上海、浙江、江苏、山东、福建、四川
第二梯队	湖北、河南、湖南、安徽、辽宁、陕西、江西、河北、重庆、天津、山西
第三梯队	广西、云南、黑龙江、新疆、吉林、内蒙古、贵州、甘肃、海南、宁夏、青海

（四）保险业集聚水平

一方面，保险业集聚水平最低与最高省（区、市）之间的差距悬殊。以 2019 年为例，全国保险业集聚水平最高的省（区、市）仍然是广东（为 0.771），最低的省（区、市）仍然是青海（为 0.121），仅为广东的 15.69%。与金融集聚总水平、银行业集聚水平和证券业集聚水平相比较而言，保险业集聚水平最低与最高省（区、市）之间差距的悬殊程度相对较小，这主要得益于其较高的保险深度，意味着保险业在其国民经济中的地位较高。

另一方面，根据 2019 年省（区、市）保险业集聚水平，同样可将 30 个省（区、市）划分为三个发展梯队（表 4-9）。近年来，全国保险市场发展迅速，然而，在全国保险市场整体发育较快的背景下，新疆、内蒙古、云南和广西等沿边地区省（区、市）的保险市场却发展较为缓慢，其发展后劲有待进一步提升。具体到湖北省，因其在保险公司分支机构数量、保费收入、赔款给付和保险深度方面存在劣势，湖北省的保险业集聚水平不仅长期低于沿海地区省（区、市），还低于同是中部和内陆省（区、市）河南省的保险业集聚水平，甚至排在偏西部的内陆省（区、市）四川省之后。无疑，湖北省的保险业集聚水平在未来的发展过程中存在较大的提升空间。

表 4-9 2019 年中国省（区、市）保险业集聚水平三大发展梯队划分情况

梯队	省（区、市）
第一梯队	广东、北京、江苏、浙江、上海、山东、辽宁、河南
第二梯队	四川、河北、湖北、黑龙江、安徽、陕西、山西、吉林、湖南、天津、福建
第三梯队	重庆、新疆、内蒙古、江西、云南、甘肃、广西、宁夏、贵州、海南、青海

综上所述，中国金融集聚整体水平偏低，尤其是证券业集聚水平，存在较大提升空间；各省（区、市）金融集聚水平之间的差距悬殊，中国金融集聚存在显著的空间非均衡特征。具体表现为：无论是整个金融业，还是银行业、证券业、保险业，其集聚水平均呈内陆和沿边地区水平偏低而沿海地区水平偏高的梯度分布态势；大多数东部沿海地区省（区、市）和河南、四川等少数内陆地区省（区、市）的金融集聚水平相对较高，海南、贵州、甘肃、青海、宁夏等偏西部或沿边地区省（区、市）的金融集聚水平则普遍偏低；虽然沿海、内陆和沿边地区的金融集聚水平均在逐年提升，但沿边地区省（区、市）的提升速度远不如沿海地区省（区、市）；因银行业集聚水平和保险业集聚水平存在相对劣势，湖北省的金融集聚水平与其经济发展地位不相匹配，长期位于全国第二发展梯队，甚至长期排在河南等省（区、市）之后。

四、金融集聚空间分布格局演变

结合上一节关于省（区、市）金融集聚水平的测度结果，选取2006年和2019年两个考察时点，分别绘制全国金融集聚总水平和银行业集聚水平、证券业集聚水平、保险业集聚水平的空间分布格局演变图，其中空间数据来源于全国地理信息资源目录服务系统，使用ArcGIS自然间断点分级法，将30个省（区、市）的金融集聚总水平和银行业集聚水平、证券业集聚水平、保险业集聚水平分别划分为五个不同的等级。

（一）金融集聚总水平的空间分布格局演变特征

从绝对值大小来看，2006年和2019年全国金融集聚总水平分别为0.107和0.304，金融集聚总水平均偏低。从变化趋势来看，伴随着银行业、证券业和保险业的发展，30个省（区、市）2019年的金融集聚总水平均较2006年有一定幅度提升。

广东、上海、浙江和江苏等省（区、市）2006年和2019年的金融集聚总水平较高。而青海和宁夏2006年总水平和2019年的金融集聚总水平一直较低，与全国大多数省（区、市）相比较，其在全国金融集聚中的影响力较小，虽然其金融集聚总水平也呈逐年提升趋势，但提升速度相对较慢。作为全面向西开放和推进“丝绸之路经济带”建设的前沿阵地，青海和宁夏金融集聚的总水平亟待提升。湖北在全国格局中的地位偏低且较为稳定，这显然与其经济发展水平在全国格局中的地位不相符，而且与“一带一路”建设、

“国内国际”双循环背景下其作为“承东启西、连南接北”的内陆大省地位及其肩负的“打造内陆开放新高地和全国重要增长极”的历史使命极不相符。无疑，丰富的金融资源需要有制度催化剂来予以推动，只有这样才能形成强大的集聚力。此外，四川、山东、辽宁和河北等省（区、市）2019年的金融集聚总水平在全国格局中的地位较2006年有所下降。

（二）银行业集聚水平的空间分布格局演变特征

从绝对值大小来看，2006年和2019年全国银行业集聚水平分别为0.157和0.325，集聚水平相对较高。从变化趋势来看，在推进利率市场化改革和全面对外开放的时代背景下，银行业发展在银行类金融机构设置、人才引进和跨境直接投资人民币结算等方面均实现了一定的突破，金融机构存贷款余额也在逐年增加，2019年的银行业集聚水平较2006年有明显提升，但仍然存在巨大的提升空间。

从2006年到2019年，湖北、四川、河南、内蒙古、黑龙江、吉林和广西等省（区、市）的银行业集聚水平在全国格局中的地位有所下降，而北京有所提升，青海和宁夏等省（区、市）的银行业集聚水平则一直较低。相对于全国绝大多数省（区、市）而言，青海和宁夏等省（区、市）在全国银行业资源集聚中的影响力很小，虽然其银行业集聚水平整体呈上升演变趋势，但提升速度相对较慢。在金融全球化背景下，作为金融业最重要的支柱行业，中国银行业整体发展最为迅速。然而，受经济转轨时期特有制度安排的影响，银行类金融机构、资金、人才以及技术和信息等资源都大量涌向东部沿海地区，包括湖北在内的多数内陆和沿边地区省（区、市）的银行业机构占比、资金占比、人才占比等均较低。在经济金融区域协调发展的政策引领及中部地区崛起、西部大开发等战略背景下，银行业金融资源开始向沿海地区之外的省（区、市）回流。然而，受制度环境不够优化带来的交易成本偏高、融资效率低下等诸多因素的限制，湖北等省（区、市）的银行业集聚水平若想追赶上沿海地区发达省（区、市），仍需付出巨大的努力。

（三）证券业集聚水平的空间分布格局演变特征

从绝对值大小来看，2006年和2019年全国证券业集聚水平分别为0.037和0.161，整体水平偏低，多层次资本市场体系及其功能亟待进一步完善。从变化趋势来看，伴随着全国多层次资本市场的发展，30个省（区、市）的证券公司营业部和上市公司的数量几乎都在逐年增加，沪、深证券交易所总交易金额也呈不断上升趋势，资本市场越来越活跃，从而使得2019年的证券业集聚水平较2006年有一定幅度的提升，但仍存在极大的提升空间。

从2006年到2019年，湖北和福建等省（区、市）证券业集聚水平在全国格局中的地位有所提升，资本存在从区域外继续流入的趋势，而河北、辽宁、山西和内蒙古等省（区、市）证券业集聚水平在全国格局中的地位有所下降，甘肃、青海、宁夏和贵州等省（区、市）的证券业集聚水平则一直偏低。相对于多数省（区、市）而言，甘肃、青海、宁夏和贵州等省（区、市）在全国证券业资源集聚中的影响力较小。虽然甘肃、青海、宁夏和贵州等省（区、市）证券业集聚水平呈提升演变趋势，但提升速度有待进一步加快。未来，湖北和福建等证券业集聚地位有所提升的省（区、市）应继续保持其既有优势，同时加快完善其多层次资本市场的步伐，为资本市场的要素流动营造更便利的环境；甘肃、青海、宁夏和贵州等省（区、市）则需继续加强多层次地方资本市场体系建设，配合国有企业改革大计、混合所有制经济发展目标和金融市场对外开放步伐，极大地激发地方证券市场活力、优化融资结构、提高风险防范水平，进而实现其金融服务实体经济发展并增强经济高质量发展的能力。

（四）保险业集聚水平的空间分布格局演变特征

从绝对值大小来看，2006年和2019年全国保险业集聚水平分别为0.103和0.391，整体水平偏低，存在较大提升空间。从变化趋势来看，面对“加入WTO后，国内保险业作为首个全面对外开放的金融领域”这一入世承诺的巨大压力，中国保险业奋勇前行并得以迅速崛起。伴随着全国保险业的发展，30个省（区、市）的保险公司分支机构、保费收入和赔付支出基本实现逐年增加，保险密度也逐年加大，从而使得其2019年的保险业集聚水平较2006年有较大幅度的提升。此外，相较于证券业集聚水平，2006年和2019年全国保险业集聚水平整体均偏高；相较于金融集聚总水平和银行业集聚水平，2006年全国保险业集聚水平偏低，2019年则偏高。由此可见，近年来，得益于国民保险意识的增强和外部环境的考验，中国保险业资源集聚速度相对较快。

山东、湖北、河南、河北和吉林等省（区、市）2019年的保险业集聚水平较2006年在全国格局中的地位明显提升，但湖北的保险业集聚水平在全国格局中的地位较证券业集聚水平地位更低；甘肃和贵州的保险业集聚水平在全国格局中的地位相对于证券业集聚水平地位而言稍高，宁夏保险业集聚水平在全国格局中的地位相对于银行业集聚水平地位和证券业集聚水平地位而言均稍高，但提升速度均较慢。此外，部分保险业集聚水平偏低省（区、市）的保险业发展虽具有一定的先发优势，但因发展后劲不足，相对于多数省（区、市）而言，其在全国保险业资源集聚中的影响力未能保持原有优势。未来，包括湖北在内的保险业集聚水平偏低省（区、市）需继续大力开拓国内和国际保险市场，改革和完善保险机制，丰富各类保险险种，尽量满足投保人的多样化风险转移需求，促使保险的经济补偿和风险保障职能得以充分发挥，配合防范化解金融风险、帮助地方企业“走出去”和推进金融对外开放等发展目标，增强地区各类保险市场的活力，提高其风险防范、服务和管理水平。

综上，在样本考察期内，除银行业集聚水平外，全国金融集聚总水平和证券业集聚水平、保险业集聚水平均偏低，存在较大的提升空间；无论是金融集聚总水平，还是银行业集聚水平、证券业集聚水平、保险业集聚水平，青海和宁夏在全国格局中的地位均长期偏低；无论是金融集聚总水平，还是银行业集聚水平、证券业集聚水平、保险业集聚水平，均呈现出向沿海、内陆地区连片扩散态势，但空间非均衡特征仍然相当明显，且这种非均衡特征有继续强化的趋势；地理位置邻近省（区、市）的金融集聚水平高度相关，金融集聚水平较高的省（区、市）的相邻地区的金融集聚水平也较高，金融集聚水平较低的省（区、市）的相邻地区的金融集聚水平也较低；湖北的金融集聚总水平在全国格局中的地位偏低，与其经济发展水平在全国格局中的地位极不相符，与其作为“承东启西、连南接北”的内陆大省地位及其肩负的“打造内陆开放新高地和全国重要增长极”的历史使命也不相符，同时，其银行业集聚水平在全国格局中的地位呈下降趋势，证券业集聚水平和保险业集聚水平在全国格局中的地位呈上升趋势；部分省（区、市）的金融集聚虽具有一定的先发优势，但发展后劲不足。

究其原因，金融集聚需要相应的制度催化剂来予以推动，特别是可用于夯实金融微观基础的产权和契约制度、保障金融市场主体平等的进出与交易制度、维护金融市场秩序的竞争制度以及管控制度等，然而，自西部大开发、振兴东北老工业基地、中部地区崛起等区域协调发展战略及“一带一路”倡议正式提出以来，虽然国家和地方先后出台各类政策以提高政策支持金融发展区域协调发展的力度，但成效并不突出。即便是拥有“国家自主创新示范区”“第三批自贸区试点”“碳排放权交易试点”“科技金融创新试点”及武汉城市圈“两型社会”建设等一系列先行先试政策优势的湖北省，其金融集聚水平的提升效果也不甚理想。鉴于包括湖北省在内的部分内陆地区省

（区、市）和多数沿边地区省（区、市）金融集聚水平长期偏低，而良好的制度环境是金融集聚的重要保障，且有利于金融集聚的制度条件主要包括合理的产权结构、完善的市场机制和完备的法治体系等，下一章将借助 Dagum 基尼系数及其分解法、Kernel 密度估计法和 Markov 链分析法等技术和方法，就产权、市场和法律制度变迁的区域差异对中国金融集聚空间非均衡的影响进行更为深入的研究与分析。

第五章　制度变迁区域差异与金融集聚非均衡发展

改革开放至今，中央政府围绕“先试点再普遍推广、先发展东部再实现全国协调发展”的改革方略，分阶段、分地区制定并实施了一系列有差异的经济金融制度。因制度环境和资源禀赋、地理位置等存在差异，各地区金融集聚水平各不相同，区域金融发展水平呈现出明显的差异。缩小区域发展差距，实现区域协调发展，是我国经济社会发展遵循的一个重要原则，对促进经济社会持续健康发展具有重要而深远的意义。在上一章对省（区、市）金融集聚水平进行测度、比较并重点探讨各省（区、市）金融集聚在全国格局中的地位的基础上，本章进一步对金融集聚的空间非均衡状态、制度环境的区域差异对金融集聚空间非均衡的影响及湖北省在金融资源集聚过程中面临的制度约束进行分析，为下一章实证检验制度环境对金融集聚影响的异质性及中介效应奠定基础。

第一节　制度变迁的区域差异

根据现代经济增长理论的观点，经济增长的动力取决于资源禀赋和比较优势，区域经济增长表现出来的差异可由其“初始条件”来解释。此外，在转轨经济条件下，由资源禀赋差异这一“初始条件”所决定的区域经济增长差异会因制度变迁的影响而加剧。[105]1996 年，世界银行发布的《世界发展报告》表明，制度变迁对东欧、苏联等的经济增长具有重要影响，尽管转轨国家的“初始条件”不同，但因制度变迁的速度不同，经济增长表现在国与国之间存在较大差异。[141] 这给本书研究金融集聚的区域非均衡发展提供了广阔的思维空间，本章试图通过引入影响金融资源集聚的制度因素来考察制度变迁区域差异对金融集聚非均衡发展的影响，进而探寻湖北省在金融集聚过程中面临的制度约束。

一、制度变迁历程

中华人民共和国成立之后，以毛泽东为核心的党中央领导集体，结合中国具体国情和社会主义建设道路，提出包括“沿海工业和内地工业的关系”在内的“东西部发展的重大问题”。[142]党的十一届三中全会上，以邓小平为核心的党中央领导集体，立足现实、面向未来，提出“两个大局”思想和“三步走”发展战略，力求实现沿海与内陆、沿边地区协调联动与和谐发展，并兼顾公平与效率。自 1978 年正式实行改革开放以来，中国经济实现了跨越式发展，但相伴而生的是区域经济非均衡发展和区域收入差异显著。区域非均衡发展战略未能实现以沿海地区的率先发展带动内陆和沿边地区的跨越式发展局面，区域差距成为中国经济进一步发展亟待解决的现实问题。20 世纪 90 年代初，为缩小地区经济与收入差距，以江泽民为核心的党中央领导集体，根据中国在 21 世纪面临的新形势、新任务和邓小平的“两个大局”思想，在党的十五届四中全会上明确提出实施西部大开发战略。跨入 21 世纪之后，以胡锦涛为总书记的党中央领导集体，根据中国区域发展实际和全面推进现代化建设的要求，进一步提出“继续推进西部大开发、振兴东北老工业基地、促进中部地区崛起，鼓励东部地区率先发展，形成分工合理、特色明显、优势互补的区域产业结构，推动各地区共同发展”的区域协调发展战略布局。如今，进入中国特色社会主义新时代，以习近平同志为核心的党中央领导集体根据我国社会主要矛盾的变化和高质量发展要求，在“推进西部大开发、东北全面振兴、中部地区崛起、东部率先发展”的基础上，出台了《中共中央　国务院关于建立更加有效的区域协调发展新机制的意见》，并进一步提出深入推进京津冀协同发展、粤港澳大湾区建设和长三角一体化发展，编制黄河流域生态保护和高质量发展规划纲要，推动成渝地区双城经济圈建设，促进革命老区、民族地区、边疆地区、贫困地区加快发展的区域协调发展战略。

回顾我国自中华人民共和国成立以来的制度变迁历程，可将制度环境演进过程划分为四大阶段（表 5-1）：第一个阶段（1949—1978 年）为遵循平均分配原则的高度计划经济环境阶段，特别是 1956 年完成社会主义“三大改造”之后，执行的是典型的公有制产权制度和全民所有制与集体所有制的资源配置制度，中央通过制定经济社会发展规划统一提供制度供给；第二个阶段（1979—1992 年）为遵循按劳分配原则的有计划的商品经济环境阶段，此阶段执行的是“公有制经济占绝对优势”和“计划指导为主、市场调节为辅”的产权制度，在适度分权的制度安排下，中央与地方政府共同提供制度供给，党的十一届三中全会正式拉开了市场化改革的序幕；第三个阶段（1993—2003 年）为遵循“按劳分配为主，多种分配形式并存”分配原则的社会主义市场经济体制环境阶段，此阶段执行的是“公有制为主，多种所有制并存”和“股份制改革与建立现代企业制度”的产权制度，在政府与市场相分离的制度安排下，中央、地方政府与企业一起组成制度创新集团，社会主义市场经济的发展目标基本确立；第四个阶段（2004 年至今）为多种收入形式并存的完善的社会主义市场经济体制环境阶段，此阶段执行的是多领域统筹发展以及毫不动摇地“巩固和发展公有制经济，鼓励、支持和引导非公有制经济”的产权制度，在政府与市场相分离的制度安排下强调制度的激励机制，为地方政府与企业的制度创新实践提供良好的外部环境。

表 5-1　中华人民共和国成立以来的制度变迁历程

阶段	经济体制环境	制度供给方式
第一个阶段（1949—1978 年）	高度计划经济体制环境	中央通过制定经济社会发展规划统一提供制度供给
第二个阶段（1979—1992 年）	有计划的商品经济体制环境	在适度分权的制度安排下，中央与地方共同提供制度供给
第三个阶段（1993—2003 年）	“按劳分配为主，多种分配形式并存”的社会主义市场经济体制环境	在政府与市场相分离的制度安排下，中央、地方政府与企业一起组成制度创新集团
第四个阶段（2004 年至今）	多种收入形式并存的完善的社会主义市场经济体制环境	在政府与市场相分离的制度安排下强调制度的激励机制，为地方政府与企业的制度创新实践提供良好的外部环境

根据党中央总体部署，自 1978 年正式实行的改革开放是渐进式制度变迁过程，且各地区的改革开放并非同时进行。具体而言，中国改革开放由东部沿海地区率先对外开放并进行改革开放试点，继而再向内陆和沿边地区逐步推进，如图 5-1 所示。根据改革开放的区域次序，可将改革开放划分为四个阶段：第一个阶段（1978—1983 年）将 4 个东南沿海城市列为首批经济

特区；第二个阶段（1984 年）将东部沿海 14 个港口城市[①]纳入对外开放的队伍；第三个阶段（1985—1991 年）先后将珠江三角洲、长江三角洲、闽南地区和环渤海湾地区[②]、海南省和上海浦东新区列为开放地区或经济特区，进一步推进沿海地区发展战略；第四个阶段（1992 年至今）开始实施沿海、沿江、沿边、沿路全方位开放战略，先后开放 5 个港口城市、13 个边境城市和 15 个内陆省会城市[③]，并全面部署实施西部大开发、振兴东北老工业基地和中部地区崛起等改革战略。[105]

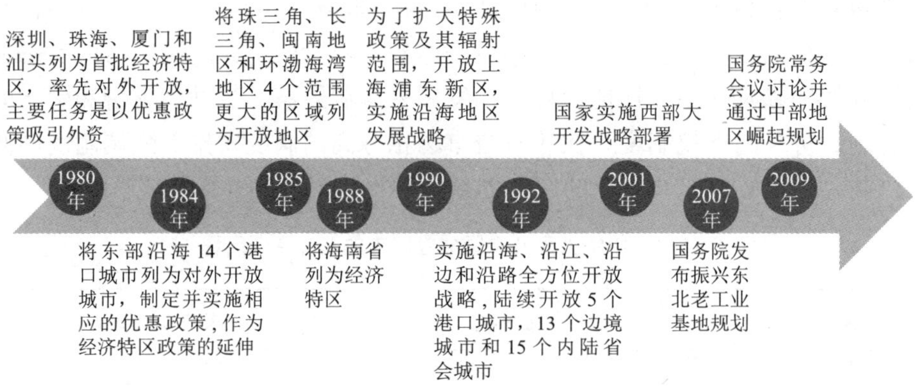

图 5-1 中国“由沿海向内地扩展”的改革开放时间轴

综上，基于中国经济体制改革各阶段的特殊任务和东部沿海地区相对优越的区位条件、交通条件等，中国实施了“先沿海，再内陆和沿边”的渐进式改革开放策略。无疑，差别化的区域改革次序和改革策略，造就了差异化的制度环境、金融集聚水平和经济增长速度，为中国区域经济发展、金融集聚及金融发展的空间非均衡局面埋下伏笔。

① 东部沿海 14 个港口城市包括大连、秦皇岛、天津、烟台、青岛、连云港、南通、上海、宁波、温州、福州、广州、湛江、北海。

② 闽南地区包括福建省的泉州、漳州和厦门；环渤海湾地区包括山东半岛、辽东半岛和河北的沿海地区。

③ 5 个港口城市包括长江沿岸的芜湖、九江、武汉、岳阳和重庆；13 个边境城市包括珲春、绥芬河、满洲里、黑河、二连浩特、博乐、塔城、伊宁、畹町、河口、瑞丽、凭祥和东兴；15 个内陆省会城市包括哈尔滨、长春、呼和浩特、合肥、南昌、长沙、成都、郑州、太原、西安、兰州、西宁、贵阳、银川和石家庄。

二、制度环境的测度

（一）制度环境的基本内涵与测度逻辑

制度变迁会带来制度环境的改变，因此，可以借助制度环境指数对制度变迁的区域差异进行量化分析。戴维斯和诺斯认为，制度环境是一系列政治、经济、社会基础规则形成的体系环境，主要用来建立生产、交换和分配基础。早在1996年，世界银行就开始围绕“话语权、政治稳定性、政府效率、监管质量、法治和腐败控制”六大方面，从调查机构、国际组织、智囊团、非政府组织和私营部门收集世界各国大量的企业、公民和专家调查受访者对政府治理质量的看法，每年对全球200多个国家的政府治理能力进行评价与排名。此后，学者们广泛采用全球治理指数衡量各国制度环境水平和制度质量，研究不同制度环境下国家或地区的经济增长等问题。

在省（区、市）制度环境的量化方面，学者们也付出了诸多尝试与努力，先是选择政府干预、政府支撑、政府政策等制度因素作为制度的替代指标，后又通过构建制度评价指标体系对制度变量进行测度。继卢中原和胡鞍钢[96]将市场化指数引入Samuelson模型及金玉国[97]设计“产权制度、市场化程度、对外开放和分配格局”四个制度变量之后，樊纲[98]采用比较分析方法从五大方面对中国各省（区、市）的市场化相对程度进行测度，构建了相对完善的制度评价指标体系，市场化指数随即被广泛用于与制度相关的实证研究领域。[96-98]与此同时，为最大限度地提升测度结果的可信度，有学者尝试从经济、政治、法律等多角度[143]或从发展状况、环境和功能等多维度[144]构建制度指标体系。赵云辉[145]则基于制度的动态性和多维性属性，在樊纲等编制的市场化指数基础上，借鉴石（Shi）[146]关于制度脆弱性的测度方法来测度各省（区、市）的制度环境。

如前文所述，金融集聚相关制度是涉及金融资源、金融产品在交易过程中产生的权利义务匹配与约束的一系列规则。参照“结构主义”的功能结构标准，本书认为可从产权制度、市场制度和法律制度三个角度审视影响金融集聚的制度结构，且产权制度、市场制度和法律制度的调整对象和调整层次各不相同，分别承担着“市场形成、市场化运行、市场秩序维持”的职责，共同形成对一国（地区）金融资源配置和经济绩效起决定性作用的制度框架，其在某个区域的组合就形成该区域特定时期影响金融集聚的制度环境。

产权制度、市场制度和法律制度等制度因素间关系尤为密切，简言之，产权制度是前提、市场制度是核心、法律制度是保障。在既定的产权关系和产权规则下，产权制度通过一系列制度安排为产权关系的组合、调节和保护提供有效保障，不仅构成了金融市场制度及其他各种制度安排的基础，还对金融市场经济行为主体参与金融市场活动的积极性与资金融通效率等产生了重要影响。市场制度通过一系列制度安排为明确政府与市场边界、规范市场主体交易行为、维护市场交易与竞争秩序提供依据和保障，无疑，市场制度容量越大，越有助于妥善处理政府与金融市场的关系、培育金融产品和资本市场发育、拓展国际金融市场业务等。法律制度通过一系列法律规范安排为调整各种社会关系、维护市场秩序、保障其他制度顺利实施及经济活动顺利开展提供服务；当一国（或地区）试图寻求更长远、更成熟的经济与金融发展时，健全的法律体系是必需的，法律体系的健全性不仅体现在立法层面，还体现在执法层面和司法层面；良好的法律秩序是金融市场成熟并实现持续发展的重要前提，需中央、地方两级政府通力协作，共同完善和高效执行现代法律制度。

虽然制度对金融市场经济主体行为产生的激励与约束在相当大程度上来源于非正式制度，但非正式制度包括的范围较宽泛且难以量化。在金融与经济高质量发展背景下，借助产权制度、市场制度和法律制度等形成制度合力，致力于营造良好的制度环境，将有助于发挥其对金融发展与经济增长的支撑作用。因此，本书从产权制度、市场制度和法律制度三个维度构建影响金融集聚的制度环境评价指标体系，选取的制度子指标主要界定在服务于金融发展与经济增长领域、对金融集聚产生重要影响的“产权制度、市场制度和法律制度”等正式制度范畴。

（二）制度环境的评价指标体系

参阅并充分吸取已有文献的研究成果，基于金融集聚的制度影响因素考察视角，结合制度金融学理论，本书在“产权—市场—法律”三元制度分析框架下，从“产权制度、市场制度和法律制度”三个方面来构建制度环境评价指标体系。基于制度环境的理论内涵与测度逻辑，遵循指标选择的科学性、层次性、代表性及数据的可得性原则，将制度环境评价指标体系划分为目标层、准则层和指标层。其中，目标层为制度环境，准则层包括产权制度、市场制度和法律制度，每个准则层又由若干个子指标（共计 13 个）组成（表 5-2）。

表 5-2 中国省（区、市）制度环境指数评价指标体系

目标层	准则层	指标层		计算方法	数据来源
制度环境	产权制度	非国有经济工业企业销售产值占工业企业销售总产值比重		1-（国有及国有控股工业企业销售产值 / 工业销售产值）	各省（区、市）历年统计年鉴
		非国有经济固定资产投资占全社会固定资产总投资比重		1-（国有经济固定资产投资 / 全社会固定资产总投资）	各省（区、市）历年统计年鉴
		非国有经济就业人数占城镇总就业人数比重		城镇私营企业和个体从业人数 / 城镇总就业人数	历年中国统计年鉴
	市场制度	产品市场发育程度		《中国市场化指数（2018）》中的“产品市场的发育程度”指数	《中国市场化指数（2018）》
		要素市场发育程度		《中国市场化指数（2018）》中的“要素市场的发育程度”指数	《中国市场化指数（2018）》
		政府与市场的关系		《中国市场化指数（2018）》中的“政府与市场的关系”指数	《中国市场化指数（2018）》
		对外开放程度	对外贸易程度	进出口总额 /GDP	Wind 数据库
			利用外资程度	实际利用外资额 /GDP	Wind 数据库
		宏观税负水平		财政收入 /GDP	Wind 数据库
	法律制度	产权保护	专利申请	申请专利数 / 总人口	Wind 数据库
			专利批准	批准专利数 / 总人口	Wind 数据库
		市场中介组织发育和法治环境		《中国市场化指数（2018）》中的“市场中介组织发育和法治环境”指数	《中国市场化指数（2018）》
		地区腐败程度		贪污贿赂案立案数 / 当地公职人员总数	历年中国检察年鉴

产权制度方面，在借鉴金玉国[97]、刘玉珂[143]、阮建青等[147]做法的基础上，本书最终选取非国有经济工业企业销售产值占工业企业总销售产值比重、非国有经济固定资产投资占全社会固定资产投资比重、非国有经济就业人数占城镇总就业人数比重等作为衡量产权制度环境的子指标。市场制度方面，在综合权衡阮建青[147]、王小鲁等[139]做法的基础上，本书从产品市场发育程度、要素市场发育程度、政府与市场的关系、对外开放程度及宏观税负水平五个方面考察市场制度环境，最终选取产品市场发育程度、要素市场发育程度、政府与市场的关系、对外贸易程度、利用外资程度及宏观税负水平等作为衡量市场制度环境的子指标。鉴于王小鲁等编制的《中国市场化指数》是目前国内制度环境数据最翔实、指标最全面和计算最科学的报告之一，此处的产品市场发育程度、要素市场发育程度和政府与市场的关系三个子指标直接借鉴《中国市场化指数》中相应的分指数。法律制度方面，在借鉴邵传林[148]、王小鲁等[139]做法的基础上，本书从产权保护、市场中介组织发育和法治环境及地区腐败程度三个方面考察法律制度环境，最终选取专利申请、专利批准、市场中介组织发育和法治环境及地区腐败程度等作为衡量法律制度环境的子指标。

其中，国有及国有控股工业企业销售产值、工业销售总产值、国有经济固定资产投资、全社会固定资产总投资的数据来源于各省（区、市）历年统计年鉴；城镇私营企业人数、城镇个体从业人数和城镇总就业人数来源于历年中国统计年鉴；贪污贿赂案立案数和当地公职人员数来源于历年中国检察年鉴；产品与要素市场发育程度、政府与市场关系、市场中介组织发育和法治环境得分来源于《中国市场化指数（2018）》，其他数据均来自 Wind 数据库，部分缺失数据采用线性插值法进行补充。此外，因多个指标 2019 年的数据缺失，本书采用 ARMA 模型、线性回归模型等多类模型进行组合预测。

（三）制度环境的测度结果

在构建制度环境评价指标体系的基础上，同样依据中国各地区相继开放的特征，参照张毓峰等[140]关于沿海、内陆和沿边地区新三大区域的划分标准，考虑到数据的可得性，选取 2006—2019 年中国 30 个省（区、市）的数据，采用熵值法测算出沿海、内陆和沿边地区各省（区、市）制度环境指数（表 5-3）。

表 5-3　2006—2019 年中国省（区、市）制度环境指数情况

地区	省（区、市）	年份													
		2006	2007	2008	2009	2010	2011	2012	2013	2014	2015	2016	2017	2018	2019
沿海	北京	0.429	0.440	0.478	0.425	0.466	0.516	0.542	0.584	0.617	0.654	0.684	0.713	0.751	0.781
	天津	0.373	0.384	0.368	0.333	0.358	0.381	0.412	0.462	0.468	0.519	0.540	0.482	0.525	0.502
	河北	0.125	0.133	0.134	0.144	0.126	0.133	0.139	0.152	0.157	0.173	0.187	0.183	0.207	0.212
	辽宁	0.250	0.274	0.263	0.268	0.283	0.281	0.290	0.284	0.265	0.201	0.217	0.212	0.230	0.232
	上海	0.506	0.543	0.512	0.476	0.524	0.530	0.534	0.521	0.527	0.568	0.592	0.587	0.623	0.633
	江苏	0.360	0.390	0.367	0.365	0.417	0.474	0.542	0.520	0.462	0.474	0.477	0.467	0.522	0.534
	浙江	0.335	0.365	0.346	0.339	0.371	0.400	0.474	0.507	0.484	0.532	0.553	0.536	0.610	0.624
	福建	0.291	0.285	0.272	0.213	0.221	0.237	0.254	0.269	0.276	0.312	0.345	0.343	0.391	0.407
	山东	0.217	0.220	0.197	0.190	0.208	0.219	0.231	0.238	0.245	0.263	0.267	0.252	0.269	0.264
	广东	0.420	0.426	0.377	0.340	0.364	0.373	0.393	0.408	0.413	0.442	0.465	0.503	0.576	0.626
沿边	内蒙古	0.132	0.135	0.127	0.129	0.134	0.131	0.133	0.144	0.124	0.134	0.133	0.128	0.136	0.134
	吉林	0.122	0.128	0.137	0.137	0.141	0.144	0.152	0.155	0.155	0.160	0.169	0.168	0.184	0.190
	黑龙江	0.124	0.131	0.129	0.123	0.129	0.148	0.181	0.190	0.183	0.177	0.186	0.171	0.187	0.183
	广西	0.119	0.127	0.126	0.132	0.129	0.129	0.145	0.154	0.167	0.185	0.177	0.169	0.170	0.164
	海南	0.194	0.229	0.209	0.179	0.220	0.211	0.215	0.223	0.222	0.222	0.213	0.200	0.214	0.212
	云南	0.111	0.126	0.135	0.129	0.142	0.155	0.162	0.157	0.146	0.143	0.139	0.127	0.129	0.123
	新疆	0.110	0.120	0.122	0.102	0.097	0.105	0.120	0.126	0.129	0.143	0.146	0.130	0.127	0.117
内陆	山西	0.107	0.119	0.104	0.095	0.103	0.120	0.139	0.150	0.160	0.161	0.173	0.156	0.181	0.180
	安徽	0.146	0.175	0.171	0.170	0.193	0.207	0.231	0.245	0.254	0.277	0.291	0.280	0.292	0.289
	江西	0.168	0.177	0.172	0.167	0.178	0.189	0.191	0.196	0.220	0.240	0.251	0.250	0.274	0.282
	河南	0.127	0.137	0.133	0.141	0.157	0.179	0.196	0.176	0.187	0.204	0.215	0.207	0.226	0.228
	湖北	0.146	0.153	0.150	0.151	0.158	0.170	0.183	0.190	0.198	0.217	0.224	0.229	0.244	0.252
	湖南	0.157	0.161	0.154	0.146	0.162	0.181	0.194	0.174	0.184	0.198	0.208	0.203	0.221	0.223
	重庆	0.158	0.182	0.194	0.190	0.204	0.249	0.251	0.268	0.281	0.309	0.288	0.273	0.299	0.300
	四川	0.131	0.147	0.159	0.155	0.177	0.189	0.207	0.204	0.215	0.221	0.219	0.220	0.239	0.246
	贵州	0.090	0.094	0.090	0.088	0.087	0.100	0.123	0.134	0.140	0.143	0.139	0.121	0.141	0.143
	陕西	0.102	0.113	0.108	0.106	0.113	0.141	0.156	0.178	0.198	0.236	0.243	0.231	0.230	0.222
	甘肃	0.073	0.087	0.089	0.086	0.090	0.090	0.097	0.100	0.108	0.126	0.138	0.131	0.149	0.149
	青海	0.116	0.129	0.100	0.098	0.098	0.094	0.101	0.099	0.106	0.110	0.099	0.098	0.120	0.126
	宁夏	0.131	0.135	0.113	0.121	0.108	0.113	0.130	0.138	0.150	0.156	0.163	0.176	0.180	0.191

三、制度环境的区域差异分析

（一）总体描述

1. 全国层面

样本考察期内，全国制度环境指数均值为0.238，整体水平偏低，且呈小幅波动上升趋势（图5-2），这意味着全国制度环境虽然随年份增加不断得以优化，但仍存在较大改善空间。从变化趋势来看，全国制度环境指数在2008年、2009年和2017年出现小幅下降，分别下降8.37%、0.70%和0.92%，其他年份均呈上升态势；2006—2009年，制度环境指数提升速度较慢，年平均增速仅为0.84%；2010—2019年，制度环境指数提升速度相对较快，年平均增速为4.71%，增速最快的一年为2012年，为9.32%，这主要得益于沿海地区的贡献；2019年制度环境指数为0.292，为2006年的1.49倍。全国制度环境指数在2008年、2009年和2017年出现明显下滑，究其原因，受全球金融危机带来的负面冲击和我国宏观经济周期性下行大环境的影响，各省（区、市）外贸市场均受阻严重，同时，政府加大对市场的干预力度，政府与市场间关系得分及外贸依存度均显著下降。

2. 区域层面

从制度环境指数的绝对值来看，在样本考察期内，沿海地区一直遥遥领先，沿边和内陆地区则一直低于全国平均水平，且与沿海地区间差距悬殊；2005—2009年，沿边地区制度环境指数略高于内陆地区，2009年沿边和内陆地区制度环境指数相等（均为0.130），2010年内陆地区开始反超沿边地区，且内陆与沿边地区间差距随年份增加呈逐渐扩大趋势；沿海地区制度环境指数在2008年和2009年出现明显下降，在2014年和2017年出现轻微下降，其他年份均表现为明显提升。从制度环境指数的变动趋势来看，2009—2016年，各地区制度环境指数均呈明显递增趋势，且沿海地区提升速度最快、沿边地区提升速度最慢，导致沿边、内陆地区与沿海地区间的差距越来越大；2017年，沿海、沿边与内陆地区制度环境指数均出现下降，其中，沿边地区下降幅度最大、内陆地区次之、沿海地区下降幅度最小，沿边地区与沿海、内陆地区间差距显著增加；2018—2019年，沿海与内陆地区制度环境指数及全国平均水平出现不同幅度提升，沿边地区则出现小幅下降（图5-2）。

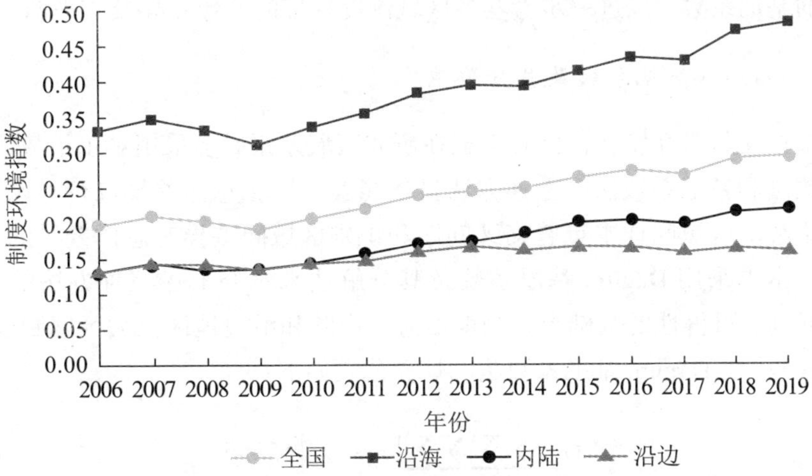

图 5-2　全国及三大区域制度环境指数变化趋势

3. 省（区、市）层面

一方面，根据 2019 年各省（区、市）制度环境指数将 30 个省（区、市）分为三个梯队。第一梯队包括北京、上海、浙江、广东、天津和江苏，制度环境指数高于 0.5；第二梯队包括福建、安徽、重庆、山东、江西、湖北、陕西、四川、辽宁、河南、湖南、海南和河北，制度环境指数介于 0.2 和 0.5 之间；第三梯队包括吉林、黑龙江、广西、宁夏、山西、甘肃、云南、内蒙古、青海、贵州和新疆，制度环境指数低于 0.2，处于第三梯队的新疆在全国排名倒数第一。

另一方面，各省（区、市）间制度环境指数存在较大差异。以 2019 年为例，北京的制度环境指数达 0.781，湖北为 0.252，湖北与北京之间的差距悬殊，而排名倒数第一的新疆只有 0.117，仅为北京的 14.98%，两者相差 0.664。即使在同一区域，制度环境指数也存在较大差异，以 2019 年为例，源于自由贸易试验区和中部地区崛起的制度红利，内陆地区制度环境指数最高的重庆为 0.300，虽然内陆地区水平整体偏低，但青海与重庆的差距仍达 0.174。

（二）区域差异、来源及其贡献率大小

采用 Dagum 基尼系数及其分解法对制度环境的区域差异进行分解，借助 Matlab 软件计算出 2006—2019 年中国沿海、沿边、内陆地区和全国制度

环境的基尼系数，以进一步考察各区域制度环境的区域差异及其来源。

1. Dagum 基尼系数及其分解法

根据文献研究发现，已有文献在研究区域差距时多采用泰尔指数法、变异系数法和基尼系数法，上述方法虽然能够对区域总体差异进行来源分解，但无法解决区域间样本重叠交叉问题和识别区域间差异对总体差异的贡献。因此，本书采用 Dagum 基尼系数及其分解法来弥补上述三种方法的不足，在数据具有可得性的基础上，测度沿海、内陆和沿边地区三大区域制度环境的区域差异。Dagum 基尼系数法的计算公式如下：

$$G=\sum_{j=1}^{k}\sum_{h=1}^{k}\sum_{i=1}^{n_j}\sum_{r=1}^{n_h}\left|y_{ji}-y_{hr}\right|/2n^2\bar{y} \tag{5.1}$$

其中，G 表示 Dagum 基尼系数，j（h）表示 j（h）区域，i 表示 j 区域内的任意省份，r 表示 h 区域的任意省份。y_{ji}（y_{hr}）表示 j（h）区域内任意省（区、市）的制度环境水平，n 是省（区、市）的个数，$\bar{y}$是三大区域 30 个省（区、市）制度环境水平的平均值，k 是区域划分的个数，n_j（n_h）是 j（h）区域内省（区、市）的个数。为便于计算，首先根据各区域内制度环境水平对省（区、市）进行排序，如式（5.2）所示：

$$\bar{Y}_h\leqslant\cdots\bar{Y}_j\leqslant\cdots\leqslant\bar{Y}_k \tag{5.2}$$

制度环境 Dagum 基尼系数可分解为三个部分，即$G=G_w+G_{nb}+G_t$。其中，G_w 表示区域组内差异，G_{nb} 表示区域组间差异，G_t 表示超变密度差异。计算公式如下：

$$G_{jj}=\frac{1}{2\bar{Y}_j}\sum_{i=1}^{n_j}\sum_{r=1}^{n_j}\left|y_{ji}-y_{jr}\right|/n_j^2 \tag{5.3}$$

$$G_w=\sum_{j=1}^{k}G_{ji}p_js_j \tag{5.4}$$

$$G_{jh}=\sum_{i=1}^{n_j}\sum_{r=1}^{n_h}\left|y_{ji}-y_{hr}\right|/n_jn_h\quad\left(\bar{Y}_j+\bar{Y}_h\right) \tag{5.5}$$

$$G_{nb}=\sum_{j=2}^{k}\sum_{h=1}^{j-1}G_{jh}\left(p_js_h+p_hs_j\right)D_{jh} \tag{5.6}$$

$$G_t = \sum_{j=2}^{k}\sum_{h=1}^{j-1} G_{jh}\left(p_j s_h + p_h s_j\right)\left(1 - D_{jh}\right) \tag{5.7}$$

$$G_{gb} = G_{nb} + G_t = \sum_{j=2}^{n_j}\sum_{h=1}^{j-1} G_{jh}\left(p_j s_h + p_h s_j\right) \tag{5.8}$$

$$D_{jh} = \frac{d_{jh} - p_{jh}}{d_{jh} + p_{jh}} \tag{5.9}$$

$$d_{jh} = \int_0^{\infty} \mathrm{d}F_j(y)\int_0^{y}(y-x)\,\mathrm{d}F_h(x) \tag{5.10}$$

$$p_{jh} = \int_0^{\infty} \mathrm{d}F_h(y)\int_0^{y}(y-x)\,\mathrm{d}F_j(y) \tag{5.11}$$

式（5.3）和式（5.4）分别表示 j 区域内制度环境的基尼系数 G_{jj} 和该区域内制度环境差异 G_w；式（5.5）表示 j 区域与 h 区域间制度环境的基尼系数 G_{jh}；式（5.6）和式（5.7）分别表示区域间制度环境差异 G_{nb} 和超变密度差异 G_t，其中$p_j = n_j / n$，$S_j = n_i \overline{Y}_j / n\overline{Y}$，$j$=1，2，…，$k$；式（5.8）表示区域间制度环境差异；式（5.9）表示 j、h 区域间制度环境的相对影响 D_{jh}；（5.10）表示区域间制度环境的插值d_{jh}，式（5.11）表示超变一阶矩p_{jh}，F_j 和 F_h 分别表示 j、h 区域的累积密度分布函数式。

2. 制度环境的区域差异

表 5-4 和图 5-3 反映了 2006—2019 年中国制度环境在全国总体层面、区域内及区域间的空间分布差异和演变趋势。

表 5-4　2006—2019 年中国制度环境指数的基尼系数

年份	总体 G	组间差异			组内差异			贡献			贡献率 / %		
		(2−1)	(3−1)	(3−2)	1	2	3	G_w	G_{nb}	G_t	G_w	G_{nb}	G_t
2006	0.301	0.439	0.450	0.120	0.182	0.093	0.122	0.052	0.232	0.017	17.276	77.076	5.648
2007	0.292	0.424	0.433	0.127	0.183	0.100	0.121	0.053	0.220	0.019	18.151	75.342	6.507
2008	0.293	0.409	0.432	0.135	0.189	0.085	0.143	0.056	0.219	0.018	19.113	74.744	6.143
2009	0.280	0.401	0.406	0.128	0.182	0.080	0.144	0.054	0.206	0.019	19.286	73.571	6.786
2010	0.297	0.413	0.419	0.161	0.199	0.118	0.161	0.061	0.209	0.027	20.54	70.32	9.14
2011	0.296	0.424	0.405	0.160	0.203	0.108	0.172	0.063	0.209	0.024	21.36	70.53	8.11
2012	0.290	0.422	0.400	0.143	0.204	0.103	0.157	0.061	0.207	0.022	21.14	71.39	7.46
2013	0.288	0.418	0.402	0.138	0.199	0.096	0.156	0.060	0.207	0.021	20.77	71.99	7.23
2014	0.280	0.422	0.374	0.150	0.200	0.107	0.153	0.060	0.202	0.017	21.55	72.26	6.19
2015	0.285	0.431	0.371	0.159	0.215	0.094	0.161	0.064	0.203	0.018	22.38	71.45	6.17
2016	0.289	0.446	0.376	0.163	0.211	0.090	0.157	0.062	0.212	0.014	21.61	73.42	4.97
2017	0.299	0.466	0.384	0.177	0.218	0.090	0.160	0.064	0.221	0.014	21.51	73.87	4.62
2018	0.301	0.484	0.387	0.178	0.211	0.106	0.146	0.062	0.229	0.011	20.56	75.89	3.55
2019	0.309	0.500	0.391	0.189	0.216	0.119	0.144	0.063	0.236	0.010	20.50	76.34	3.16

注：分组代号 1、2、3 分别代表沿海、沿边和内陆，对应的（2−1）即沿边 − 沿海组间差异、（3−1）即内陆 − 沿海组间差异、（3−2）即内陆 − 沿边组间差异。G_w 为组内差异，G_{nb} 为组间差异，G_t 为超变密度差异，满足 $G=G_w+G_{nb}+G_t$。

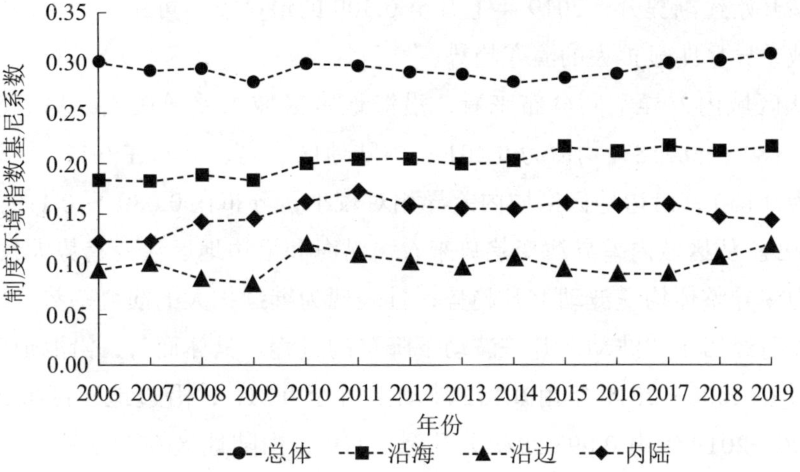

（a）区域内差异

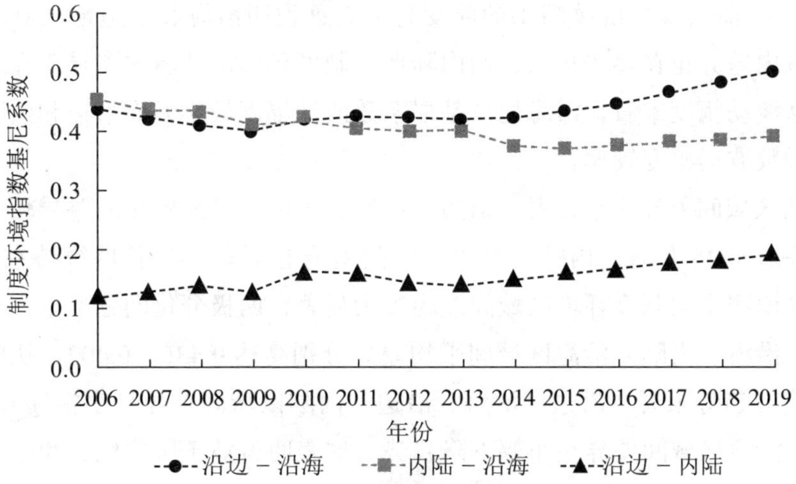

（b）区域间差异

图 5-3 2006—2019 年制度环境指数基尼系数的演变趋势

从总体层面来看，中国制度环境指数的总体基尼系数均值为 0.293，基尼系数分布在 0.280 ~ 0.309，空间非均衡特征比较显著。从演变趋势来看，总体区域差距呈先缩小（2006—2009 年）、后波动扩大（2010—2019 年）的变动趋势。2006—2009 年，总体差异由 0.301 逐渐下降至 0.280；2010 年，受全球金融危机和欧洲主权债务危机的影响，在全国绝大多数省（区、市）制度环境指数出现不同程度下降的同时，制度环境总体差异小幅上升至 0.298；2014 年再次迅速降至 0.280 的最低点，说明相对于前一个阶段，2011 年之后的制度环境不均衡问题有所缓解；2015 年之后，制度环境总体差异又开始逐渐提升，2019年上升至0.309的最高点，可见，中国制度环境的区域差异呈明显扩大的演变趋势。

从区域内差异空间分布来看，沿海地区区域内差异最大，基尼系数分布在0.182～0.218，均值为0.201；内陆地区次之，分布在0.121～0.161，均值为0.150；沿边地区区域内差异相对较小，分布在0.080～0.119，均值为0.099。从区域内差异演变趋势来看，沿海和沿边地区演变趋势大致相似，区域内差异整体均呈波动上升趋势，且表现为继续扩大的演变趋势，内陆地区则先后经历了“波动上升—波动下降”的过程。具体而言，沿海地区区域内差异在2006—2019年由0.182波动上升至0.216；沿边地区区域内差异在2006—2019年由0.093波动上升至0.119；内陆地区在2006—2011年呈波动上升趋势，2011年大幅提升至最高点0.172，2012—2019年波动下降至0.144，目前表现为继续缩小的演变趋势。这说明沿海和沿边地区制度环境的区域内差异正在逐步扩大，而内陆地区制度环境的区域内差异正在逐步缩小。从波动幅度来看，沿海地区基尼系数波动幅度较小，而沿边和内陆地区基尼系数波动幅度较大。

从区域间差异大小来看，沿边-沿海、内陆-沿海区域间差异较大，长期维持在0.45左右；内陆-沿边区域间差异相对较小，长期维持在0.2以下。这说明中国制度环境区域间差距极为显著，两极分化问题严重，尤其是沿边-沿海、内陆-沿海区域间平均差异分别高达0.436、0.402。从区域间差异演变趋势来看，沿边-沿海、沿边-内陆区域间差异呈小幅提升趋势，内陆-沿海区域间差异呈小幅下降趋势。这表明得益于区位优势和改革开放以来国家一系列特殊政策的扶持及所带来的自我累积效应，沿海地区制度环境的优势突出；伴随着市场化改革的深入推进、中部地区崛起及全面对外开放战略的实施，包括湖北省在内的大多数内陆省（区、市）的制度环境得以快速改善，其与沿海地区间的差异逐渐缩小，但由于绝大多数西部和沿边省（区、市）制度环境改善速度过慢，导致沿边地区与沿海、内陆地区间差异不断加大。

3. 制度环境的差异来源及其贡献率大小

图5-4展示的是中国省（区、市）制度环境区域内差异、区域间差异和超变密度差异贡献率的演变趋势。

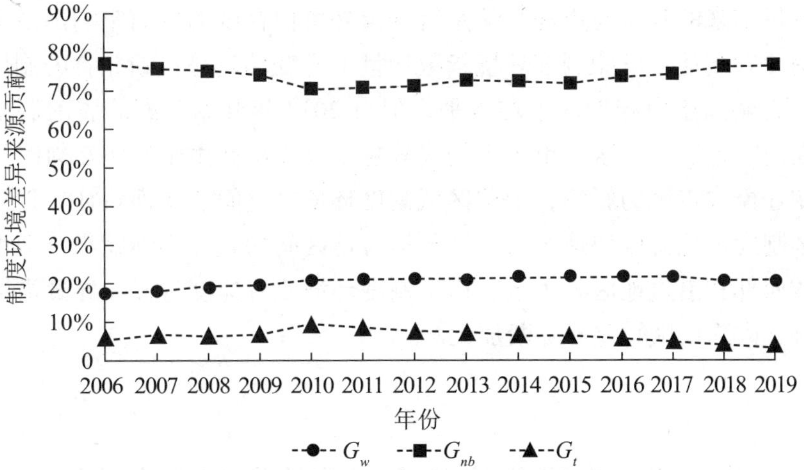

图 5-4　2006—2019 年制度环境差异来源贡献的演变趋势

从贡献率大小来看，对中国制度环境总体差异的贡献率由大至小依次为区域间差异、区域内差异、超变密度差异。由此可见，中国制度环境的总体差异主要来自不同区域间制度环境的巨大差异，区域内制度环境的差异不是总体差异的主要原因，不同区域间的交叉重叠对制度环境总体差异的影响则更小。这意味着不同区域间制度环境指数的净差异较大，从而造成全国范围内制度环境的空间非均衡局面，换言之，区域间差异是造成中国制度环境空间非均衡局面的关键。

从演变趋势来看，区域间差异的贡献率呈“先下降、后波动上升”的演进趋势，波动幅度不大，2006 年区域间差异的贡献率最大（76.97%），2010 年下降至最低点（70.32%），2019 年为 76.34%，目前呈继续上升的演进趋势；超变密度差异的贡献率呈“先波动上升、后下降”的演进趋势，波动幅度也不大，2006 年超变密度差异的贡献率为 5.60%，之后波动上升，2010 年达最高点（9.14%），之后逐年下降，2019 年降至最低点（3.16%）；区域内差异的贡献率变化相对较小，整体呈小幅波动上升趋势，维持在 19.91% 左右。这再次表明，源于经济转轨时期特有制度变迁模式带来的影响，中国区域制度环境出现空间非均衡问题；伴随着区域经济发展的不平衡，制度环境的区域差异有继续加剧的趋势，区域间差异是造成总体差异的主要原因。

综上所述，在样本考察期内，与部分内陆地区省（区、市）和大多数沿边地区省（区、市）一样，湖北省的制度环境长期偏差，与沿海地区发达省（区、市）间差距较为悬殊且呈波动扩大演进趋势；除 2008—2009 年受全球金融危机带来的政府与市场间关系得分及外贸依存度的负面影响出现下降之外，湖北省其他年份的制度环境指数均呈上升变动趋势；湖北省的制度环境指数一直略高于内陆地区平均水平，但自2014年开始，湖北省的制度环境指数在内陆地区省（区、市）中的优势越来越突出；由于经济转轨时期特有制度变迁模式带来的影响，中国区域制度环境呈空间非均衡特征，伴随着内陆地区制度环境得以快速改善，其与沿海地区间的差异逐渐缩小，但由于绝大多数西部和沿边地区省（区、市）制度环境改善速度过慢，导致沿边地区与沿海、内陆地区间差异不断加大。

第二节　金融集聚的空间非均衡与动态演进

差别化的区域改革次序和改革策略，造就了差异化的区域制度环境，为中国区域金融集聚的空间非均衡发展埋下了伏笔。同时，制度变迁的路径依赖特性决定了制度变迁和金融集聚的方向与强度。

一、金融集聚差异的形成机制

金融集聚表现为规模庞大的金融机构、资金和人才等金融资源与地域经济、文化等相融合，进而在经济发达、政策环境优越的地域空间生成金融地域密集系统的时空演变过程，具有资金融通、资源优化配置和风险管理等功能，能有效提高金融资源配置效率，促进产业经济优化升级。在我国金融业改革和经济转型发展过程中，银行业、证券业和保险业在资金融通、风险管理和资产配置方面发挥了巨大的作用，已然成为我国金融业的三大支柱。这三大支柱行业的区域差异会对金融集聚的区域差异产生影响。

（一）银行业集聚差异的形成机制

银行业集聚的区域差异主要体现在三个方面。一是银行业机构集聚。因面临的经营成本、预期收益及未来发展规划等不同，不同区域的银行业金融机构网点的数量存在差异，导致不同区域银行业金融机构的集聚水平不同。二是银行业资金集聚。因面临的政策环境、市场风险及预期收益率等不同，在不同区域银行业流转的资金数量存在差异，导致不同区域银行业资金的集聚水平不同。三是银行业专业人才集聚。因面临的人才引进政策、薪酬激励及职业发展空间等不同，不同区域的银行业专业人才的数量存在差异，导致不同区域银行业专业人才的集聚水平不同。综上，作为银行业的三大市场要素，银行类金融机构、资金和从业人员的区域差异在很大程度上反映了银行业集聚的区域差异。

（二）证券业集聚差异的形成机制

证券业集聚的区域差异主要体现在三个方面。一是证券业机构集聚。因面临的经济背景、金融市场规模及制度环境等不同，不同区域的证券公司营业部数量存在差异，导致不同区域证券业机构的集聚水平不同。二是证券业资金集聚。资本都是逐利的，市场化条件下，利益驱动机制会促使金融资本自由流向投资回报率更高的地区，投资回报率低下的地区将面临资金的流动性约束。三是市场活跃度。直接融资是上市公司的主要融资方式，上市公司数量越多，资本市场越活跃，资金融通的规模越大。因此，本书从证券业机构数量、证券市场融通资金规模和上市公司数量的差异角度来衡量证券业集聚的区域差异。

（三）保险业集聚差异的形成机制

保险业集聚的区域差异主要体现在三个方面。一是保险业机构集聚。不同区域的保险公司分支机构数量存在差异，导致不同区域保险业机构的集聚水平不同。二是保险业资金集聚。不同区域的保险业保费收入和各类赔款给付的差异，导致不同区域保险业的经营规模不同。三是保险密度和保险深度。保险密度和保险深度都是衡量保险业发展程度的重要指标，保险密度反映国民受保险保障的程度，不同区域的人均保费支出的差异导致不同区域的保险密度不同；保险深度反映保险业在国民经济中的地位，不同区域保费收入占 GDP 比重的差异导致不同区域的保险密度不同。可见，保险业分支机构数量、保险业经营规模、保险密度和保险深度的区域差异共同反映了保险业集聚的区域差异。

二、指标选取与研究方法

（一）指标选取

基于金融集聚的基本内涵、测度逻辑及金融集聚区域差异的形成机理，在前文关于 30 个省（区、市）金融集聚水平评价的基础上，进而测度区域金融集聚差距。

（二）Dagum 基尼系数及其分解法

与上一节关于制度环境的区域差异及其分解思路一致，采用 Dagum 基尼系数及其分解法来弥补泰尔指数法、变异系数法和基尼系数法的不足，测度沿海、内陆和沿边地区金融集聚水平的区域差距，对金融集聚区域总体差距进行来源分解的同时，解决区域间样本重叠交叉问题，识别区域间差距对金融集聚总体差距的贡献。

（三）Kernel 密度估计法

Kernel 密度估计法是众多非参数估计方法的一种，其核心思想在于对选取的随机变量的概率密度进行估计，通过连续密度曲线表征选取的随机变量的分布形态，对分布不平衡状态进行动态反映。假定选取的随机变量 X_i 满足同一分布这一条件，X 的密度函数是未知的，这里用 $f(X)$ 表示，在点 X 的概率密度可用式（5.12）来表征。其中，N 是观测值的个数，h 表示采用的带宽，X_i 为独立同分布的观测值，x 为均值，$K(x)$ 是核函数。常用的核函数主要有高斯核函数、三角核函数、四角核函数和 Epanechnikov 核函数等，本书选取常用的高斯核函数，如式（5.13）所示。

$$f(x)=\frac{1}{Nh}\sum_{i=1}^{N}K\left(\frac{X_i-x}{h}\right) \tag{5.12}$$

$$K(x)=\frac{1}{\sqrt{2\pi}}\exp\left(-\frac{x^2}{2}\right) \tag{5.13}$$

（四）Markov 链分析法

Markov 链分析法的核心思想是构建 Markov 转移矩阵，以描述各个区域的动态演进。Markov 链本质上是一个随机过程，满足 $\{X(t), t\in T\}$。其中，T 表示选取的研究样本的时间段，$X(t)$ 表示有限状态空间 M 的某一个取值，转变概率仅仅取决于上一个时期的特点，如式（5.14）所示：

$$P\left\{X(t)=j\mid X_{t-1}=i_{t-1},X_{t-2}=i_{t-2},\cdots,X_0=i_0\right\}=\left\{X(t)=j\mid X_{t-1}=i_{t-1}\right\} \tag{5.14}$$

$$\boldsymbol{P}=p_{ij}=\begin{bmatrix} p_{11} & p_{12} & p_{13} & \cdots \\ p_{21} & p_{22} & p_{23} & \cdots \\ p_{31} & p_{32} & p_{33} & \cdots \\ \cdots & \cdots & \cdots & \cdots \end{bmatrix} \quad p_{ij}\geqslant 0;\sum_{j\in \mathrm{N}}p_{ij}=1;i,\ j\in \mathbf{N} \tag{5.15}$$

$$p_{ij}=\frac{n_{ij}}{n_i} \tag{5.16}$$

基于 Markov 链分析框架，将沿海、沿边和内陆地区金融集聚划分为 N 种状态，可以获得一个 $N\times N$ 维的转移矩阵 $\boldsymbol{P}$（式 5.15）。根据 Markov 链的特点，可知 t+1 时期的金融集聚水平 $\boldsymbol{Q}_{t+1}=\boldsymbol{Q}_t\boldsymbol{P}$，这里 $\boldsymbol{Q}$ 是 $1\times N$ 的行向量；若存在时间同质性，即转移概率矩阵是不变的，可知 t+s 时期的金融集聚水平 $\boldsymbol{Q}_{t+s}=\boldsymbol{Q}_t+\boldsymbol{P}_s$，随着 s 的不断增加，$\boldsymbol{P}_s$ 将会收敛于秩为 1 的极限矩阵，最终我们可以得到 Y_t 的稳态 Y。

（五）空间 Markov 链分析方法

空间 Markov 链是基于时间和空间信息对传统 Markov 链进行校正而构建起来的。传统 Markov 链分析方法的核心思想是将连续状态的时间序列离散化为 N 种类型，构建 Markov 转移概率矩阵，以描述各种类型的概率分布及动态演进特征。传统 Markov 链基于封闭经济的假设前提进行分析，并且多用于时间序列中，这不仅忽视了空间因素对区域金融集聚差异的影响，而且忽视了截面间差异性和空间相关性在区域金融集聚差异中的作用，难以真实地反映区域金融集聚差异的变化与机制。因此，有必要充分利用各种空间信息，将空间上的滞后性与省（区、市）金融集聚的时间序列有机结合起来，分析周边地区的金融集聚状态对该区域金融集聚演变的影响。

构建空间 Markov 链转移概率矩阵的具体做法：根据区域 i 在初始年份的空间滞后类型，将传统 Markov 链转移概率矩阵分解成 N 个 $N\times N$ 的条件转移概率矩阵。在传统 Markov 链中引入空间因素后，空间 Markov 链不仅有助于考察不同地理背景对金融集聚类型转移的影响及各种金融集聚类型状态下的时空演变特征，而且有助于发现区域金融集聚的空间依赖性及辐射效应。

三、金融集聚的空间非均衡分析

（一）区域划分与数据来源

结合中国自改革开放以来制度变迁“先东部沿海，后内陆和沿边”的现实特征，金融集聚的空间非均衡分析同样采用沿海、内陆和沿边地区新三大区域的划分标准。考虑到数据的可得性，选取 2006—2019 年中国 30 个省

（区、市）的数据，研究中国金融集聚的空间特征。涉及的全部指标数据均来自历年中国金融统计年鉴、Wind 数据库、各省（区、市）历年统计年鉴和中国银行保险监督管理委员会统计数据库。

（二）金融集聚的空间非均衡及其来源

基于 Dagum 基尼系数及其分解法，借助 Matlab 软件计算出 2006—2019 年中国三大区域及全国的基尼系数，以揭示各地区金融集聚水平的区域差异及其贡献率。

1. 金融集聚的总体空间差异

表 5-5 中的总体差异反映了 2006—2019 年中国金融集聚水平在全国总体层面的空间分布差异及演变趋势。从绝对值来看，中国金融集聚水平的总体基尼系数均值为 0.330，基尼系数分布在 0.319 ～ 0.336，空间非均衡特征比较显著。其中，从表 5-6 ～表 5-8 的数据可以看出，证券业集聚水平的总体基尼系数最大，均值高达 0.519，空间非均衡问题最突出，银行业次之（均值为 0.358），保险业最小（均值为 0.277）。从演变趋势来看，总体区域差距先后经历了“上升（2006—2007 年）—下降（2008—2009 年）—波动上升（2010—2014 年）—波动下降（2015—2019 年）”的演变过程，2009 年降至最低点（0.319），随后波动上升至 2014 年的最高点（0.336），这说明受全球金融危机的影响，金融集聚水平整体提升缓慢，总体差异也相应缩小；2010 年之后总体差异又开始扩大，直到 2015 年区域金融集聚不均衡问题才开始有所缓解，但目前中国金融集聚的区域差异仍较为明显。

表 5-5　2006—2019 年中国金融集聚水平的基尼系数及其分解情况

年份	总体 G	组间差异（3 对）			组内差异（3 个）		
		（2-1）	（3-1）	（3-2）	1	2	3
2006	0.325	0.467	0.356	0.313	0.184	0.158	0.308
2007	0.335	0.485	0.385	0.295	0.185	0.155	0.302
2008	0.326	0.479	0.363	0.307	0.177	0.165	0.295
2009	0.319	0.468	0.362	0.287	0.180	0.157	0.281
2010	0.332	0.491	0.384	0.287	0.188	0.137	0.282
2011	0.335	0.493	0.383	0.296	0.191	0.142	0.291
2012	0.334	0.487	0.386	0.286	0.196	0.135	0.289

续表 5-5

年份	总体 G	组间差异（3 对）			组内差异（3 个）		
		（2-1）	（3-1）	（3-2）	1	2	3
2013	0.331	0.487	0.382	0.283	0.197	0.130	0.283
2014	0.336	0.500	0.388	0.285	0.196	0.137	0.279
2015	0.332	0.498	0.386	0.277	0.196	0.121	0.272
2016	0.331	0.491	0.389	0.266	0.205	0.112	0.269
2017	0.327	0.484	0.380	0.267	0.207	0.117	0.266
2018	0.326	0.483	0.378	0.265	0.211	0.106	0.265
2019	0.327	0.480	0.383	0.260	0.211	0.118	0.264

注：分组代号 1、2、3 分别代表沿海、沿边和内陆，对应的（2-1）即沿边 - 沿海组间差异、（3-1）即内陆 - 沿海组间差异、（3-2）即内陆 - 沿边组间差异。

表 5-6　2006—2019 年中国银行业集聚水平的基尼系数及其分解情况

年份	银行业集聚总体 G	组间差异（3 对）			组内差异（3 个）		
		（2-1）	（3-1）	（3-2）	1	2	3
2006	0.3649	0.4620	0.3709	0.3706	0.2899	0.2362	0.3523
2007	0.3673	0.4699	0.3874	0.3568	0.2705	0.2092	0.3624
2008	0.3692	0.4989	0.3805	0.3755	0.2560	0.2399	0.3527
2009	0.3590	0.4685	0.3788	0.3515	0.2542	0.2239	0.3487
2010	0.3624	0.4818	0.3897	0.3437	0.2487	0.2073	0.3495
2011	0.3555	0.4846	0.3790	0.3419	0.2407	0.2067	0.3357
2012	0.3551	0.4783	0.3845	0.3300	0.2443	0.2066	0.3342
2013	0.3508	0.4835	0.3780	0.3311	0.2356	0.1992	0.3257
2014	0.3536	0.4952	0.3859	0.3258	0.2325	0.1969	0.3215
2015	0.3517	0.4984	0.3823	0.3256	0.2306	0.1905	0.3173
2016	0.3527	0.4978	0.3864	0.3201	0.2376	0.1825	0.3132
2017	0.3520	0.4975	0.3824	0.3258	0.2361	0.1693	0.3180
2018	0.3543	0.5092	0.3842	0.3290	0.2349	0.1709	0.3137
2019	0.3576	0.5130	0.3908	0.3268	0.2388	0.1690	0.3136

注：分组代号 1、2、3 分别代表沿海、沿边和内陆，对应的（2-1）即沿边 - 沿海组间差异、（3-1）即内陆 - 沿海组间差异、（3-2）即内陆 - 沿边组间差异。

表 5-7　2006—2019 年中国证券业集聚水平的基尼系数及其分解情况

年份	证券业集聚总体 G	组间差异（3 对）			组内差异（3 个）		
		（2−1）	（3−1）	（3−2）	1	2	3
2006	0.4939	0.6557	0.5957	0.3380	0.3429	0.1225	0.3903
2007	0.5517	0.7387	0.6668	0.3529	0.3710	0.1737	0.3859
2008	0.5169	0.7142	0.6164	0.3597	0.3465	0.1642	0.3674
2009	0.5173	0.7245	0.6083	0.3681	0.3601	0.1523	0.3516
2010	0.5127	0.7183	0.6094	0.3752	0.3391	0.1613	0.3502
2011	0.5127	0.7299	0.6068	0.3878	0.3255	0.1193	0.3646
2012	0.5064	0.6952	0.6122	0.3496	0.3366	0.1654	0.3550
2013	0.5012	0.6964	0.6052	0.3337	0.3485	0.1186	0.3246
2014	0.5080	0.7232	0.6023	0.3818	0.3328	0.1137	0.3419
2015	0.5141	0.7296	0.6117	0.3871	0.3367	0.1099	0.3361
2016	0.5252	0.7235	0.6302	0.3619	0.3684	0.0851	0.3365
2017	0.5311	0.7332	0.6280	0.3879	0.3640	0.1498	0.3632
2018	0.5397	0.7522	0.6360	0.4005	0.3654	0.1225	0.3638
2019	0.5361	0.7617	0.6247	0.4270	0.3544	0.1310	0.3605

注：分组代号 1、2、3 分别代表沿海、沿边和内陆，对应的（2−1）即沿边 − 沿海组间差异、（3−1）即内陆 − 沿海组间差异、（3−2）即内陆 − 沿边组间差异。

表 5-8　2006—2019 年中国保险业集聚水平的基尼系数及其分解情况

年 份	保险业集聚总体 G	组间差异（3 对）			组内差异（3 个）		
		（2−1）	（3−1）	（3−2）	1	2	3
2006	0.3114	0.4503	0.3655	0.2346	0.2320	0.1771	0.2201
2007	0.2981	0.4477	0.3572	0.2249	0.1991	0.1467	0.2078
2008	0.2834	0.4173	0.3254	0.2420	0.1753	0.1655	0.2289
2009	0.2710	0.4155	0.3140	0.2242	0.1691	0.1507	0.2020
2010	0.2909	0.4472	0.3403	0.2247	0.2024	0.1252	0.2032
2011	0.2908	0.4421	0.3441	0.2317	0.1726	0.1199	0.2291
2012	0.2860	0.4443	0.3444	0.2285	0.1477	0.1037	0.2287
2013	0.2826	0.4363	0.3431	0.2209	0.1469	0.0986	0.2281
2014	0.2807	0.4374	0.3375	0.2242	0.1455	0.1079	0.2234
2015	0.2657	0.4129	0.3206	0.2092	0.1398	0.0994	0.2135
2016	0.2646	0.4011	0.3172	0.2115	0.1444	0.1051	0.2196
2017	0.2553	0.3852	0.3027	0.2051	0.1475	0.1225	0.2081
2018	0.2436	0.3624	0.2881	0.1951	0.1443	0.0991	0.2085
2019	0.2479	0.3557	0.3000	0.1921	0.1502	0.1344	0.2055

注：分组代号 1、2、3 分别代表沿海、沿边和内陆，对应的（2−1）即沿边 − 沿海组间差异、（3−1）即内陆 − 沿海组间差异、（3−2）即内陆 − 沿边组间差异。

2. 金融集聚的区域内差异

表 5-5 中的组内差异反映了 2006—2019 年中国金融集聚水平在三大区域内的空间分布差异及演变趋势。从空间分布来看，内陆区域内差异最大，基尼系数分布在 0.264 ～ 0.308，均值为 0.282；沿海地区次之，分布在 0.177 ～ 0.211，均值为 0.195；沿边地区区域内差异相对较小，分布在 0.106 ～ 0.165，均值为 0.135。此外，银行业、证券业和保险业集聚的区域内差异由大至小排名依次为内陆地区、沿海地区和沿边地区。从演变趋势来看，沿边与内陆演变趋势大致相似，均呈波动下降趋势，沿海地区则整体呈波动上升趋势。这说明沿边与内陆地区金融集聚的区域内差异正在逐步缩小，而沿海地区在逐步扩大。究其原因，沿边与内陆地区三大行业集聚水平的区域内差异在缩小，沿海地区证券业集聚水平的区域内差异持续扩大。从波动幅度来看，沿边与内陆地区基尼系数波动幅度相对较大，沿海地区基尼系数波动较为平缓；除沿海地区保险业集聚区域内差异下降幅度和证券业集聚区域内差异上升幅度相对较大外，其他区域内差异波动都较为平缓。

3. 金融集聚的区域间差异

表 5-5 中的组间差异反映了 2006—2019 年中国三大区域金融集聚水平的区域间差距及演变趋势。从大小来看，沿边—沿海区域间差异最大，长期维持在 0.485 左右的水平；沿边—内陆区域间差异最小，大多数年份保持在 0.284 左右的水平；内陆—沿海区域间差异居中，均值为 0.379。此外，银行业、证券业和保险业集聚的区域间差异由大至小排名均依次为沿边—沿海、内陆—沿海和沿边—内陆。从演变趋势来看，沿边—内陆呈小幅波动下降趋势，沿边—沿海、内陆—沿海则呈小幅波动上升趋势。说明中国金融集聚区域间差异显著，沿边—沿海区域间差异平均值高达 0.485，沿海地区优势突出，两极分化问题严重，且沿边、内陆与沿海地区间的差异也有继续加大的趋势，中国金融集聚区域不平衡及如何协调发展问题亟须得到高度关注。

4. 金融集聚的差异来源及其贡献

表 5-9 中的贡献和贡献率分别反映了 2006—2019 年中国金融集聚总水平差异的来源及区域内差距、区域间差距和超变密度的贡献率大小。表 5-10 ～表 5-12 分别为 2006—2019 年中国银行业、证券业、保险业集聚水平的差异来源及其贡献率。

表 5-9　2006—2019 年中国金融集聚总水平的差异来源及其贡献率

年份	总体 G	贡献			贡献率		
		G_w	G_{nb}	G_t	G_w	G_{nb}	G_t
2006	0.325	0.083	0.206	0.035	25.66%	63.48%	10.87%
2007	0.335	0.081	0.225	0.029	24.28%	67.04%	8.67%
2008	0.326	0.080	0.216	0.030	24.57%	66.13%	9.30%
2009	0.319	0.078	0.212	0.029	24.48%	66.42%	9.11%
2010	0.332	0.079	0.226	0.027	23.69%	68.05%	8.27%
2011	0.335	0.081	0.226	0.029	24.06%	67.44%	8.50%
2012	0.334	0.081	0.225	0.028	24.23%	67.30%	8.47%
2013	0.331	0.080	0.224	0.027	24.16%	67.71%	8.13%
2014	0.336	0.079	0.231	0.025	23.65%	68.80%	7.55%
2015	0.332	0.078	0.230	0.024	23.47%	69.26%	7.27%
2016	0.331	0.079	0.228	0.025	23.78%	68.80%	7.42%
2017	0.327	0.079	0.222	0.026	24.23%	67.90%	7.87%
2018	0.326	0.079	0.221	0.025	24.35%	67.94%	7.71%
2019	0.327	0.079	0.222	0.026	24.29%	67.78%	7.92%

注：G_w 为组内差异，G_{nb} 为组间差异，G_t 为超变密度差异，满足 $G=G_w+G_{nb}+G_t$。

表 5-10　2006—2019 年中国银行业集聚水平的差异来源及其贡献率

年份	银行业集聚总体 G	贡献			贡献率		
		G_w	G_{nb}	G_t	G_w	G_{nb}	G_t
2006	0.3649	0.1125	0.1817	0.0707	30.83%	49.79%	19.38%
2007	0.3673	0.1087	0.1962	0.0624	29.60%	53.42%	16.99%
2008	0.3692	0.1062	0.2070	0.0560	28.76%	56.07%	15.17%
2009	0.3590	0.1040	0.1988	0.0562	28.98%	55.37%	15.65%
2010	0.3624	0.1023	0.2084	0.0517	28.23%	57.50%	14.26%
2011	0.3555	0.0992	0.2087	0.0476	27.90%	58.71%	13.39%
2012	0.3551	0.0992	0.2089	0.0470	27.93%	58.82%	13.25%
2013	0.3508	0.0964	0.2105	0.0440	27.47%	60.00%	12.54%
2014	0.3536	0.0948	0.2183	0.0405	26.82%	61.73%	11.45%
2015	0.3517	0.0938	0.2190	0.0389	26.66%	62.27%	11.07%
2016	0.3527	0.0940	0.2196	0.0391	26.65%	62.25%	11.10%
2017	0.3520	0.0943	0.2174	0.0403	26.80%	61.75%	11.45%
2018	0.3543	0.0935	0.2233	0.0375	26.40%	63.02%	10.57%
2019	0.3576	0.0939	0.2260	0.0376	26.27%	63.20%	10.53%

注：G_w 为组内差异，G_{nb} 为组间差异，G_t 为超变密度差异，满足 $G=G_w+G_{nb}+G_t$。

表 5-11　2006—2019 年中国证券业集聚水平的差异来源及其贡献率

年份	证券业集聚总体 G	贡献			贡献率		
		G_w	G_{nb}	G_t	G_w	G_{nb}	G_t
2006	0.4939	0.1190	0.3455	0.0294	24.08%	69.96%	5.96%
2007	0.5517	0.1258	0.4066	0.0192	22.81%	73.71%	3.48%
2008	0.5169	0.1193	0.3761	0.0215	23.07%	72.76%	4.17%
2009	0.5173	0.1212	0.3753	0.0209	23.42%	72.55%	4.03%
2010	0.5127	0.1161	0.3751	0.0214	22.64%	73.17%	4.18%
2011	0.5127	0.1140	0.3788	0.0198	22.24%	73.89%	3.87%
2012	0.5064	0.1154	0.3662	0.0249	22.79%	72.30%	4.91%
2013	0.5012	0.1143	0.3658	0.0211	22.81%	72.98%	4.21%
2014	0.5080	0.1132	0.3745	0.0203	22.29%	73.71%	4.00%
2015	0.5141	0.1135	0.3795	0.0211	22.07%	73.83%	4.10%
2016	0.5252	0.1199	0.3813	0.0239	22.84%	72.61%	4.55%
2017	0.5311	0.1231	0.3831	0.0249	23.18%	72.12%	4.70%
2018	0.5397	0.1234	0.3931	0.0231	22.87%	72.84%	4.29%
2019	0.5361	0.1213	0.3918	0.0230	22.62%	73.09%	4.28%

注：G_w 为组内差异，G_{nb} 为组间差异，G_t 为超变密度差异，满足 $G=G_w+G_{nb}+G_t$。

表 5-12　2006—2019 年中国保险业集聚水平的差异来源及其贡献率

年份	保险业集聚总体 G	贡献			贡献率		
		G_w	G_{nb}	G_t	G_w	G_{nb}	G_t
2006	0.3114	0.0782	0.2125	0.0207	25.12%	68.25%	6.64%
2007	0.2981	0.0697	0.2109	0.0176	23.37%	70.73%	5.90%
2008	0.2834	0.0696	0.1923	0.0215	24.55%	67.85%	7.60%
2009	0.2710	0.0642	0.1894	0.0174	23.69%	69.89%	6.42%
2010	0.2909	0.0692	0.2057	0.0160	23.78%	70.71%	5.51%
2011	0.2908	0.0676	0.2040	0.0191	23.25%	70.17%	6.58%
2012	0.2860	0.0627	0.2054	0.0179	21.91%	71.84%	6.25%
2013	0.2826	0.0622	0.2023	0.0181	22.01%	71.59%	6.41%
2014	0.2807	0.0617	0.2013	0.0177	22.00%	71.71%	6.30%
2015	0.2657	0.0592	0.1890	0.0175	22.28%	71.13%	6.59%
2016	0.2646	0.0611	0.1831	0.0204	23.11%	69.18%	7.71%
2017	0.2553	0.0607	0.1729	0.0217	23.78%	67.71%	8.51%
2018	0.2436	0.0595	0.1627	0.0214	24.42%	66.79%	8.79%
2019	0.2479	0.0609	0.1619	0.0251	24.56%	65.32%	10.12%

注：G_w 为组内差异，G_{nb} 为组间差异，G_t 为超变密度差异，满足 $G=G_w+G_{nb}+G_t$。

从大小来看，区域间差距贡献率最大（均值为 67.43%），区域内差距贡献率次之（均值为 24.20%），超变密度贡献率最小（均值为 8.36%）；银行业、证券业、保险业集聚水平的区域间差异贡献率均值分别为 58.85%、72.82% 和 69.49%，相对于银行业而言，证券业和保险业集聚水平的区域间差距贡献率偏高。由此可见，中国金融集聚的总体差异主要来自不同区域间金融集聚水平的巨大差异，区域内金融集聚水平的差异不是总体差异的主要原因，不同区域间的交叉重叠对总体差异的影响较小，这意味着不同区域间金融集聚水平的净差异较大，从而造成全国范围内金融集聚的空间非均衡局面，且证券业和保险业的总体差异更多来自区域间差异。

从演变趋势来看，金融集聚总水平区域间差距的贡献率呈波动上升趋势，波动幅度不大，2006 年的区域间差距贡献率最小，为 63.48%，2015 年最大，为 69.26%；超变密度的贡献率呈波动下降趋势，波动幅度也不大，2006 年的超变密度贡献率最大，为 10.87%，2015 年最小，为 7.27%；区域内差距的贡献率变化不明显，整体维持在 24.20% 左右的水平。此外，银行业集聚水平的区域间差异的贡献率呈递增趋势，区域内差异和超变密度的贡献率呈递减趋势；证券业集聚水平的区域间差异、区域内差异和超变密度的贡献率均保持平稳；保险业集聚水平的区域间差异的贡献率呈先波动上升（2006—2012 年）、再下降（2013—2019 年）的变动趋势，与此恰巧相反的是，区域内差异的贡献率呈先波动下降（2006—2012 年）、再上升（2013—2019 年）的变动趋势，超变密度的贡献率则小幅波动上升。这再次表明，中国金融集聚的区域不平衡问题有继续加剧的趋势，特别是银行业和证券业，需尽快采取有力的措施扭转这种局面，以实现金融集聚的区域协调发展；伴随着保险业的快速发展，保险业集聚整体差异在缩小，但内陆地区如河南和四川等省（区、市）的保险业集聚水平相对较高，而宁夏和青海等省（区、市）的保险业集聚水平相对较低，导致内陆地区保险业集聚区域内差异的贡献率不断加大，保险业集聚区域内差异的贡献率目前呈现出上升的演变趋势。

四、金融集聚的动态演进分析

（一）金融集聚的 Kernel 密度估计

通过 Dagum 基尼系数分析，对中国金融集聚的空间差异大小及其来源有了较为清晰的认识。但 Dagum 基尼系数分析刻画的是经过金融集聚水平均值调整后的金融集聚相对差异的规律，未能反映金融集聚绝对差异的分布动态及其演进规律，而 Kernel 密度估计能够有效刻画上述特征。因此，接下来将借助 Kernel 密度估计，结合全国层面和区域层面金融集聚的二维和三维核密度动态演进图对中国金融集聚的分布态势、分布延展性和极化趋势进行全面分析。

1. 全国层面金融集聚的核密度估计

图 5-5 以 2006 年、2009 年、2012 年、2015 年和 2019 年为考察时点，从全国层面考察金融集聚区域差异的动态演进特征。整体上来看，中国金融集聚的核密度曲线均表现为右偏分布，随年份增加趋于平缓，由双峰形态向多峰形态转变，核密度曲线整体向右侧小幅移动，右侧拖尾越来越长。这说明中国金融集聚水平整体上呈不断上升的演变趋势，且随着时间的推移，金融集聚由两极分化向多极分化局面转变，极化问题不断加重，同时，绝对差异呈进一步扩大的演变趋势。

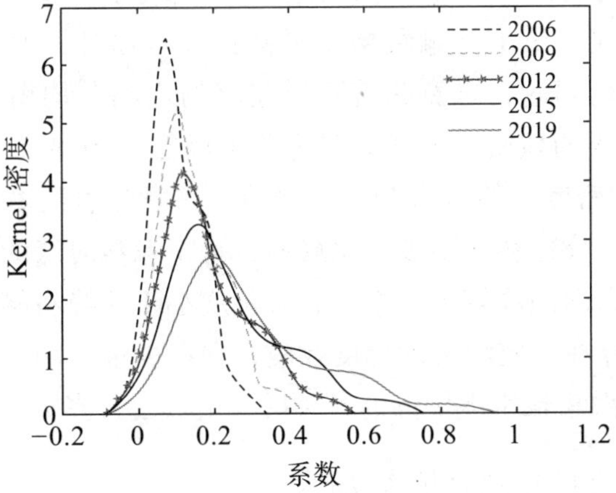

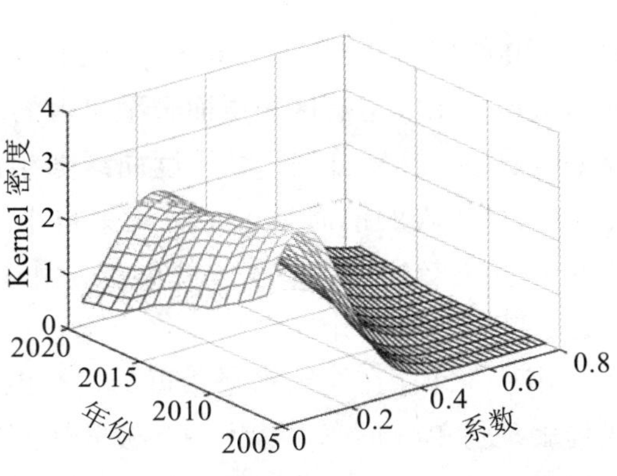

图 5-5 主要年份全国层面金融集聚的核密度动态演进

具体来看，首先，在考察时点上，金融集聚的核密度曲线均表现为右偏分布，高金融集聚水平部分的核密度函数值较低，而低金融集聚水平部分的核密度函数值较高。这说明目前中国的金融资源仍集中在少数几个省（区、市），大部分省（区、市）的金融集聚水平仍然偏低。其次，随着时间的推移，核密度曲线的主峰峰值不断减小，且呈现出向右侧小幅移动的演进趋势，这表明与之相对应的核密度值在逐渐减小，金融集聚水平在逐渐提升；核密度曲线形态由尖峰向平峰转变，变化的区间逐渐拓宽，拖尾也越来越长，延展性呈现出拓宽的演进趋势，这表明金融集聚水平较高省（区、市）的金融集聚水平在继续提升，且与其他省（区、市）间的距离越拉越大，尤其是青海、宁夏、海南、新疆等金融集聚水平偏低省（区、市）与广东、江苏、浙江等金融集聚水平较高省（区、市）间的差距越来越大，全国层面金融集聚的绝对差异呈进一步扩大的趋势。再次，低金融集聚水平部分的核密度曲线向右侧移动的幅度小于高金融集聚水平部分的核密度曲线向右侧移动的幅度；各省（区、市）金融集聚水平都在逐年提升，但提升的同时伴随着不同步、不均衡问题，这意味着金融集聚的空间非均衡程度出现加剧倾向。最后，2006 年的核密度曲线表现为两个峰值，2009 年、2012 年、2015 年和 2019 年的核密度曲线表现为三个峰值，这意味着随着时间的推移，我国金融集聚由两极分化转向多极分化局面；每个考察时点的核密度曲线形态均表现为主峰较高而侧峰较低，主峰右移幅度小于侧峰右移幅度，这表明我国金融集聚水平存在一定程度的梯度效应，存在少量金融集聚水平较高的省（区、市），但金融集聚水平偏低的省（区、市）占大多数。

2. 区域层面金融集聚的核密度估计

同样以 2006 年、2009 年、2012 年、2015 年和 2019 年为考察时点，分别从沿海、内陆和沿边地区角度考察区域层面金融集聚的动态演进特征。

从沿海地区来看（图 5-6），首先，核密度曲线随年份增加逐渐趋于平缓，整体呈明显右移趋势，表明沿海地区金融集聚水平逐年提升，且提升幅度较大。其次，2006 年的核密度曲线呈多峰形态，且主峰较高侧峰较低、侧峰离主峰较近，这意味着存在一定的多极分化问题，有少部分水平稍微偏高和偏低的省（区、市），且存在发展水平相近的“小俱乐部”；其他考察时点的核密度曲线均表现为单峰形态，这说明多极分化问题已得到缓解。最后，核密度曲线呈略微左偏形态，主峰峰值不断减小，波峰宽度在逐渐增加的同时，两侧拖尾也越来越长，延展性呈拓宽演进趋势。这表明沿海地区金融集聚水平的绝对差异存在继续加大趋势，同时存在少量金融集聚水平相对较低（如天津等）和较高的省（区、市）（如广东等），且沿海地区金融集聚水平主要集中在中高水平。

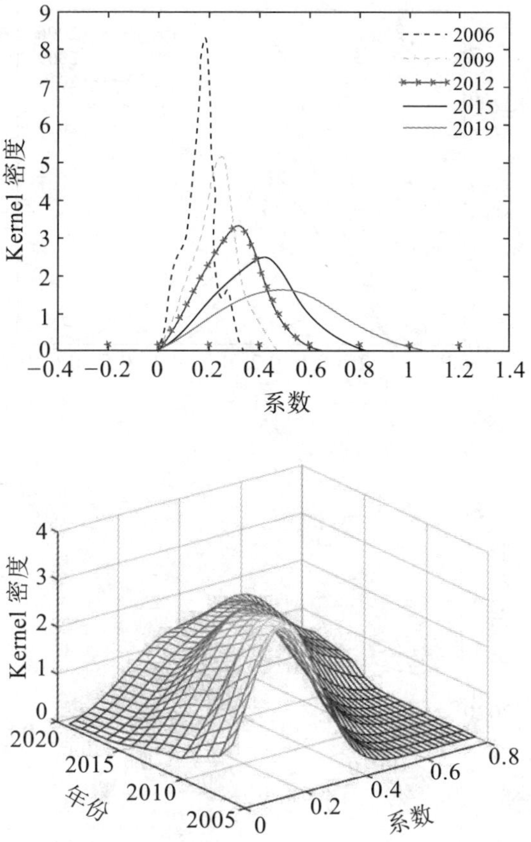

图 5-6 主要年份沿海地区金融集聚的核密度动态演进

从内陆地区来看（图 5-7），首先，核密度曲线随年份增加逐渐趋于平缓，整体呈小幅右移趋势，这表明内陆地区金融集聚水平逐年提升，但提升速度较慢。其次，2006 年和 2019 年呈单峰形态，2009 年、2012 年和 2015 年呈“一大两小”多峰形态，且主峰较高侧峰较低、侧峰离主峰较近，这意味着内陆地区曾面临一段多极分化局面，伴随着四川、湖北、湖南和安徽等内陆省（区、市）的渐次崛起，加之少量水平稍低内陆省（区、市）（如江西、陕西、山西等）金融集聚水平的逐步提升，多极分化问题又得以缓解。最后，波峰宽度逐渐增加，两侧伴随着较长的拖尾，延展性呈拓宽演进趋势。这表明内陆地区省（区、市）金融集聚水平的差异存在继续加大的趋势，同时存在少量金融集聚水平较高（如四川、河南）和较低（如宁夏、青海）的省（区、市），且内陆地区金融集聚水平主要集中在中等水平。

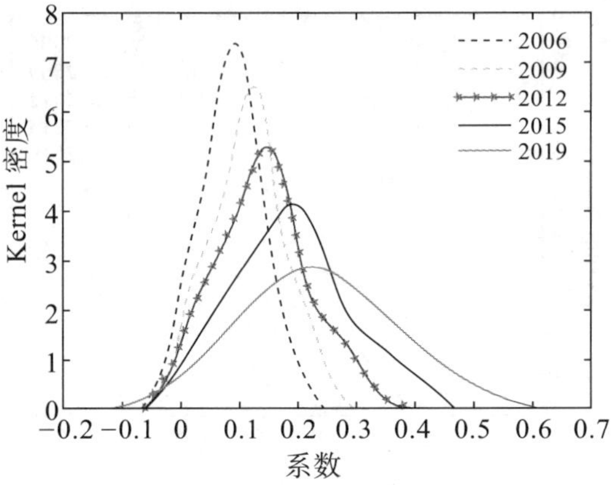

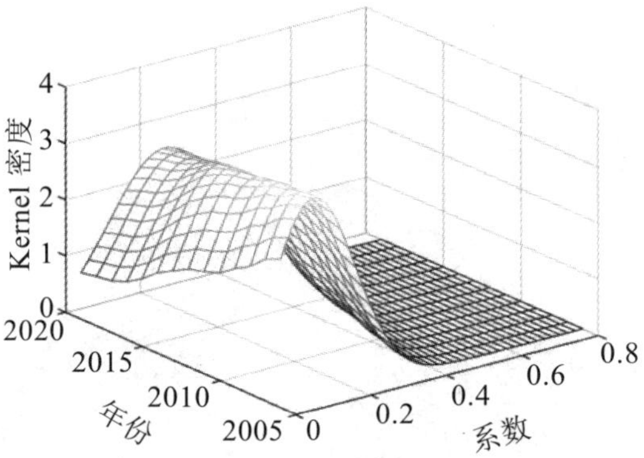

图 5-7 主要年份内陆地区金融集聚的核密度动态演进

从沿边地区来看（图 5-8），首先，随年份增加，核密度曲线整体呈小幅右移趋势，这表明沿边地区金融集聚水平逐年提升，但提升速度较慢。其次，各考察时点上，核密度曲线均呈多峰形态，且主峰较高侧峰较低、左侧侧峰离主峰较远、右侧侧峰离主峰较近，这意味着沿边地区多极分化问题突出，存在少量水平过低的省（区、市）（如海南）和少量水平稍高的省（区、市）（如黑龙江）。最后，主峰峰值先减小、再增大、后又减小，波峰宽度先后经历了“增加—减小—增加”的演变过程，两侧伴有一定的拖尾，延展性呈拓宽演进趋势。这表明沿边地区省（区、市）间金融集聚差异先后经历了“加大—缩小—加大”的过程，目前呈继续加大的演变趋势，且沿边地区金融集聚水平主要集中在中低水平。

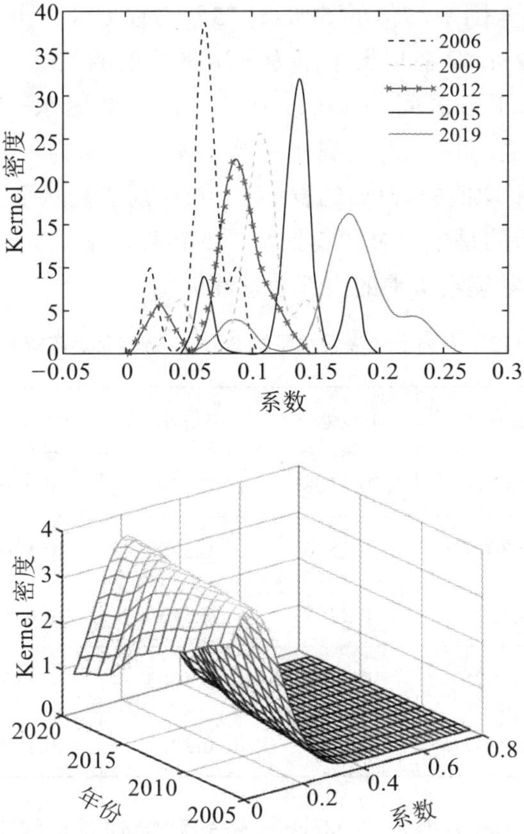

图 5-8　主要年份沿边地区金融集聚的核密度动态演进

（二）金融集聚的 Markov 链分析

虽然 Kernel 密度估计能对分布态势、延展性及极化趋势进行分析，有助于研究金融集聚绝对差异的分布动态及其演进规律，但其无法描述各地区金融集聚过程中分布的相对位置的变动及其发生动态转移的可能性大小，而 Markov 链分析能够有效实现这一目标。因此，接下来将借助 Markov 链分析来进一步考察各地区金融集聚水平的动态转移特征及其稳态分布情况。

1. 中国金融集聚水平的转移概率

结合中国金融集聚水平状况，借鉴钟水映等[58]的做法，将 30 个省（区、市）的金融集聚水平划分为五种不同类型，具体划分方法如下：金融集聚水平低于全国平均值的 50% 的省（区、市）属于低水平，区间为（0，0.1]；

金融集聚水平为全国平均值的 50% ～ 75% 的省（区、市）属于中低水平，区间为（0.1，0.2]；金融集聚水平为全国平均值的 75% ～ 125% 的省（区、市）属于中等水平，区间为（0.2，0.4]；金融集聚水平为全国平均值的 125% ～ 150% 的省（区、市）属于中高水平，区间为（0.4，0.5]；金融集聚水平高于全国平均值的150%的省（区、市）属于高水平，区间为（0.5，1]。

表 5-13 显示的是中国金融集聚水平的转移概率，其充分展示了 2006—2019 年间中国金融集聚水平的内部动态性信息。

表 5-13 中国金融集聚水平的 Markov 链转移矩阵概率分布

t /（t+1）	低水平	中低水平	中等水平	中高水平	高水平
低水平	0.4712	0.2308	0.2404	0.0192	0.0385
中低水平	0.3012	0.1566	0.2289	0.1205	0.1928
中等水平	0.1525	0.2288	0.3136	0.0254	0.2797
中高水平	0.1875	0.0938	0.4063	0.1875	0.1250
高水平	0.0732	0.1951	0.2927	0.1341	0.3049

首先，中国金融集聚水平 Markov 链转移矩阵对角线上的概率值并不都明显高于非对角线上的概率值，这意味着中国金融集聚水平各种状态间的流动性较高。其次，具体来看，第 2 行数据表明有 47.12% 的省（区、市）的金融集聚水平在当年年末仍处于低水平状态，有 23.08%、24.04%、1.92% 和 3.85% 的省（区、市）分别上升至中低水平、中等水平、中高水平和高水平；第 3 行数据表明仅有 15.66% 的省（区、市）的金融集聚水平在当年年末仍然保持中低水平状态，有 22.89%、12.05% 和 19.28% 的省（区、市）分别上升至中等水平、中高水平和高水平，同时有 30.12% 的省（区、市）下降至低水平；第 4 行数据表明有 31.36% 的省（区、市）的金融集聚水平在当年年末仍然保持中等水平状态，分别有 2.54% 和 27.97% 的省（区、市）上升至中高水平和高水平，同时有 15.25% 和 22.88% 的省（区、市）分别下降至低水平和中低水平；第 5 行数据表明有 18.75% 的省（区、市）的金融集聚水平在当年年末仍然保持中高水平状态，有 12.50% 的省（区、市）上升至高水平，有 18.75%、9.38% 和 40.63% 的省（区、市）分别下降至低水平、中低水平和中等水平；第 6 行数据表明有 30.49% 的省（区、市）的金融集

聚水平在当年年末仍然保持高水平状态，有 7.32%、19.51% 和 29.27% 的省（区、市）分别下降至低水平、中低水平和中等水平。可见，低水平维持低水平的概率较高，这说明金融集聚状况较差的地区可能会陷入金融集聚的“贫困陷阱”；金融集聚状况较好地区维持高水平状态的概率相对较高，这意味着金融集聚水平较高地区在发展过程中存在内部趋同的趋势；金融集聚状况居中的地区与状况较好的地区情况相似，这说明中等集聚水平地区也存在内部趋同的趋势。

2. 中国金融集聚水平的初始分布与稳态分析

表 5-14 显示的是 2006—2019 年间中国金融集聚水平的初始分布与 Markov 链稳态分布情况。首先，从稳态分布来看，中等水平占比最高，达到 28.16%，低水平、中低水平和高水平次之，分别占比 24.82%、19.81% 和 19.57%，而中高水平占比最小，为 7.64%。其次，相对于初始分布状态，稳态分布状态下高水平的省（区、市）数量有较大幅度的提升，低水平的省（区、市）数量有较大幅度的下降。其中，金融集聚高水平省（区、市）占比上升了 19.57%，中高水平省（区、市）占比上升了 4.31%，中等水平省（区、市）占比上升了 4.83%，中低水平省（区、市）占比上升了 3.14%，低水平省（区、市）占比下降了 31.85%。可见，中国金融集聚的演变格局总体上会受到区域背景的影响，金融集聚的辐射效应会使发达地区带动周边地区形成“富裕俱乐部”，而落后地区则会在一定程度上限制周边地区提升并形成“贫困俱乐部”，金融集聚水平居中的地区也呈“俱乐部趋同”特征。

表 5-14　中国金融集聚水平的初始分布与稳态分析

分布	低水平	中低水平	中等水平	中高水平	高水平
初始分布	0.5667	0.1667	0.2333	0.0333	0.0000
稳态分布	0.2482	0.1981	0.2816	0.0764	0.1957

综上，中国省（区、市）金融集聚水平不够稳定，各种状态下的金融集聚水平保持初始状态的概率均不足 50%，中低和中高水平状态下的金融集聚保持初始状态的概率仅有 16.66% 和 18.75%，内部流动性较大。金融集聚的状态转移主要趋向于中等水平，其次是低水平、中低水平和高水平，向中高水平状态转移的概率较小，呈向中间和两头集中分布的“俱乐部收敛”趋势。对于金融集聚水平长期偏低的部分内陆地区省（区、市）和大多数沿边

地区省（区、市）而言，因中国省（区、市）金融集聚存在马太效应并呈“俱乐部收敛”趋势，且沿海与内陆地区发达省（区、市）对沿边地区省（区、市）、沿边地区相对发达省（区、市）对落后省（区、市）金融资源均具有虹吸效应，在未来的金融集聚发展过程中，一方面需谨防分别陷入金融集聚的“中等收入陷阱”和“贫困陷阱”，另一方面需充分发挥制度创新与变迁对金融资源聚集的催化作用，顺利实现金融集聚水平向更高水平状态转化。

（三）基于空间 Markov 链的状态转移分析

鉴于中国省（区、市）金融集聚水平存在较大的空间相关性，若在金融集聚问题分析中忽略地理因素，难免会使其对现实世界的解释显得苍白无力，因此，有必要将地理背景加入 Markov 链转移矩阵中以进一步考察金融集聚水平的空间 Markov 链转移结果。[149] 对比传统的 Markov 链转移结果，表 5-15 显示的是中国省（区、市）金融集聚水平的空间 Markov 链转移概率，充分展示了 2006—2019 年相邻地区环境对中国省（区、市）金融集聚水平类型动态转移的影响。

表 5-15　中国省（区、市）金融集聚水平的空间 Markov 链转移概率

区域背景	t /（t+1）	低水平	中低水平	中高水平	高水平
低水平	低水平	1.0000	0.0000	0.0000	0.0000
	中低水平	0.0000	1.0000	0.0000	0.0000
	中高水平	0.0000	0.0000	0.0000	0.0000
	高水平	0.0000	0.0000	0.0000	1.0000
中低水平	低水平	0.9459	0.0541	0.0000	0.0000
	中低水平	0.2727	0.7273	0.0000	0.0000
	中高水平	0.0000	0.0909	0.9091	0.0000
	高水平	0.0000	0.0000	0.0000	1.0000
中高水平	低水平	0.8750	0.1250	0.0000	0.0000
	中低水平	0.0943	0.7736	0.1321	0.0000
	中高水平	0.0000	0.0857	0.9143	0.0000
	高水平	0.0000	0.0000	0.0000	1.0000
高水平	低水平	0.9286	0.0714	0.0000	0.0000
	中低水平	0.0000	1.0000	0.0000	0.0000
	中高水平	0.0000	0.0000	1.0000	0.0000
	高水平	0.0000	0.0000	0.0000	1.0000

首先，金融集聚类型的动态转移在地理上并不是孤立的，而与相邻省（区、市）的金融集聚状况存在较大的相关性。具体表现为外围环境优于内部环境时，该地区要么保持原有状态，要么向上转移的概率大于向下转移的概率；外围环境劣于内部环境时，该地区要么保持原有状态，要么向下转移的概率大于向上转移的概率。这意味着相邻地区的金融集聚存在空间相关性，且发达地区会对周边地区产生辐射带动的正效应，落后地区则对周边地区产生抑制作用。

其次，除因不存在金融集聚中高水平省（区、市）与低水平省（区、市）相邻的样本而导致低水平背景下中高水平对角线上的概率值为 0 外，其他对角线上的概率均较高，这意味着中国金融集聚各种水平状态间的流动性存在路径依赖特征。

最后，金融集聚高水平状态下，无论外围环境如何，都会在当年年末继续保持初始的高水平状态，这意味着金融集聚发达地区的优势地位极其突出，未来应注重考虑如何进一步发挥其金融集聚的辐射效应。

综上所述，中国省（区、市）金融集聚水平的演变总体上会受到地理背景的影响，金融资源富裕地区会通过金融集聚辐射效应带动周边地区共同发展，而金融资源贫瘠地区会在一定程度上制约周边地区金融资源聚集，从而导致“贫困俱乐部”趋同的演变特征。中国东部沿海地区省（区、市）的金融集聚水平普遍偏高，在金融集聚辐射效应下正在形成金融资源的“富裕俱乐部”，而沿边和西部大多数省（区、市）的金融集聚水平都偏低，正在形成金融资源的“贫困俱乐部”。中国金融集聚的“俱乐部趋同”趋势明显，空间 Markov 链为“俱乐部趋同”的演进趋势提供了空间维度的合理解释。

第三节 制度变迁区域差异对金融集聚空间非均衡的影响

上一节借助反映区域制度环境和金融集聚非均衡发展的基尼系数进行技术处理，得出沿海、内陆、沿边地区内部及三大区域间的差距。继而对 30 个省（区、市）的区域制度环境与区域金融集聚间的关联进行系统分析，结果显示：省（区、市）制度环境指数由高至低排名均依次为沿海地区、内陆地区和沿边地区，制度环境的空间非均衡特征显著，总体差异呈继续扩大趋势，且区域间差异的贡献率最大；金融集聚的空间分布也存在显著的空间非均衡特征，省（区、市）金融集聚水平由高至低排名同样依次为沿海地区、内陆地区和沿边地区，且区域间差距是造成金融集聚空间非均衡的首要原因。因沿海地区制度环境优化步伐整体快于内陆和沿边地区，可以预见，在未来一段时间内，沿边、内陆地区与沿海地区的区域间差距将保持继续扩大的演进趋势。无论是从指数大小及提升速度排名，还是从区域间差异的主要来源及演化趋势来看，制度环境区域差异呈现出的特征与金融集聚的区域差异特征基本吻合。接下来，在“产权—市场—法律”三元制度分析框架下，本节重点分析产权制度、市场制度和法律制度变迁的区域差异对金融集聚空间非均衡的影响。

一、产权制度变迁区域差异与金融集聚空间非均衡

诺斯通过考察封建庄园制度的兴起、衰落及近代产业革命的发生，指出促进经济增长的关键因素是制度，其中尤以财产关系的作用最为突出，若财产所有权不确定，私人经营的产业及其收入则会缺乏合法保障，若缺乏制度的保证及其对私人经营的刺激，近代工业就不可能发展起来。[150] 林毅夫借助柯布—道格拉斯函数，以年度内实行农村家庭联产承包制改革的村庄比重作为改革速度变量进行实证分析，结果显示制度变迁对农业经济增长作出了巨大贡献。[151] 栗树和研究发现，非国有经济比重与地区经济增长显著正相关，进而指出中国改革最实质的内容是产权改革。[152]

产权具有排他性、明晰性、可分割性和可转让性等特征，兼具将外部性内部化与解决激励问题等功能，对金融资源聚集活动发挥着重要作用。合理的产权制度结构通过妥善处理政府与市场间关系、推动非国有经济快速成长，在提高要素市场资源配置效率的同时，还有助于降低产品市场的交易费用和提高预期收益率，进而激发市场各参与主体的积极性和产品与要素市场的活力，促使金融机构、资金和人才等金融资源迅速向各中心城市聚集。

改革开放以来，为配合国家关于市场化建设和对外开放的阶段性任务的整体部署，各地政府在中央的指导下，分地区、差别化地实施了一系列制度创新，包括有差异的产权制度安排。改革开放初期，得益于市场竞争环境和地方性扶持政策，东部沿海地区率先试点并优先发展，产权制度环境得到迅速改善，使得产权性质越接近市场的经济机构运营效益越好，金融资源开始大量涌入东部沿海城市。与此同时，受整体制度环境不发达的限制和扶持性政策缺乏的约束，内陆和沿边地区的制度供给相对不足，产权制度环境的改善相对滞缓，导致产权性质越接近政府的经济机构运营效益反而越好，市场竞争程度低下，金融资源流失严重。

随着改革的不断深入，尤其是伴随着21世纪西部大开发、振兴东北老工业基地和中部地区崛起战略的部署实施，内陆和沿边地区的产权制度改革迅速提上日程，非国有经济日益发展壮大，特别是内陆地区非公有制经济所占比重与沿海地区间的差距呈缩小趋势，市场竞争环境得到显著改善。与此同时，在国家重大扶持政策的引导下，大量金融资源开始流向中西部地区的部分中心城市，内陆—沿海地区金融集聚区域间差距逐渐缩小。根据本章第二节的测算结果，需要注意的是，我国金融集聚空间非均衡问题仍比较突出。诺贝尔经济学奖得主缪尔达尔曾指出，获得最初竞争优势的地区在循环累积因果效应的作用下，具备动态发展的"乘数效应"，极易形成自我强化和完善的趋势。这很好地解释了我国东南沿海地区自获得制度创新和市场化改革的先发优势后，便一直保持此优势至今的原因。

产权制度的改革增加了非国有经济成分，既有助于打破国有经济垄断、提高市场竞争程度和全社会经济效率，又有助于为现代企业制度的建立提供良好的外部环境。产权制度多元化既包括所有制结构（即经济成分）的多元化，又包括企业治理结构和组织形式的多元化。所有制结构调整与混合所有制改革是一个复杂的过程，我国产权制度变迁起点、时点等的区域差异带来了金融集聚水平的区域差异。

二、市场制度变迁区域差异与金融集聚空间非均衡

市场制度有助于各大生产要素市场和产品市场形成市场竞争格局，从而建立统一开放、有序竞争、严格管理的要素市场和产品市场，实现以市场调节为主和减少政府干预的市场秩序，重构微观企业的激励与约束机制。我国市场化改革的本质要求是市场在配置资源中的作用越来越大，市场机制对经济事务处理的程度不断增强。功能健全的劳动力、资本、土地、信息、技术等要素市场制度与产品市场制度，对金融集聚和经济可持续增长至关重要。市场制度的完善程度可以借助产品市场发育程度、要素市场发育程度、政府与市场的关系、对外开放程度及宏观税负水平等指标来体现。根据本章第一节测算的结果，包括湖北省在内的内陆与沿边地区省（区、市）的市场制度环境指数虽呈提升态势，但与发达地区间的差距仍较为悬殊。无疑，对金融资源聚集活动产生影响最大的当属金融市场制度。

改革开放以来，一方面，为保证改革开放的全面推进，根据经济发展所处的特定历史阶段和经济活动组织形式的特征，国家针对融资结构调整、利率市场化、汇率市场化、对外开放、人民币国际化、产业结构优化、房地产

市场改革、科技振兴、宏观监管调整等重要经济领域分步骤实施了一系列市场制度，大大促进了金融机构、资金、人才等金融资源的聚集。另一方面，因改革开放率先从东部沿海地区开始，所以沿海地区获得先天的区位、基础设施和经济技术优势，在促使内陆、沿边地区物质资本和人力资本向沿海地区转移的同时，还吸引了大量的外商直接投资，从而使金融机构、资金和人才在沿海地区快速聚集，导致金融集聚空间非均衡问题突出。

21世纪以来，为实现区域协调发展目标，西部大开发、振兴东北老工业基地、中部地区崛起和“一带一路”建设等重大部署相继落地，中央携手地方政府、沿海地区为内陆和沿边地区分别在资金、科技、人才等方面提供了诸多优惠制度和强有力的政策支持。此阶段，一系列适度的制度倾斜使得部分资金、技术和人才等资源开始向内陆和沿边地区流动，内陆和沿边地区金融集聚水平逐渐提升，然而，因初始禀赋条件和后天制度环境相对较差，既有的区位、资源等优势未能得以充分发挥，市场制度创新速度缓慢，与沿海地区相比，内陆和沿边地区的市场竞争程度、发育程度、开放程度及市场效率均相对较低，金融集聚的区域间差异仍然相当明显。

由此可见，随着渐进式市场制度改革的推进，日益活跃的市场主体有力地推进了市场经济的发展，得益于日益多元化的市场主体的投融资需求，金融机构、资金与人才等金融资源在各地区中心城市迅速聚集；与此同时，随着改革开放的全面推进与深化，虽然市场交易成本不断下降、预期收益不断增加，市场经济潜能和市场交易主体的热情被激发，但不同地区的市场发育水平不尽相同，对金融集聚发挥的作用差异较大，这意味着市场制度变迁的区域差异对金融集聚的空间非均衡发展产生了重大影响。

三、法律制度变迁区域差异与金融集聚空间非均衡

总览已有研究，考察法律环境与金融发展间关系的文献很多，但直接研究法律环境与金融集聚间关系的文献则极少。传统研究重点对法律制度与金融发展二者间的关系尤其是法律对投资者的保护进行考察，拉斐尔·拉·波塔（La Porta）等首次提出法律制度是金融发展的重要决定因素的观点。[153] 随后，国内学者卢峰和郑志刚等基于中国省级面板数据，对法律环境与金融发展间的关系进行实证检验，发现对投资者权利的法律保护有助于金融发展。[154, 155] 徐云松也得出了同样的结论，并进一步提出可通过完善投资者权益保护法来提高地区法治效率和司法水平，促进区域金融发展。[156]

为了总结与反思传统的法与金融理论的不足，许荣等专门对“金融的

法律理论”进行深入考察，指出现代金融体系并非独立于法律体系之外，而是由法律构成的，金融的法律理论不仅有助于反思金融领域放松监管的潮流和审视未来互联网金融等创新业态的监管规则与风险管理，而且在外汇市场运行、资产证券化的全球实践及中国影子银行蓬勃发展等领域具有强劲的解释力。[157]

区域金融集聚水平的提升，不仅有赖于全国性金融法律制度的大力支持，而且需要地方性金融法规制度为地方金融生态建设提供有效保障。法律制度对金融集聚的影响程度，表现为其在多大程度上通过法治建设及其营造的法律环境来提供市场主体权益保护、安全的市场环境和强化市场监督管理。法律制度建设对包括金融机构和金融市场在内的整个金融体系及金融制度变迁均具有重大的影响和作用。

改革开放以来，我国制定并实施了一系列基础性法律法规，如今全国性的基础法律已相当完备，这为我国社会主义市场经济建设营造了良好的法律环境，为市场参与主体提供了更加安全的保障，大大增强了市场活力，同时，也显著促进了各金融资源的空间集聚。然而，受经济转型时期制度变迁总体部署的影响，地方性法规体系建设、执法效率和司法环境的区域差异较大。与改革开放的阶段性任务和制度安排相对应，沿海地区发达省（区、市）的法律制度变迁起步最早，地方政府迅速颁布并实施了一系列与改革开放目标相配套的地方性法规，加上相对充裕的专业人才储备和市场环境，沿海地区对市场主体权益保护的力度和执法效率均明显高于内陆和沿边地区。由此可见，深入到区域空间层面，同产权制度和市场制度一样，法律制度环境的区域差异也对金融集聚的空间非均衡发展产生了重大影响。

综上所述，源于经济转轨时期特有制度带来的影响，中国各省（区、市）间制度变迁的差异明显。在金融集聚活动中，中国自 1978 年开始的产权改革、市场化改革和法制改革等一系列渐进式制度变迁促进了金融资源集聚，但制度环境的区域差异决定了金融资源进行区域选择的行为差异，最终表现为地区间的金融集聚水平差异。换言之，制度环境作为制度变量，可以决定不同区域金融集聚的差异，源于渐次改革开放策略带来的制度优势，沿海发达地区对内陆和沿边地区的金融资源产生虹吸效应。在我国经济转型发展过程中，制度因素对金融集聚的影响主要表现为制度变迁，产权制度变迁、市场制度变迁和法律制度变迁的区域差异使得区域金融集聚呈现出空间非均衡状态。

第六章　湖北省金融集聚面临的制度约束分析

根据前述测算的结果，在2006—2019年，湖北省的制度环境指数、市场制度指数和法律制度指数常年远低于沿海地区发达省（区、市），同时常年低于全国平均值，这在很大程度上制约了其金融集聚水平的提升。根据前述理论分析，制度会对金融集聚水平产生重大影响，其中尤以金融制度的影响最为突出。结合实际来看，湖北省金融集聚水平偏低的主要原因是在我国当前的金融体制机制下，金融集聚制度的需求来自地方，而制度的供给却由中央主导，金融机构、资金、信息、技术和人才等各类金融资源在聚集过程中对制度产生的需求未能得到有效满足，存在制度供给缺口，从而制约了湖北省金融集聚水平的提升。接下来，基于“产权—市场—法律”三元制度分析框架，分别从产权制度、市场制度和法律制度角度对湖北省金融集聚的制度供求矛盾及其在金融资源聚集过程中面临的制度约束进行剖析。

第一节　湖北省金融集聚面临的产权制度约束分析

建立健全现代产权制度是中国特色的重要制度创新，是全面深化改革的关键，是产权制度改革的终极目标。作为资本权益市场，产权市场不仅浓缩了市场经济的基本机制、核心要素和基本理念，而且践行和见证了现代产权制度在我国全面深化改革中的推进与实践。[158]完善新时代产权制度的一个重要任务就是从微观层面对国有企业进行混合所有制改革。李松龄认为，国有企业混合所有制改革的主要目的在于完善各类国有资产管理体制，进而为改革国有资本授权经营体制提供微观制度基础，并指出，国有企业混合所有制改革和完善国有资本经营体制机制之间存在对立统一的辩证关系，若国有资本不能授权给以市场为导向、以资本利润为目标的国有资本经营公司，那么关于多元化产权有效激励和要素自由流动等社会主义市场经济体制改革的目标就难以实现。[159]

一、湖北省金融集聚的产权制度供求矛盾

（一）湖北省金融集聚的产权制度需求

1. 对产权多元化的需求增强

已有研究发现，国有产权比重越大，改革与创新的效率越低，经济发展越落后。金融改革与创新的本质是界定市场主体产权的行为，拥有独立的财产是金融集聚的基本前提。金融产权制度改革与变迁主要体现在金融机构所有制成分的变化中，可借助国有银行总资产占所有存款类货币银行总资产的比重来反映我国金融产权结构和金融产权改革的程度。国有金融产权比重越大，意味着货币资金需求无法通过金融市场来满足的程度越高，区域金融市场对金融资源的吸引力越差，反之亦然。[160]

自 1979—1984 年我国金融机构体系重构开始，四大国有商业银行在内陆与沿边地区省（区、市）金融市场上长期处于垄断地位。2001 年，中国正式加入 WTO，承诺在五年内实现国内金融业全面对外开放。2003 年，四大国有商业银行开始进行股份制改革并先后圆满完成任务。伴随着一系列区域协调发展战略的实施，包括湖北省在内的内陆与沿边地区省（区、市）先后正式启动区域金融业发展规划。在国有银行股份制改革、金融业全面对外开放及区域协调发展和经济高质量发展的背景下，为了适应完善社会主义市场金融体制建设的需要，湖北省的金融业发展对股份制银行、外资银行、城市商业银行及新型农村金融机构等多种所有制成分的需求不断增强。

2. 对产权安全保护的需求增强

已有研究发现，在金融创新过程中，对知识产权的保护尤为重要，直接关系到金融创新的成败和金融企业的核心竞争力。在大多数情况下，对金融产权的保护主要体现在金融企业的资产权利与金融产品的商标权、著作权、专利权等知识产权及其商业秘密和反不正当竞争保护领域。

在金融业改革初期，受体制和观念的约束，湖北省对金融创新的知识产权保护问题重视程度不够，导致新型金融产品的研发能力较差，金融创新质量偏低。随着金融业改革的不断推进，加之外资金融机构带来的冲击，包括

湖北省在内的内陆与沿边地区省（区、市）逐渐意识到金融创新在知识产权保护方面的重大作用。如今，在区域协调发展和经济高质量发展的背景下，面对全国金融业日益激烈的竞争，加之金融市场化广度和深度的全面推进，湖北省越来越重视金融创新的知识产权保护，其对金融产权安全保护的需求显著增强。

3. 对产权流畅转让的需求增强

现代企业产权制度的主要特征包括产权归属明晰化、产权结构多元化、责任权利有限性和治理结构法人性。股份制企业是现代企业制度的主要组织形式，对产权明晰和股权流动的要求极高。无论是上市金融企业还是非上市金融企业，都要求企业股权能够自由转让。已有研究表明，如果金融企业的股权不能实现自由转让，那么金融企业将难以在产权流动过程中实现资产重组和资源优化配置。

金融业改革初期，基于利润最大化的经营目标，金融机构、资金和人才资源主要集中于沿海发达地区省（区、市）和内陆、沿边地区较发达城市，包括湖北省在内的大多数内陆与沿边地区省（区、市）的金融产权规模较小。随着金融业改革的不断推进，为适应金融机构多种经济成分的发展需求，股份制银行、外资银行、城市商业银行、新型农村金融机构及信托与投资公司应运而生并遍地开花。湖北省及其他内陆与沿边地区金融集聚水平偏低的省（区、市）也不例外，随着金融产权规模的增大，其对金融产权能够自由流动和流畅转让的需求日益增强。

（二）湖北省金融集聚的产权制度供给

1. 产权市场功能尚不完善

完善的产权交易平台不仅有助于湖北省各类要素、资源聚集，支持实体经济发展，而且有助于规范、有序地开展产权交易，从而为区域经济实现高质量发展提供便捷、高效的产权流转和资金融通服务。目前，湖北省的产权市场除需继续提升“明晰产权边界、降低交易费用、优化资源配置”等基本功能外，还需紧紧围绕其在区域经济协调发展和全面实现经济高质量发展过程中肩负的重大历史使命，进一步推进其在内陆贸易往来和跨境产权交易中的建设步伐，充分发挥其在“一带一路”建设和打造内陆开放新高地过程中的投融资功能。

2. 产权交易参与主体有限

根据产权结构和产权所有者的属性来划分，产权交易的参与主体一般包括国有企业、私营企业、外资企业、合资企业及各种形式的股份制企业等。由于我国产权交易市场的出现本质上是为国有企业改革服务的，我国所以早期产权交易市场的产权出让主体主要是国有企业。随着金融市场化改革向纵深推进，产权交易市场的参与主体日益多元化。近年来，虽然湖北省的产权交易所围绕国有企业、自然资源资产、农村集体产权、物权、股权、债权、知识产权、排污权和碳排放权等实施了一系列产权制度改革，已然发展成为影响力较大的区域性产权交易大市场，但与上海、广东等沿海发达地区相比，湖北省产权交易市场的参与主体较有限，业务结构较单一，为非公经济及区域外产权交易服务的程度也较低，离“立足地方、面向全国，跨区域、跨所有制发展成为集投融资功能于一体的区域性产权交易平台”的发展目标还相去甚远。

3. 产权市场交易规模较小

与制度环境处于第一发展梯队的省（区、市）相比，湖北省的产权市场交易规模偏小。虽然湖北省产权交易所贴合新时代发展要求迅速搭建股权、碳排放权等交易平台，其产权市场交易总额已于 2018 年突破万亿元大关，价格发现功能也得到大幅提升，但与发达地区产权交易规模相比仍存在一定差距，这意味着其为各类要素和资源等提供市场化配置的能力未得到充分发挥，未来仍存在可提升的空间。[161] 今后，湖北省的产权交易所需继续加强业务创新和对外合作的力度，通过完善市场准入、市场交易和市场监管等制度，拓宽服务领域和推介渠道，吸引更多的社会化项目尤其是非国有资产业务进场交易，最大限度地拓展产权交易业务范围和规模。

（三）湖北金融集聚的产权制度供求矛盾及其原因分析

产权制度变迁在生产力发展过程中是不可避免的，中华人民共和国成立以来，因我国经济领域长期存在计划指导，产权制度变迁实际为政府根据自身目标函数确定的产权制度安排的结果。改革开放之后，为配合国家改革开放阶段性任务的整体部署，各地方政府在中央政府的指导下，分阶段、差别化地实施了一系列制度，包括有差异的产权制度。改革开放 40 多年以来，产权制度变迁的区域差异使得各地区金融发展水平、金融集聚程度均呈现出较大的差异。事实表明，产权制度环境越优化，越有助于促进产业结构合理化与高级化、加速现代城镇化建设进程和推动信息化发展，继而通过产业结构优化升级、城镇化建设和信息化发展内生出更多的金融需求，对金融集聚水平产生正向效应。现阶段，湖北省金融集聚对产权制度的需求不断增强，而由中央主导的产权制度的供给相对滞缓，导致金融集聚面临的产权制度供求呈非均衡状态。究其原因，主要有三点。

1. 契约交易基础薄弱

交易方式包括契约交易和关系交易，契约交易往往建立在平等和诚信的基础上，而关系交易则以血缘、亲缘等为基础。关系交易是以关系为本的制度结构，其固定成本低廉但边际成本高昂；契约交易是以法治为本的制度结构，其固定成本很高但边际成本极低。相比较而言，契约交易的边际成本低、交易范围广，关系交易则正好相反。市场经济体制下，金融交易多为契约交易，与之相对应的是“归属明晰、权责明确、保护严格、流转流畅”的产权制度。金融契约交易与产权制度越成熟，金融秩序越好，资源配置效率越高。[83]

湖北省金融契约交易的基础较为薄弱，导致产权制度实施存在较大阻碍。一方面，受非市场经济旧体制的长期影响，部分交易主体的关系交易观念根深蒂固。在金融交易活动中，存在大量的人情关系交易，导致资源配置效率低下。近年来，虽然部分群体的契约交易意识在增强，但尚未形成社会普遍关注的交易意识。要实现关系交易向契约交易的顺利转变，就必须摆脱个人传统纽带束缚，简化交易主体间的关系，扭转价值评判取向。另一方面，受信用基础薄弱和契约交易执行保障机制不完善的负面影响，湖北省的金融契约交易基础薄弱。诚信是契约交易的基本前提，而信用基础的薄弱给产权交易制度的实施带来了巨大阻碍。与此同时，契约交易的顺利进行离不开完善的契约交易执行保障机制，而目前，湖北省基本上还不具备体系化的执行保障机制。

2. 产权功能发挥有限

对应于产权的一般功能，金融产权功能主要包括界定金融产权边界、降低金融交易成本、优化金融资源配置。四大国有商业银行股份制改革以建设现代企业产权制度为改革目标，围绕“产权明晰、权责分明、政企分开”的基本要求，按照“财务重组—引进战略投资者—公开市场上市”的改革思路顺次推进，成功突破旧体制的约束，为各类金融机构开展产权变革、提升企业内部治理水平提供了宝贵的经验。

然而，受对产权重要性的认识不足、相关法律法规尚不完善及产权交易所体制不健全等因素的影响，湖北省金融集聚的产权制度供给存在存量相对缺乏、增量相对不足的问题，导致产权制度无法充分发挥其应有的功能。一方面，金融产权规则的不完善，使得部分金融产权的边界界定不够明晰，金融产权主体的责、权、利问题未能得以有效解决。另一方面，金融企业的发展离不开人，因此对金融机构代理人的激励就显得尤为重要。在国有银行委托代理链条中，代理人的任免仍主要沿用行政化的干部考核选拔制度，代理人享有剩余控制权却无剩余索取权，极大地限制了代理人的积极性。[83 此外，湖北省的金融资源配置面临着“行政审批规则”和“市场规则”的双重约束，行政约束易带来“寻租”行为，不成熟的资本市场使得市场约束仅仅是一种软约束，从而不利于降低金融交易费用和提升金融资源配置效率。

3. 产权结构不甚合理

理论上来讲，对金融资源权利的安排包括公有制、私有制和混合所有制三种产权形式，无疑，不同的产权制度安排会有不同的金融资源配置效率。传统观点认为，私有制的效率最高而公有制的效率最低，然而中国的实践经验表明，在制度激励机制健全的前提下，公有制也可以实现高效率。私有产权制度受非理性预期、信息不对称、法律制度不健全等诸多条件的制约而出现低效率；公有产权制度因市场竞争不完全、信息不对称、委托代理制下的机会主义行为及激励与约束机制不平衡等诸多因素的影响而出现低效率，因此，由公有制与私有制联合组成的混合所有制有望成为我国金融效率最高的产权制度安排，合理的产权结构安排将有助于金融部门充分吸收公有制与私有制的优点而回避二者的不足。

湖北省的混合所有制改革进程相对沿海发达地区省（区、市）较缓慢，产权结构亟待进一步完善。一方面，随着改革开放的推进，国有企业改革要求所有权和经营权相分离，所有者与经营者之间的委托代理关系由此产生，因现有制度的激励机制不当和约束机制不健全，湖北省的金融产权制度安排仍是国有产权占相对主导地位。另一方面，国家在金融业改革开放战略实施上采取的是自上而下的强制性制度变迁方式，该方式虽然能以较低的抉择成本和摩擦成本加速推进金融市场化建设进程，但会使湖北省的金融业发展缓慢，金融支持实体经济发展的能力低下，从而导致地方非公有制经济发展落后，地方经济内生金融需求的功能无法充分发挥，产业发展与金融集聚的良性互动循环更是无法形成，最终导致湖北省的诱致性制度变迁动力不足。

二、湖北省金融集聚面临的产权制度约束

党的十六届三中全会审议通过《中共中央关于完善社会主义市场经济体制若干问题的决定》，特别提出要健全产权交易规则和监管制度、推动产权有序流转、依法保护各类产权。党的十九大报告更是明确提出要将混合所有制和国有资本授权经营体制作为完善产权制度的两项制度安排尽快加强落实。如前所述，为贯彻落实党中央关于产权制度改革的重大决策部署，包括湖北省在内的内陆与沿边地区金融集聚水平偏低省（区、市）几乎都积极以国家政策为引领，在充分发挥地区资源优势和整合区域产权市场的基础上，批准设立了地方产权交易所，并围绕国有企业、自然资源资产、农村集体产权、知识产权和碳排放权等实施了一系列产权制度改革。经过多年的培育，地方产权市场均逐渐得以发展壮大。作为地方多层次资本市场的重要组成部分，湖北省的产权交易市场在国企改革、各类产权流转、产业结构调整、中小企业融资和缩小金融集聚的区域差距等方面发挥了重要作用。然而，受制度供求不平衡的影响，湖北省在金融集聚过程中，仍面临着不可忽视的产权制度约束。

其一，湖北省的各大国有金融机构目前仍须在总部的管控下运作，不具有国有资本法人所有者的真实身份，无法实现真正意义上的自主经营，从而不利于实现产权的有效激励。理论上，国有资产管理部门将国有资本授权给国有资本经营公司经营之后，国有资产管理部门即为国有资本的最终所有者、国有资本经营公司即为国有资本的法人所有者，那么，依据公司制运作规则，最终所有者享有参与国有资本经营的重大决策、选择管理者和股份分红等权利，但不再对混合所有制企业的资产经营进行行政干预；与此同时，法人所有者要自主经营国有资本，因为这样做才有利于企业改制为混合所有制的生产经营，从而实现国有资本的优化布局和国有资本收益最大化。[159]

其二，任何一种产权机制均会派生出相应的利益集团，制度是否变迁以及如何变迁则取决于不同利益集团间的博弈力量，为获取对自身发展有利的各种政策和优惠条件等，它们往往会采取多种方式给彼此施压，并最终通过相互制约达成一个平衡解。对于任何一个省（区、市）而言，其金融产权制度改革均面临着国家与地方政府、国有与非国有金融企业之间的利益博弈。受“先试点再普遍推广、先发展东部再实现全国协调发展”的渐次改革方略

的影响，湖北省的产权制度改革明显滞后于沿海地区发达省（区、市），根据2019年各省的产权制度指数，部分内陆地区省（区、市）和大多数沿边地区省（区、市）均排名靠后，湖北省的产权制度环境指数常年低于全国平均水平，与沿海地区发达省（区、市）相比更是差距悬殊。究其原因，湖北省的产权制度改革与产权市场发展相对沿海发达省（区、市）均较为落后，特别是金融产权制度与金融产权市场发展还无法适应金融集聚及金融经济发展的需求。加上对产权市场重要性的认识不足、相关法律法规尚不完善及产权交易所体制不健全等，其产权市场均面临着交易规模偏小、发育程度较低、制度创新不足等诸多问题，从而在一定程度上限制了区域外金融机构、资金和人才的流入。

其三，湖北省的金融产权制度改革与变迁存在明显的路径依赖特征，从而使得产权制度在改革过程中存在较强的制度黏性和时滞效应，最终导致制度创新落实的效果大打折扣。从制度变迁理论来看，源于产权制度改革的“强制性＋渐进性”模式选择、对现代产权制度的有限认知限制、不可避免的制度创新时滞效应及高昂的制度创新成本的影响，湖北省的产权制度改革与变迁的路径依赖特征明显。不过，产权制度改革是各省（区、市）金融集聚过程中的重要组成部分，当产权制度与金融集聚的其他配套制度等参数发生渐进变化时，产权制度改革将自然地被内因驱使。由此可见，湖北省产权制度改革的渐进性特点一开始就存在，并且贯穿制度变迁始终。虽然产权制度变迁的政府强制性主导和渐进性发展的初始逻辑起点在过去与未来相当长一段时间内影响着其产权制度改革，但随着改革开放的不断深入、市场化建设的不断完善、对产权制度认知范围的不断拓展、产权制度创新时滞和创新成本的不断缩减，产权制度改革的内因驱使机制将不断发挥作用，强制性的制度变迁将部分为诱致性制度变迁所替代。

第二节　湖北省金融集聚面临的市场制度约束分析

一、湖北省金融集聚的市场制度供求矛盾

（一）湖北省金融集聚的市场制度需求

考虑到金融市场是为货币资金借贷、金融工具的发行与交易及外汇买

卖等提供交易服务的场所，湖北省在金融集聚过程中对市场制度的需求可从信贷资金需求、资本市场资金融通需求和国际金融业务需求三个方面进行归纳。

1. 中小企业信贷资金需求巨大

2019 年，和沿海地区发达省（区、市）一样，湖北省的中小企业队伍也在继续壮大，涉及工业制造、建筑运输、信息技术、生物医药、教育培训、食品纺织、商贸物流和旅游餐饮等各大经济领域。和其他地区一样，中小企业一直是湖北省地区经济发展的主力军，为地方经济发展及社会稳定作出了巨大贡献。然而，在经济体制转轨过程中，为 GDP 作出 2/3 贡献的中小企业却只拥有 1/3 的金融资源，中小企业巨大的信贷资金需求远未得到充分满足。此外，可以预见，湖北省地区的中小企业定将一如既往地对地区经济实现高质量发展发挥重要的支撑作用，与此同时，中小企业对信贷资金的需求规模也将持续增加。

2. 资本市场资金融通需求旺盛

作为银行信贷等间接融资方式的重要补充，资本市场直接融资方式是我国融资体系的重要组成部分。地方资本市场作为全国资本市场的有机组成部分，承担着为本地企业提供多样化资金融通渠道的责任与义务。

当前，伴随着各类企业的快速成长，湖北省的地方资本市场面临着巨大的资金融通需求。一方面，来自上市企业的融资需求越来越旺盛。截至 2019 年底，湖北省拥有 105 家上市公司，远低于广东等发达省（区、市）的上市公司数量，在全国排名第 11 位，与 GDP 排名不甚相符，根据 2018 年启动的“上市公司倍增计划”，湖北省全省上市企业数量要在五年内翻一番，与此同时，湖北省内上市企业的融资需求将越来越旺盛。另一方面，来自非上市中小微企业的直接融资需求也越来越大。虽然银行等金融机构信贷仍然是中小微企业融资的主要方式，但受银行信贷“偏爱大企业、大项目”这一根深蒂固思想的影响，中小微企业实际获得的信贷规模非常有限，加上民间借贷市场受到严格的行政管控，最终，中小微企业巨大的融资需求只能寄托于区域资本市场。

3. 国际金融业务需求越来越大

国际金融市场泛指为金融资产提供跨国界交易的场所，国际金融业务则指跨越国界进行的资金融通、证券买卖等金融业务。在经济全球化背景下，国际金融业务创新与国际金融市场发展对黄金输出、输入，外汇买卖及商品、劳务和资本的国际性转移均具有非常重要的意义，是经济发展的重要推动力。作为“承东启西、连南接北”的内陆经济、科技和人才大省，湖北省肩负着实现中部地区崛起和打造内陆开放新高地的历史使命，伴随着“一带一路”建设的推进和中国（湖北省）自由贸易试验区的发展，湖北省对外开放程度得到显著提升，与此同时，其在金融、贸易方面对外合作的程度也日渐深入。一方面，湖北省的进出口贸易额逐年增加，相应的外汇交易需求量较大。另一方面，随着我国与“一带一路”沿线国家间合作进程的不断推进，湖北省“走出去”企业与境外企业对境外存贷款、资金结算便利和汇率风险防范等国际金融服务产生的需求均越来越强烈。

（二）湖北金融集聚的市场制度供给

改革开放以来，湖北省遵循市场经济规律、参照市场经济准则，对金融业发展先后实施多轮改革，并相继出台了一系列的政策法规。为配合产权制度改革和支持民营企业发展目标，湖北省更是进一步明确指出要以要素市场化配置为一大重点，强调要放宽市场准入并全面推进市场准入负面清单制度，坚持扩大制度型对外开放和深化市场化改革，正确处理好政府与市场间关系，继续提高市场公平竞争程度，营造良好的市场化、法治化、国际化营商环境。然而，与沿海发达地区相比，湖北省政府与市场间关系、产品和要素市场发育程度以及对外开放程度和宏观税负水平等各项得分长期以来均不甚理想。

1. 信贷资金供给偏爱国有大型企业

因湖北省的多层次地方资本市场建设还不够完善，其直接融资渠道目前仍呈现出不丰富、不通畅的特征；受全国金融业实行严格准入制度的影响，湖北省的民间资本很难进入信贷市场，导致以商业银行为主体的间接融资模式在其资金融通市场上仍然占据主导地位。

尽管我国四大国有商业银行早已成功完成股份制改革，但商业银行近90%的股权仍然属国有股，且65%左右的金融机构总资产仍然为国有银行所持有。[162] 近年来，为响应国家支持中小微企业发展的号召，湖北省银行业金融机构向中小微企业发放的贷款额几乎逐年增长，尤其是城市商业银行和农村信用社、农村商业银行等对中小微企业的授信比例，均呈明显提升趋势。然而，在互联网金融迅猛发展的背景下，出于防范金融风险的考虑，湖北省区域内的各大国有商业银行纷纷大规模撤并基层网点、上收贷款权限，并牢守“大城市、大企业、大项目”的信贷原则，可见其偏爱国有大型企业的执念明显，从而使得中小微企业仍然难以博得其青睐。与此同时，由于湖北省地方中小型商业银行和农村新型金融机构发展面临着激烈的竞争，生存压力较大，因此它们为中小微企业提供信贷资金支持的能力也十分有限。

2. 多层次资本市场体系仍有待完善

实践表明，成熟的资本市场能够为企业提供多样化的资金融通渠道。我国资本市场在经济体制转轨的背景下诞生，在政府引导和市场推动的共同作用下，快速成长为一个接近国际标准的直接融资和资源配置的高级场所。[163]各省（区、市）的地方资本市场是全国资本市场的有机组成部分，经过30年的曲折发展，包括主板、中小板和创业板、新三板、区域性股权和产权交易中心在内的多层次资本市场体系已初步形成。

湖北省的多层次资本市场帮助中小微企业实现直接融资的功能还未得以全面有效发挥，多层次地方资本市场体系仍有待完善。[164]一方面，湖北省多层次资本市场虽然囊括了主板、中小板和创业板、新三板及区域性柜台交易四个层次，但与西方发达资本市场金字塔式的体系正好相反，其多层次资本市场体系呈倒金字塔式，严重制约了其直接融资功能的发挥。另一方面，完善的资本市场制度是资本市场实现市场化运行、提高资金融通效率、降低企业市场风险的重要前提，目前，与多层次资本市场发展相配套的准入制度、信息披露制度、发行制度、交易制度、退市制度、转板制度等制度建设仍不甚合理、完善，极大地限制了其帮助中小微企业提升直接融资能力的功能发挥。[165，166]

3. 国际金融业务创新空间有待拓展

自2013年“一带一路”倡议提出后，中央政府逐渐加快了我国金融业全面向外开放的步伐。内陆与沿边地区金融集聚水平偏低的大多数省（区、市）因得天独厚的区位优势，其金融业发展在分别得到国家和地方层面给予的多项利好政策支持的同时，还肩负着推进人民币国际化、支持“一带一路”建设和提升金融业对外开放程度的重要使命。

为深入贯彻落实中共中央《关于进一步优化跨境人民币政策、支持稳外贸稳外资的通知》的精神，中国人民银行武汉分行不断通过丰富政策宣传渠道、营造跨境人民币结算氛围、加大对外交流合作力度等举措，推动湖北省跨境人民币业务发展，至今已与全球180个国家（或地区）发生跨境人民币结算业务往来，特别是近年来，与“一带一路”沿线国家间跨境人民币结算总量在持续攀升。伴随着“一带一路”2.0时代的到来，湖北省对外交流合作也必将进入一个新阶段，必然要求在有效防范跨境资金转移风险的基础上，快速拓展国际金融业务创新空间和完善推进本外币国际金融业务创新的配套制度，同时，充分利用其国际金融业务创新先行先试的政策优势，发挥其国际金融业务平台的资金结算和投融资等功能。

（三）湖北省金融集聚的市场制度供求矛盾及其原因分析

完善的市场制度有助于要素市场和产品市场形成市场竞争格局，建立统一开放、有序竞争、严格管理且以市场调节为主、减少政府干预的市场格局，重构微观企业的激励与约束机制。随着市场化改革的全面推进与深化，市场交易成本不断下降，预期收益不断增加，这大大激发了市场经济的潜能和市场交易主体参与交易的热情。日益活跃的市场主体有力地推进了市场经济的发展，与此同时，市场经济的运行离不开相配套的一系列金融服务，因此，金融机构、资金与人才等金融资源将迅速集聚，以满足日益多元化的市场主体的投融资需求。事实表明，市场制度环境越优化，越有助于促进产业结构合理化与高级化、加速现代城镇化进程和推动信息化发展，继而通过产业结构优化升级、城镇化建设和信息化发展内生出更多的金融需求，对金融集聚水平产生正向效应。现阶段，湖北省对与银行信贷资金、资本市场资金融通和国际金融业务相配套的市场制度需求不断增强，而市场制度的供给却呈现出信贷资金偏爱大型国有企业、多层次资本市场功能不完善、国际金融业务创新空间有待拓展等特征，导致金融集聚面临的市场制度供求呈非均衡状态。究其原因，主要有三点。

1. 市场准入门槛比较高

无论是信贷市场还是资本市场，无论是正规金融市场还是非正规金融市场，湖北省的金融市场化改革均面临着准入门槛较高的难题。

信贷市场准入门槛主要体现在信贷资金的来源和信贷资金的需求者两个方面。一方面，湖北省的直接融资渠道较匮乏，信贷资金主要还是由商业银行尤其是国有商业银行提供。虽然民间资本日渐丰富，但受合法身份和定位的配套制度仍不完善的约束，大量民间资本难以名正言顺地进入信贷市场，正规金融体系在信贷市场上的垄断地位突出。另一方面，能够获得银行贷款的主要是经济实力相对雄厚的国有大型企业或政府支持的支柱产业。受传统观念和风险防范需求的影响，商业银行的授信审批政策仍然存在所有制歧视的问题，从而使得具有垄断地位的商业银行更倾向于将信贷资源配置到国有大型企业。非国有企业虽然技术进步快、发展潜力大、资金使用效率高，但仍然被频繁提高信贷门槛而只能获得很少的贷款。

资本市场的准入门槛主要体现在各大板块的企业上市标准方面。如前所述，湖北省的多层次资本市场体系虽已基本形成，但美中不足的是呈倒金字塔特征，究其原因，各板块门槛过高，难以达到建设初衷。2004 年启动的中小企业板块是专门服务于中小企业的区域资本市场和柜台交易市场，其建设初衷是开辟中小企业上市融资新渠道，但因准入门槛过高，多数地方中小企业达不到其上市门槛的要求。2009 年启动的创业板，致力于为暂时无法上市的中小企业和新兴科技型企业提供融资和孵化成长服务，但因大多数地方中小企业成长性偏弱，同样难以达到创业板上市门槛的要求。2013 年，将试点扩大至全国的中小企业股份转让系统（即新三板）为创业型和创新型中小企业资本市场直接融资进一步拓宽了渠道，然而，对于很多地方中小企业而言，其上市门槛仍然较高。这同时也暴露出湖北省的地方中小企业整体实力还有待进一步提升的问题。

2. 市场化交易基础薄弱

改革开放之后，国家根据经济发展所处的特定历史阶段和经济活动组织形式的特征，分步骤实施了一系列市场制度改革，以保证市场化改革的全面推进。与沿海地区发达省份相比，湖北省的金融市场化程度偏低，导致这一结果的主要原因是其市场化交易的基础较薄弱。

一方面，湖北省金融市场制度变迁是政府主导的自上而下的强制性制度变迁，产权界定模糊、政府与市场边界不清晰及金融机构治理结构不完善的问题仍时有发生，金融发展的内生机制功能无法充分发挥。政府主导型的信贷配给政策使得地方政府与其利益共同体存在“隐性契约”，极易滋生“寻租”行为，从而制约了国有商业银行改革效率、经营效率和信贷资本配置效率的提升。

另一方面，作为地区经济发展的主力军和金融市场重要的参与主体，湖北省的地方中小企业整体实力明显不如沿海发达地区，同时存在诚信缺失和有效担保不足等问题。整体偏弱的经济实力和抗风险能力，使得湖北省多数地方中小企业不仅对信贷资金的承接和容纳能力有限，而且难以达到资本市场的入市门槛要求。诚信缺失的背后是软约束制度缺乏的事实，征信制度建设的滞后、信用体系司法保护的缺乏及信用担保机制的不健全，使得湖北省地方中小企业获取金融资源的能力非常有限，大大制约了其健康成长与快速发展。此外，湖北省金融市场信息披露机制还不够健全，在一定程度上不利于形成和维持良好的金融市场化运行秩序。

3. 市场监管体制不健全

为确保股权、债权和衍生品等金融契约得到有效执行，除了要具备完善的金融市场制度外，还需要健全的金融市场监管体系。从理论上来讲，金融活动和金融发展均具有统一性特征，因此，金融业适合选择中央集中监管方式。然而，研究发现，我国金融监管体制从横向分权看属多头分业监管体制，从纵向分权看则表现为中央和地方政府共有监管权，在金融监管权力总向配置上，地方政府对地方性金融机构拥有一定的监管权。

伴随着金融市场的发展，我国金融监管模式先后经历了“大一统—分业监管—双柱动能监管”多轮改革。目前，我国金融监管体系建设整体滞后于金融市场发展，湖北省的金融市场监管体制建设滞后的表现则更为突出。一方面，中央与地方共同履行金融市场监管职责时，因双方职责关系未能完全理顺，监管职责范围分工不够明确，易出现过度监管或监管不足的问题。无论是过度监管还是监管不足，均不利于维持正常的金融市场秩序。虽然地方政府配合中央成立了金融办、建立了金融监管协调机制，但理想监管效果的呈现还有待时日。另一方面，在金融业全面对外开放、金融分业经营向混业经营模式转变及互联网金融等金融创新大量涌现的新时代背景下，金融监管制度也面临着从监管理念、方式和手段等方面实现创新突破的问题。研究发现，在金融全球化背景及对利率、汇率、资本项目等金融市场要素进行管制的情况下，金融创新产品的定价和交易会面临较大障碍；相反，对其进行有序放松管制，更有助于金融创新的顺利推进。此外，监管部门对不同金融业态的监管力度存在明显差异，或出现交叉重复监管，或出现监管空白，有时还可能存在监管法律灰色地带。[167] 因此，在新时代、新形势下，湖北省的金融市场监管体制有待进一步完善。

二、湖北省金融集聚面临的市场制度约束

完善的市场制度有助于提升市场竞争程度、降低交易成本和提高资源配

置效率。改革开放以来，内陆与沿边地区金融集聚水平偏低的省（区、市）先后围绕“市场金融”的建设目标，实施了多轮改革，根据阶段性的改革思路，主要从金融机构准入与完善、金融产品开发与交易、金融市场开放与监管等方面对金融市场制度进行改革与创新，货币市场、股票市场、债券市场和金融衍生品市场的资源配置水平均得到稳步提升。然而，与沿海地区发达省（区、市）相比，湖北省的市场制度环境指数长期偏低，在很大程度上制约了其金融集聚水平的提升。鉴于对金融资源聚集活动影响最大的是金融市场制度，此处重点从金融市场制度角度来分析湖北省在金融集聚过程中面临的市场制度约束。

其一，湖北省的金融市场制度变迁具有很典型的强制性特征，导致地方产业经济基础和金融创新意识相对沿海地区发达省（区、市）较弱，金融市场化程度及支持实体经济发展的能力偏低，产品与要素市场发育程度有限，市场内生金融机制不健全，对外部金融资源的吸引力也较为有限。强制性制度变迁下的金融市场制度供给往往存在缺乏适应性的缺点，金融机构市场准入制度与金融监管制度的“一刀切”和资本市场的落后，导致包括金融机构准入与退出、金融产品开发、金融市场交易和金融主体监管等在内的金融市场化运行秩序难以有效维持，金融市场交易成本偏高，金融资源配置效率低下，对外部金融资源缺乏足够的吸引力。理论上，金融部门储蓄转化为投资的能力反映的是当地金融部门对实体经济的支持能力，学者们通常采用贷存比衡量金融部门储蓄转化为投资的能力。然而，湖北省的贷存比常年低于沿海地区平均水平，这意味着其金融支持经济社会发展的能力不够，进而无法形成完善的市场内生金融机制，诱致性制度变迁的动力不足，最终给湖北省金融集聚及武汉区域金融中心建设带来诸多阻碍。

其二，湖北省的金融资源在聚集过程中在一定程度上面临着地方金融业对外开放制度的约束。金融业对外开放是我国构建新发展格局的重要内容和必然要求，有助于完善金融制度供给和增加金融要素供给，促进各类金融资源聚集，进而提升金融业支持实体经济发展的能力。目前，根据党的十九届四中全会关于“建设更高水平开放型经济新体制及提升规则、规制、管理、标准等制度型开放水平”的精神，我国金融业开放正在向制度层面纵深推进，相对过去更注重金融业在规则、标准、管理等方面的开放，现在则致力于借制度型开放打造开放型金融体系的“升级版”，通过促进国内金融体制改革、优化金融资源配置、提升金融对外开放水平及全面融入全球金融体系，来全面实现我国金融业高质量发展。已有研究表明，金融领域的制度型开放主要体现在“改革和完善资金跨境流动管理制度、建立金融市场双向开放制度与配套制度安排、推进金融领域市场准入和公平竞争制度改革、构建与自贸试验区相适应的账户管理体系”等领域，而自由贸易试验区是我国对标国际高水平贸易投资规则、探索制度型开放及推进金融业开放创新进程的重要载体。[168] 如今，湖北省的外贸依存度指数和外资依存度指数与沿海地区发达省（区、市）间的差距依然明显，未来，湖北省的金融业制度型开放仍任重而道远。

其三，湖北省的金融资源在聚集过程中在一定程度上还面临着金融市场各类优惠政策的约束。改革开放以来，国家围绕“先发展东部、再实现全国协调发展”的改革方略，在全国范围分区域、分阶段实施了一系列差异性政策，首先给予东部沿海地区经济特区、投资增加、财政放权及减免税收等多项优惠政策。虽然中部地区崛起、“一带一路”建设和长江经济带建设等给湖北省先后带来了一系列优惠政策，但与广东等沿海地区的发达省（区、市）相比，其政策红利依然有限，因地方政府财力相对较弱，通过返税政策向当地企业提供政策优惠的能力不足，导致湖北省当前的宏观税负水平明显高于沿海地区发达省（区、市）。究其原因，借助强制性制度变迁奠定的制度优势，东部沿海地区的区位优势、资本和人力等要素禀赋优势及经济优势快速凸显，在其自身金融交易成本大幅下降及金融资源配置效率快速提升的同时，当地的金融资源也快速聚集并形成具备一定辐射范围的区域金融中心。在此过程中，内陆与沿边地区金融集聚水平偏低的省（区、市）不仅要配合国家统筹发展战略，向东部沿海地区提供各种存量有限的要素资源，支援东部沿海地区率先实现跨越式发展，而且伴随着东部沿海地区金融业的迅速发展，其虹吸效应更是加剧了部分内陆和沿边地区省（区、市）各类金融资源向东部沿海地区流入的趋势，从而使其本就落后的经济与金融业发展起来更加吃力。

第三节　湖北省金融集聚面临的法律制度约束分析

一、湖北省金融集聚的法律制度供求矛盾

（一）湖北省金融集聚的法律制度需求

1. 对法律制度的前瞻性的需求增强

根据法律金融学理论的观点，金融集聚与金融业发展不仅需要明晰的产权安排，还需要健全且具有前瞻性的法律法规体系提供制度保障。作为金融集聚面临的外在制度环境的核心要素之一，金融法律制度几乎成为一切与金融集聚活动相关的制度环境的基础，金融产权归属的界定、金融市场准入标准、利率与汇率的市场化改革、信贷规则、支付结算体系、退市与转板规定等都是建立在金融法律制度基础之上的。与相对保守的金融法律制度相比较而言，更具前瞻性的金融法律制度能够给金融创新活动倾注更多的包容性和适应性，从而有助于提升和拓展金融业务创新的效率和空间。

在中部地区崛起、“一带一路”建设和长江经济带建设等时代背景下，湖北省肩负着发挥区位优势，以区域经济高质量发展为驱动，以武汉城市圈建设为载体，全面提升对外开放层次，创新开放型经济体制，打造内陆开放新高地和全国新增长极等重要职责。能否顺利完成这一重任，金融支持是关键，因此，亟须大量的金融机构、金融资金和金融专业高素质人才聚集于此，共同为实现全面向西开放、推动“一带一路”建设及共建人类命运共同体的宏伟目标贡献力量。武汉区域金融中心建设无疑需要更健全完善、更具前瞻性的金融法律法规体系来提供强有力的法律制度保障，进而为吸引大量的区域外金融机构、资金、人才、技术和信息等金融资源流入营造良好的法律制度环境。

2. 对提升金融执法效率的需求增强

已有文献研究发现，在金融发展过程中，金融执法效率越高，越有利于形成银行业竞争，从而使分配给私人经济部门的银行信贷就越多。我国东部沿海地区的私营经济较发达且金融执法效率相对较高，而沿边和内陆地区较

落后的省（区、市）则以国有企业为主导且金融执法效率相对较低，因此，出现了大量资金由沿边和内陆地区省（区、市）向东部沿海地区省（区、市）流动的现象。

如前所述，为湖北省地区 GDP 作出 2/3 贡献的中小微企业却只拥有 1/3 的金融资源，这意味着中小企业虽是湖北省地区经济增长的主力军，但其巨大的信贷资金需求并未得到有效满足，若要进一步提高中小微企业对地区经济增长的贡献，需着力解决其发展过程中所面临的融资难问题。毋庸置疑，队伍庞大的中小微企业将继续担任湖北省地方经济增长的主力军，为推动经济高质量发展作出巨大贡献，然而，湖北省的中小微企业最终能为地方经济增长作出多大程度的贡献，取决于金融制度和区域金融发展能给予其多大程度的资金支持，同时取决于金融法律营造的市场化竞争水平及其执法效率的高低。

3. 对优化金融司法环境的需求增强

除立法和执法层面外，法律制度的另一个重要层面就是司法环境，司法环境的优劣程度直接影响着法律法规的执行效率。根据《中国检察年鉴（2018）》中的数据，湖北省的司法环境指数与北京市之间的差距悬殊，长期低于沿海地区平均水平，也低于同为内陆地区的湖南、安徽等省，这在一定程度上说明湖北省的金融司法环境不够优化。

受现代法律意识淡薄、缺乏具备金融专业知识的高素质司法人才等诸多因素的影响，湖北省的金融司法环境有待进一步优化。随着社会主义市场经济由沿海地区向内陆和沿边地区的逐步延伸，现代法治的精神与理念也随之传播，现代化的法律、文化氛围日渐浓厚，社会大众的现代法律意识逐渐增强，湖北省对吸引高素质司法人才、提高司法公正与独立性、加强司法协助、推进司法改革的需求也不断增强。

（二）湖北省金融集聚的法律制度供给

区域金融集聚水平的提升，不仅有赖于全国性金融法律制度的大力支持，而且需要地方性金融法规为地方金融生态环境提供有效保障。虽然我国基础性法律体系日臻成熟完善，但湖北省在地方金融法规制度建设方面还存在诸多不足，特别是凸显特色性、地域性和职能性的地方金融法规还尤为欠缺。

实践表明，良好的法律秩序是金融资源聚集、金融市场化运行和金融业持续稳定发展的重要前提。作为实现中部地区崛起和内陆对外开放的前沿阵地，湖北省在金融法律制度供给方面，除国家层面的金融基础性法律建设与发达国家相比相对落后外，地方性金融法规制度体系也尚不完善。一是从产权交易的范围、品种、规则、管理和保护等方面维持地方产权交易市场秩序的法律法规较为欠缺。二是地方金融法规在设置上还不能很好地凸显其特色性、地域性和职能性。三是与公平交易制度、投资者保护制度、信息披露制度等相关的法律法规建设相对滞后，对私人产权和投资者的保护程度有限，不利于金融集聚和金融发展的有序推进。此外，相对于沿海发达地区省（区、市）和部分内陆地区省（区、市）而言，湖北省的金融执法效率偏低，金融司法环境较差。

虽然2019年法治政府建设工作报告为湖北省的法律制度建设进一步指明了方向，并为深入推进“放管服”改革、依法行政及完善地方性法规和执法制度等给出了一系列具体的实施方案，但其建设成效的显现还需时日。

（三）湖北省金融集聚的法律制度供求矛盾及其原因分析

区域金融集聚水平的提升，不仅有赖于全国基础性法律制度的大力支持，而且需要地方性法规为地方金融生态环境建设提供有效保障。虽然全国性基础法律法规不存在地区差异，但我国基础性法律制度建设较发达国家相对落后，且地方性法规体系建设、执法效率和司法环境存在区域差异。事实表明，法律制度环境越优化，越有助于促进产业结构合理化与高级化、加速现代城镇化建设进程和推动信息化发展，继而通过产业结构优化升级、城镇化建设和信息化发展内生出更多的金融需求，对金融集聚水平产生积极影响。现阶段，湖北省在金融资源聚集过程中对金融法律制度完善地方性法规、提高执法效率和优化司法环境的需求不断增强，而金融法律制度供给却相对滞缓，导致金融集聚面临的金融法律制度供求呈非均衡状态。究其原因，主要有三点。

1. 法律不成熟造成法律意识淡薄

根据法律金融学理论的观点，金融法律制度的建立与完善必须以现代化法治的精神、理念和文化为指导。对现代化法治精神、理念与文化的把握的外在表现就是大众的法律意识，法律意识包含了大众对法律制度的理解、意愿、诉求及态度等诸多心理。强化大众的金融法律意识，有助于完善现代化金融立法体系、提高金融法律执法效率、实现金融法律的司法公正与独立。

如前所述，虽然现代法治的精神与理念随着社会主义市场经济由沿海地区向内陆和沿边地区的逐步延伸而广泛传播，湖北省的现代化法律、文化氛围日渐浓厚，金融法律意识逐渐增强，但整体水平仍然偏低。法学家博登海默在其经典著作《法理学——法律哲学与法律方法》中，用“法的价值”解释了法律制度变革的重要意义在于实现法律的正义价值和秩序价值，一个成熟的法律制度应实现正义和秩序的高度融合。[169] 作为强制性的规范，金融法律具有自上而下的单向性特征，这意味着大众都只能被迫接受，若“大众金融法律意识淡薄”是事实，那也应当从金融法律本身去寻找原因，归根到底，是金融法律本身没能引导大众对法治精神与理念形成积极正面的理解、认知与诉求。

当前，湖北省地区经济与金融业发展面临于百年未有的大机遇中，但由于制定金融法规本身具有一定的惰性和抵制力，因此极易造成其正义价值和秩序价值的缺失或者低度融合。研究发现，当正义价值和秩序价值不能实现高度融合时，政府往往选择牺牲正义价值，最终达成秩序价值。因此，从应然法层面来看，其地方金融法规不成熟是大众金融法律意识淡薄的根本原因。

2. 对金融的监督功能未充分发挥

根据金融的法律理论，法律是产生金融不稳定的根源，传统的监管思维可能无法应对全球化趋势下互联网金融诞生和机构投资者崛起等带来的冲击。与此同时，金融业是风险性和专业性均很强的特殊行业，金融法律人员在办案过程中具有较强的独立性和自主权，因此，需要有相应的监督机制对其行为予以约束和规范。也就是说，金融法规的顺利运行不仅需要以完善的金融法规作为前提，还需要完善的法规运行监督机制为金融执法效率和金融司法公正、独立性提供保障。

目前，湖北省的金融法规制度的监督功能未能得以充分发挥。一方面，对金融业的监管还有待进一步完善。与沿海地区发达省（区、市）相比，湖北省的经济金融信息传递存在明显的滞后性，与周边地区间信息传递存在一定的不对称性。信息披露制度的不完善与信息的滞后性和非对称性使得参与金融交易的双方无法及时、准确地获取交易资源信息，从而导致双方交易意愿匹配较为困难、交易效率不够高。此外，其金融交易市场缺乏完善的交易监管规范，不利于维持良好的金融交易秩序。另一方面，对金融法规运行的监管不到位，缺乏机制的约束和规范。这在一定程度上使得金融法规制度无法通过组织监管和市场监管来防范市场风险、降低交易成本及提高市场效率。

3. 相关专业人才队伍建设不完善

人才是第一生产力，地方金融法规制度的高效实施需要大量既懂金融又懂法律的复合型金融法律人才。显然，湖北省的金融法律人才队伍建设还不够完善，导致专业人才供求不匹配，在一定程度上阻碍了地方金融法规制度的高效实施。

人才队伍建设主要包括人才培养、人才引进和人才交流三个方面，培养、引进高素质金融法律人才并适当开展人才交流活动，不仅是地方金融法律人才队伍构建和帮助金融法律人才实现自身价值的重要措施，也是实现地方金融法规制度高效运行的基本途径。首先，湖北省对金融法律人才的培养机制不够健全。一是针对高素质金融法律人才的职业教育基础有待夯实；二是法律机构往往重人才出身而忽视人才潜在能力、重法律业务开拓而忽视人才职业生涯规划，无法将金融法律制度运行效率与金融法律人才自身价值有机融合起来。其次，健全的金融法律人才引进机制包括完善的金融法律人才激励机制、强大的金融法律人才引进资金支持和健全的金融法律人才服务保障机制等多项内容。目前，湖北省对金融法律人才的激励机制和服务保障机制还不够完善，对复合型金融法律人才引进的资金支持力度与发达省（区、市）相比相对较小，而且在人才引进的过程中缺乏一定柔性，对高层次金融法律人才的吸引力不足。最后，虽然湖北省的金融专业人才和法律专业人才越来越多，但既懂金融又懂法律的复合型人才依然较为稀缺，究其原因，湖北省地区的法律机关和金融法律人才与金融机构、金融监管部门、高校及发达地区法律机关和金融法律高级人才间的交流机制不健全，导致法律人才的金融素养拓展不足。

二、湖北省金融集聚面临的法律制度约束

法律制度体系中的金融法律制度作为金融制度正式约束的一个重要方面，对我国全面深化改革具有重要的推动作用，也给金融机构、资金和人才等金融资源集聚带来了重大影响。与发达国家相比，我国金融法律制度建设较为落后。首先，我国金融立法工作起步较晚，大多数金融立法从 1995 年才正式启动；其次，在经历了一系列金融制度变迁之后，部分金融法律法规已无法适应现代金融发展的需要，有待重新修订；最后，因监管机构和司法

体系的金融执法能力偏弱，金融法治环境不够优化。而湖北省的金融法律环境同样不够优化，这在一定程度上制约了其金融资源的聚集活动。

其一，湖北省在有关资产业务管理、抵押担保和产权转让等方面的地方性金融法规制度都还不够完善，这使得金融市场参与主体的合法权益得不到有效保护，在一定程度上制约了金融集聚。徐云松通过实证研究发现，完善投资者权益保护法，提高地区法治效率和司法水平，能够显著促进区域金融发展。[156]湖北省的地方性法规建设相对滞后，与沿海地区发达省（区、市）间存在明显差距，为金融集聚所需的金融生态环境提供的法律保障水平有待进一步提升。

其二，湖北省的金融执法效率相对较低，无形中降低了其金融资源的配置效率。已有研究结果显示，执法效率越高越有利于提高金融资源分配效率、降低金融交易成本、提升金融市场主体权益保护程度，从而使得银行信贷更倾向于分配给私人经济部门并加速金融资源的流动，进而有利于形成金融要素市场的竞争格局。根据王小鲁和樊纲等编制的《中国分省份市场化指数报告》中的数据，湖北省的中介组织发育和法治环境得分远低于广东、北京、天津、上海、浙江、江苏等发达省（市）。相比较而言，湖北省的金融执法效率偏低，且国有企业占主导地位，而东部沿海地区发达省（区、市）的私营经济较发达，因此，资金仍然存在向东部沿海发达地区流动的趋势，同时，金融机构和专业人才也会被更高的权益保护程度所吸引。

其三，在金融司法环境方面，因湖北省具备丰富金融知识的高素质司法人才仍相对缺乏，所以这在一定程度上影响了司法的公正性，阻碍了金融资源的流入。已有研究表明，司法水平能够显著提升地区金融发展水平，且发达地区司法环境比落后地区对区域金融发展水平具有更高的促进效应，究其原因，发达地区市场化程度更高、市场经济体系更完善、司法环境更优化，从而使得发达地区的金融产权保护程度及市场主体权益保护程度都明显优于落后地区，大大增强了发达地区对各类金融资源的吸引力。[156]目前，湖北省的司法环境不够优化，对金融资源的吸引力存在较大提升空间，因此需充分重视司法环境对金融机构、资金、人才等金融资源集聚的正向作用。

综上所述，受我国社会独特的二重制度结构及金融改革服务于整体改革并滞后于整体改革进程的影响，国家偏好成为制度安排的决定因素，金融制度同样须遵从国家偏好而设定。为了更好地服务于国家偏好的经济增长方式并实现国家租金最大化的发展目标，国家拥有对金融业的绝对控制力。在当前的金融体制机制下，金融集聚相关制度的需求来自地方，而制度的供给却由中央主导，从而诱发湖北省长期面临着金融集聚的制度供求主体不匹配的问题，加之受我国“强制性+渐进式”的制度变迁模式及其“路径依赖”特性带来的制度刚性、时滞效应及高昂的制度创新成本等影响，湖北省在金融集聚过程中对制度产生的需求未能得到有效满足，存在明显的制度供给缺口，这在一定程度上制约了其金融集聚水平的提升。此外，在国家统筹发展的大局下，东部沿海发达地区的制度优势给自身带来循环累积效应的同时，对落后地区的金融资源产生了虹吸效应，从而形成了金融集聚的马太效应，致使湖北省金融集聚水平在全国格局中的地位不够理想，金融业改革成效大打折扣。从产权制度、市场制度和法律制度角度来看，因“契约交易基础薄弱、产权功能发挥有限及产权结构不甚合理，市场准入门槛比较高、市场化交易基础薄弱及市场监管体制不健全，法律意识淡薄、法律监督功能不健全及法律人才队伍建设不完善”等问题的存在，湖北省的金融资源集聚面临着不容忽视的制度供求矛盾，具体表现为功能不完善、体制不健全的产权制度供给与产权多元化、安全性和流转性的需求不匹配，信贷资金偏爱大型国有企业、多层次资本市场功能不完善、国际金融业务创新空间有待拓展的市场制度供给与不断增强的银行信贷、资本市场资金融通和国际金融业务制度需求不匹配，法律制度当前的建设水平、执法效率和司法环境与不断增强的完善地方性法规、提高执法效率和优化制度环境的需求不匹配。当然，这背后也折射出湖北省地区存在经济因素方面的一些不足，如产业结构不合理等，而经济因素方面的不足导致了制度创新成本偏高、金融集聚的内生机制不健全，从而不利于充分发挥制度的催化作用，无法形成地方经济发展与金融集聚的良性互动循环。

第七章　制度对金融集聚的因果效应与中介效应实证检验

金融集聚的影响因素有很多，和区位、经济因素一样，制度也是影响金融集聚的关键因素。学者们在地区经济增长的制度影响因素研究方面已取得诸多成果，不仅在经济增长模型中加入了各种制度性变量，还成功构造了地区经济增长差距的政策解释模型，这些成果对本书关于金融集聚问题的制度分析具有一定的启发。根据制度经济学的观点，制度通过界定人们的选择空间和规范人们的行为，发挥制度的激励与约束功能，减少交往过程中的不确定性、降低交易成本、保护产权等，进而促进生产活动、金融发展和经济增长。但具体到制度因素如何影响金融集聚的文献则较为少见，在前述内容分析制度变迁的区域差异如何影响金融集聚空间非均衡的基础上，本章将进一步借助计量模型来实证检验制度因素对金融集聚的影响与中介效应。

第一节　研究设计、变量选取与模型设定

一、研究设计

根据第三章关于制度对金融集聚的影响机理分析，产权制度、市场制度和法律制度等制度因素会对金融集聚产生重要影响，具体表现为，产权制度、市场制度和法律制度等形成的制度环境越优化，越有助于营造公平的竞争环境、降低经营成本、提高企业利润及居民收入和消费水平，从而推动金融机构、资金、专业人才等金融资源在区域内集聚。改革开放以来，中国制度环境不断得以优化，金融机构、资金、人才、技术和信息等资源在各个地区快速集聚，但金融集聚水平存在较大差异。

基于前述内容的理论分析及 2006—2019 年的面板数据，本章首先借助

面板模型和变系数模型，重点检验制度因素对金融集聚是否存在显著影响，且制度环境对金融集聚的影响是否存在区域异质性、阶段异质性和个体异质性。

考虑到走金融集聚发展之路的必要性和紧迫性、制度环境对金融集聚的重要影响及其区域异质性，在制定金融集聚提升路径时必须结合地方实际，实施有针对性的制度环境优化策略。那么，制度环境对金融集聚作用的机制和路径是什么呢？根据第三章关于制度对金融集聚的影响机理分析，产权制度、市场制度和法律制度等制度因素不仅能够直接影响金融集聚，还可能通过促进产业结构优化升级、推进城镇化进程和提高信息化水平等作用路径，对金融集聚产生间接影响。本章继而基于不同维度制度指数的测度结果，分别考察产权制度、市场制度、法律制度对金融集聚的中介效应。

借鉴马勒（Muller）[170]、温忠麟[171]和刘晨跃等[172~174]的做法，将中介效应模型分三个步骤对中介效应进行检验：首先，在不添加中介变量的情况下，核心解释变量对被解释变量的影响是显著的；其次，核心解释变量对中介变量的直接影响是显著的；最后，在添加所有变量之后，不仅表现为中介变量对被解释变量的影响显著，而且核心解释变量对被解释变量的影响程度下降或者不显著。

二、变量选取

（一）被解释变量

被解释变量为金融集聚水平。根据研究需要，本书第四章构造了中国省（区、市）金融集聚水平的评价指标体系，即银行业、证券业和保险业三个准则层共计 15 项指标，采用熵值法计算得出。

（二）核心解释变量

核心解释变量为制度因素。根据研究需要，前述内容构造了中国省（区、市）制度环境的评价指标体系，即产权制度、市场制度和法律制度三个准则层共计 13 项指标，采用熵值法计算得出产权、市场、法律制度分指数及制度环境总指数。其中涉及的市场化指数借鉴杨旭等的处理思路，用 2016 年的数据来反映 2017 年的水平，其他年份以此类推[175]，并借助趋势推延至 2019 年。

（三）中介变量

基于第三章关于制度对金融集聚的影响机理分析，检验产权制度、市场制度和法律制度是否能够通过促进产业结构优化升级、推进城镇化进程和提高信息化水平等作用路径对金融集聚产生中介效应。本书选择产业结构优化升级、信息化水平和城镇化水平作为中介变量，选取及处理过程如下。

1. 产业结构优化升级

不断优化的制度环境可促进产业结构优化升级，进而启动内生金融机制，促进金融资源集聚。王梓利等基于铁路和高速公路的证据，研究交通基础设施对金融集聚的影响机理，结果显示，交通基础设施的改善能够通过产业结构调整促进金融资源在区域内集聚，从而建议通过打破制度壁垒、提供优惠政策、完善跨区域交通基础设施等来减轻要素流动面临的阻碍。[176] 产业结构优化升级包含产业结构合理化和产业结构高级化两个方面的内容。因此，本书选取产业结构合理化水平（X_1）和产业结构高级化水平（X_2）两个指标来衡量产业结构优化升级。

产业结构合理化反映的是各产业间聚合质量——产业结构优化情况，即各产业要素投入结构和产出结构的耦合程度。学者们一般采用结构偏离度对耦合度进行衡量，但考虑到这种计算方法忽视了各产业在经济体中重要程度的差异，而泰尔指数这一测算方法不仅考虑到了各产业的相对重要程度，还能保留结构偏离度的理论与经济含义，避免绝对值的计算，因此，本书借鉴干春晖等的做法，用泰尔指数测算要素投入结构和产出结构间的耦合程度以衡量产业结构合理化水平（X_1）[177]，计算公式如式（7.1）所示：

$$X_1 = \sum_{i=1}^{n}\left(\frac{Y_i}{Y}\right)\ln\left(\frac{Y_i}{L_i} / \frac{Y}{L}\right) \tag{7.1}$$

式中：X_1 表示产业结构合理化水平；Y 表示产值；L 表示就业；i 表示产业；n 表示产业部门数。若泰尔指数不为 0，则意味着产业结构偏离了均衡状态，产业结构不甚合理。

产业结构高级化反映的是产业结构升级情况，已有文献多根据克拉克定律并采用非农业产值比重作为产业结构升级的衡量方法，但伴随着信息技术革命对主要工业化国家产业结构带来的巨大冲击，经济结构出现了“经济服务化”的演变趋势，无疑，传统的衡量方法无法反映这一经济结构新动向。

考虑到吴敬琏曾指出第三产业的增长率快于第二产业的增长率是“经济服务化”过程中的一个典型事实[178]，本书借鉴干春晖等的做法，用第三产业产值与第二产业产值之比来衡量产业结构高级化水平（X_2）[177]。相对于传统衡量方法，此方法能够更清楚地反映经济结构的服务化倾向，更明确地描述产业结构的“服务化”发展方向。如果 X_2 值呈上升趋势，则意味着经济结构的服务化倾向更突出，同时产业结构处于升级状态。

2. 城镇化水平（X_3）

不断优化的制度环境有助于推进城镇化进程，进而启动内生金融机制，促进金融资源集聚。已有文献研究发现，城镇化和经济发展间的关系非常密切，土地城镇化和人口城镇化均能显著促进经济增长，城镇化不仅可以通过资源集聚效应提高城镇经济效率，而且可以通过辐射效应带动周边地区经济发展，反过来，经济发展也为推进城镇化进程奠定了坚实的基础。[179，180] 基于此，学者们进一步研究发现，城镇化与金融集聚间的关系也相当紧密。[181] 一方面，因城镇化与经济发展的关系尤为密切，推进新型城镇化建设成为我国“十四五”时期的重大发展战略之一。[182] 王小鲁认为制度变迁对我国城镇化进程的影响相比西方国家更加突出，且制度政策体系与经济发展阶段等因素共同决定着城镇化模式与水平。[183] 可见，政府与制度是推进我国新型城镇化不可忽视的因素[184]，如何紧密围绕国家战略目标与高度契合经济社会发展特征，进行机制体制改革与设计精准化政策措施，成为推进新型城镇化进程并实现经济高质量发展亟待解决的重大问题。另一方面，城镇化对金融集聚的影响尤为显著。连平研究发现，城镇化可为金融集聚创造必要而广阔的需求空间[185]，郑建锋等对这一观点表示赞同，并指出世界知名金融集聚中心均集中于城镇化水平较高的地区[186]。陈立泰研究发现，城镇化带来的知识溢出、自然资源、运输成本、外商直接投资、信息技术以及城市规模变化等都是金融集聚的重要影响因素。[187] 王如玉等则从空间视角出发，通过搭建金融空间结构理论框架，实证检验了我国金融集聚与城市层级的正向匹配关系，进而指出提升城市层级是打造金融中心的必要前提。[188] 参考卓乘风等的做法，本书选取城镇人口占总人口的比重表征城镇化水平[189]，研究其对金融集聚的中介效应。

3. 信息化水平（X_4）

不断优化的制度环境有助于提升信息化发展水平，进而启动内生金融机制，促进金融资源集聚。20 世纪 70 年代以来，信息技术革命给全球经济带来了巨大影响，金融领域也发生了翻天覆地的变化，计算机技术、通信技术、互联网技术等为金融集聚创造了极大的便利。李羚研究发现，信息化时代背景下，区域互联网发展成为金融集聚的重要影响因素之一。[190] 陈庆江等认为，信息化发展能够给资源行业带来先进的技术，不仅能节约资源行业对生产要素的消耗，还有助于提高资源企业内部和资源产业间及内部的资源配置效率。[191] 钱雪松等研究发现，互联网技术越发达，融资成本越低。[192] 李刚等认为，在互联网金融发展背景下，信息技术与传统金融业的深度融合有助于提升微观金融服务效率，提高其甄别、量化和化解金融风险的能力，增强金融中心的金融集聚效应。[133] 根据世界信息技术与服务联盟的权威界定，现代信息技术包括计算机软硬件与服务、通信设施与服务、办公设备及其他公共（私人）机构在信息与通信技术上的消费等领域。虽然信息技术因素与互联网因素对金融集聚的影响类似，但鉴于信息技术比互联网的范畴更大，因此本书采用信息技术来衡量信息化水平，进而考察信息化水平在制度环境与金融集聚间的传导作用。参考李红等的做法，本书采用各省（区、市）用于信息传输、计算机服务和软件业的固定资产投资额在全社会固定资产投资额中的比重来反映其信息技术发展水平 [193]。

（四）控制变量

参考已有文献可知，金融集聚水平除了会受制度因素的影响外，还会受到科技创新水平、人力资本、城市环境、消费水平和市场规模等因素的影响 [5，20，24~27，99，176]。在进行实证检验时，为了对会给金融集聚产生影响的其他变量予以控制，尽可能避免由模型选择导致的遗漏变量带来的内生性问题，消除其他影响金融集聚的因素对计量结果造成的偏误，故选取科技创新水平、人力资本、城市环境、消费水平和市场规模作为主要控制变量。

1. 科技创新水平（$tech_{it}$）

考虑到科技创新水平会对金融资源聚集产生影响，且往往表现为科技创新水平越高，越有助于金融集聚，因此本书采用规模以上工业企业 R&D 经费占 GDP 的比重来衡量科技创新水平。

2. 人力资本（edu_{it}）

考虑到劳动力素质是影响金融集聚的重要因素，而人力资本直接决定了劳动力素质的高低，因此本书采用每十万人口中高校在校生数来衡量各省人力资本。

3. 城市环境（urb_{it}）

城市环境是金融专业人才择业时会考虑的一个重要因素，因此会在一定程度上影响金融集聚，本书采用城市人均道路面积数据来表征各省城市环境。

4. 消费水平（con_{it}）

因消费水平在很大程度上决定了该地区内生金融机制功能的健全程度，从而对金融集聚水平产生重要影响，故本书采用城镇居民人均可支配收入的增长率来表征各省消费水平。

5. 市场规模（mar_{it}）

市场规模越大，对金融服务的需求越大，越有助于金融集聚，故本书采用社会消费品零售额的增长率来表征各省市场规模。

其中，金融集聚水平、制度环境指数及产权制度、市场制度、法律制度指数分别参考本书第四章第三节和第五章第一节测算出来的结果，产业结构合理化与高级化水平根据历年中国统计年鉴中的产业相关数据计算求得，城镇居民人口数、总人口数、规模以上工业企业 R&D 经费、GDP、每十万人口中高校在校生数、城市人均道路面积、城镇居民人均可支配收入、社会消费品零售额及用于信息传输、计算机服务和软件业的固定资产投资额等数据均来源于 Wind 数据库，部分缺失数据采用线性插值法补充。因用于信息传输、计算机服务和软件业的固定资产投资额仅更新至 2017 年，本书借助趋势推延法将其推延至 2019 年。此外，相关现价数据按照 2006 年不变价格进行了平减处理。

三、模型设定

（一）因果效应模型设定

选取中国 30 个省（区、市）2006—2019 年的面板数据，检验制度因素对金融集聚水平的促进效应是否存在。设定面板回归模型，具体形式如式（7.2）所示：

$$agglomeratit = \beta_0 + \beta_1 institution_{it} + \beta_2 tech_{it} + \beta_3 edu_{it} + \beta_4 urb_{it} + \beta_5 con_{it} + \beta_6 mar_{it} + \mu_{it} \quad (7.2)$$

式中：$agglomerat_{it}$ 表示金融集聚水平；$institution_{it}$ 表示制度环境；$tech_{it}$ 表示科技创新水平；edu_{it} 表示人力资本；urb_{it} 表示城市环境；con_{it} 表示消费水平；mar_{it} 表示市场规模；$\beta_0 \sim \beta_6$ 为待估的参数；μ_{it} 为随机误差项；i 表示省（区、市）；t 表示年份。

（二）中介效应模型设定

首先，以金融集聚水平为被解释变量，产权制度、市场制度和法律制度三个制度因素为核心解释变量，来验证制度因素对金融集聚的直接效应。设定模型来验证中介效应存在的第一个条件，模型具体形式如式（7.3）所示：

$$agglomerat_{it}=\alpha_0+\alpha_1 institution_{it}+\alpha_2 control_{it}+\varepsilon_{it} \quad (7.3)$$

式中：$agglomerat_{it}$ 表示金融集聚水平；$institution_{it}$ 表示制度因素（包括产权制度 X_1、市场制度 X_2、法律制度 X_3）；$control_{it}$ 表示一系列控制变量（包括科技创新水平、人力资本、城市环境、消费水平和市场规模）。若 α_1 系数显著，则说明核心解释变量（制度因素）对被解释变量（金融集聚水平）的影响是显著的，因而满足中介效应的第一个条件。

然后，设定模型（2）验证中介效应存在的第二个条件，具体形式如式（7.4）所示：

$$M =\alpha_0+\beta_1 institution_{it}+\beta_2 control_{it}+\varepsilon_{it} \quad (7.4)$$

式中：M 为中介变量，包括产业结构合理化（M_1）、产业结构高级化（M_2）、城镇化水平（M_3）和信息化水平（M_4）。若 β_1 系数显著，则说明核心解释变量（制度因素）对中介变量（产业结构合理化、产业结构高级化、城镇化水平、信息化水平）的影响是显著的，因而满足中介效应的第二个条件。

进一步构建模型（3）来验证中介效应存在的第三个条件是否满足，模型具体形式如式（7.5）所示：

$$agglomerat_{it}=\alpha_0+\delta_1 institution_{it}+\delta_2 M +\delta_3 control_{it}+\varepsilon_{it} \quad (7.5)$$

假如 δ_1 显著下降或者变得不显著，同时 δ_2 通过显著性检验，即核心解释变量对被解释变量的影响显著下降或者不显著、中介变量对被解释变量的影响是显著的，则满足中介效应的第三个条件。与此同时，为了更加深入地探究制度因素对金融集聚的影响路径，本书将分别计算直接效应和间接效应在不同路径中的占比。具体分为两种情形：如果 δ_1 的显著性直接变得不显著，则意味着此路径的中介效应是完全的；如果 δ_1 仍然显著，只是显著性水平有所下降，则意味着这一路径的中介效应是部分的，且中介效应的大小为 $\beta_1\delta_2/(\beta_1\delta_2+\delta_1)$。制度对金融集聚的中介效应模型的具体检验步骤如图 7-1 所示。

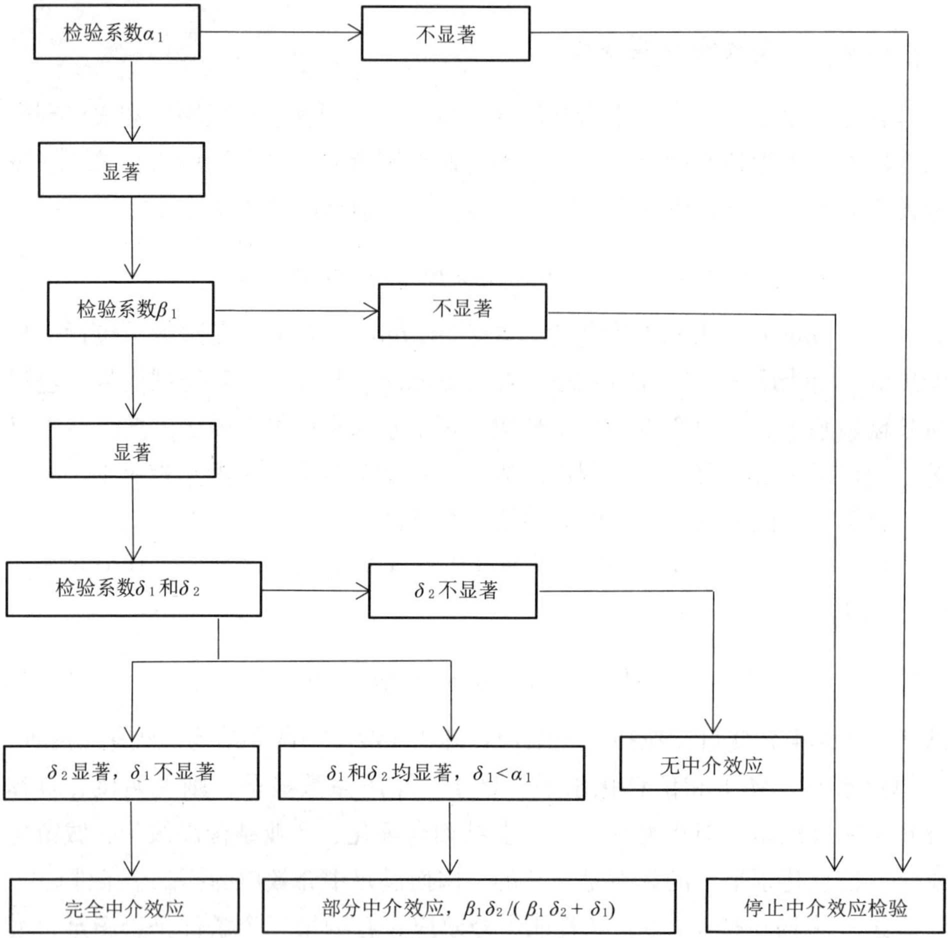

图 7-1　制度对金融集聚的中介效应模型检验步骤

第二节　因果效应实证结果分析

一、描述性统计

首先，对包括被解释变量、核心解释变量、中介变量和控制变量在内的所有变量进行描述性统计，具体结果如表 7-1 所示。

表 7-1　主要变量的描述性统计（全国）

	变量	观测值	平均值	标准差	最小值	最大值
被解释变量	金融集聚水平	420	0.2016	0.1431	0.0012	0.8341
核心解释变量	制度环境	420	0.2380	0.1419	0.0731	0.7813
	产权制度	420	0.5386	0.1425	0.1079	0.7984
	市场制度	420	0.2673	0.1546	0.0764	0.8100
	法律制度	420	0.1027	0.0993	0.0116	0.5469
中介变量	产业结构合理化	420	23.4071	14.2096	1.6896	75.6368
	产业结构高级化	420	1.0629	0.5984	0.4996	4.4322
	城镇化水平	420	54.6577	13.5658	27.4900	89.6000
	信息化水平	420	1.3431	0.8629	0.0432	5.1913
控制变量	科技创新水平	420	0.9220	0.5331	0.0100	2.2143
	人力资本	420	2458.46	950.764	904.000	6897.00
	城市环境	420	14.2433	4.6497	4.0400	26.1962
	消费水平	420	24895.7	11435.98	8871.27	73849.00
	市场规模	420	7735.549	7269.217	183.946	42951.75

二、基本回归

（一）制度环境回归结果

为提高回归结果的可靠性，此处分别采用个体固定效应模型、个体时点双固定效应模型、时点固定效应模型、混合效应模型、可行广义最小二乘（FGLS）估计模型、随机效应 MLE 模型和随机面板 Tobit 模型进行拟合，根据拟合结果进而选择最优模型。一方面，进行豪斯曼检验，在给定 5% 的显著性水平下拒绝原假设，故应采用固定效应模型；另一方面，考虑到固定效应有个体固定效应和时点固定效应，故分别进行检验，在给定 5% 的显著性水平下，结果发现个体效应和时点效应均不能忽视。同时，结合各种模型的 R^2、赤池信息量和贝叶斯信息量的值进行比较，最终选取个体时点双固定效应模型为最优模型。此外，考虑到可能存在的异方差问题，故对所有变量均进行了取对数处理。

从回归结果可以看出（表 7-2），制度环境在 1% 的水平下显著为正，表明制度环境对金融集聚具有显著的促进作用，且制度环境指数每提高 1%，金融集聚水平就会提升 0.452%。控制变量中，科技创新水平、人力资本和市场规模对金融集聚具有显著的促进作用，城市环境和消费水平则轻微抑制了金融集聚水平的提升。具体而言，科技创新水平在 5% 的显著性水平下显著为正，且科技创新水平每提升 1%，金融集聚水平就会提高 0.0187%；人力资本在 1% 的显著性水平下显著为正，且人力资本每提升 1%，金融集聚水平就会提高 0.295%；市场规模在 1% 的显著性水平下显著为正，且市场规模每提升 1%，金融集聚水平就会提高 0.0805%；城市环境在 5% 的显著性水平下显著为负，且人均道路面积每提升 1%，金融集聚水平就会降低 0.00501%，这意味着城市密集度高的地区仍然比密集度低的地区更容易吸引金融专业人才，印证了高素质金融专业人才更倾向于选择密集度较高的北上广等大型城市的现实情形；消费水平在 5% 的显著性水平下显著为负，消费水平每提升 1%，金融集聚水平就会降低 0.0482%，这可能与消费和支付方式的变化有关。伴随着互联网金融的迅速繁荣，消费者的消费与支付方式发生了翻天覆地的变化，给传统金融市场带来了巨大冲击。

表 7-2　制度环境对金融集聚影响的回归结果（全国层面）

变量	模型（1）	模型（2）	模型（3）	模型（4）	模型（5）	模型（6）	模型（7）
	个体固定效应	个体时点双固定效应	时点固定效应	混合效应	FGLS	随机效应 MLE	tobit
制度环境	0.538*** （4.41）	0.452*** （5.25）	0.468*** （4.43）	0.376*** （8.03）	0.466*** （3.95）	0.504*** （9.65）	0.504*** （9.65）
科技创新水平	0.0950*** （2.92）	0.0187** （2.39）	0.101*** （3.17）	0.0121 （0.94）	0.0676** （2.09）	0.0770*** （5.73）	0.0770*** （5.73）
人力资本	0.0554 （0.88）	0.295*** （3.11）	0.0968* （1.81）	0.270*** （2.86）	0.135** （2.01）	0.111* （1.91）	0.111* （1.91）
城市环境	−0.100*** （−2.90）	−0.00501** （−2.53）	−0.0760** （−2.22）	0.00242 （0.25）	−0.0639*** （−2.87）	−0.0813*** （−4.08）	−0.0813*** （−4.08）
消费水平	0.237*** （4.49）	−0.0482** （−2.02）	−0.0414 （−0.28）	0.0184** （2.04）	0.0761*** （3.29）	0.115*** （3.91）	0.115*** （3.91）
市场规模	−0.0878** （−2.73）	0.0805*** （14.25）	−0.127** （−2.29）	0.0814*** （14.47）	0.0353** （2.38）	0.00603 （0.27）	0.00603 （0.27）
_cons	−1.386*** （−5.54）	−0.149 （−0.34）	1.497 （0.93）	−0.791*** （−9.46）	−0.875*** （−5.63）	−0.990*** （−8.75）	−0.990*** （−8.75）
N	390	390	390	390	390	390	390
AIC	−1564.5	−1029.7	−1635.5	−1030.9		−1375.6	−1375.6
BIC	−1540.7	−954.3	−1564.2	−1003.1		−1339.9	−1339.9
R^2	0.797	0.819	0.841	0.808			
F	52.84	71.49	52.82	136.9			
P	2.65×10^{-14}	1.38×10^{-108}	2.16×10^{-17}	4.61×10^{-92}	9.62×10^{-43}	7.88×10^{-78}	2.64×10^{-286}

注：（ ）内数值为 t 值，*、**、*** 分别表示在 10%、5%、1% 的水平下通过显著性检验。

由全国层面制度环境对金融集聚影响的回归结果可知，和前述理论分析的结果一致，制度环境确实对金融集聚水平产生了重要的推动作用，因此未来需进一步通过制度创新增加制度容量，营造良好的金融集聚制度环境。但同时需要注意的是，在金融集聚发展过程中，需注重采取合理的措施减轻地方财政压力及其对金融功能发挥的抑制作用，抓住互联网金融发展机遇以增强对金融资源的吸引力；另外，还需思考在区域协调发展和普惠金融发展的新时代背景下，如何依托新型城镇化建设和城市群发展改变金融资源在一线城市过于密集的现状，在提升整体金融集聚水平的同时，改善金融专业人才所处的城市环境并提升个人幸福感。

（二）分项制度回归结果

为进一步考察各项制度因素对金融集聚的影响特征，本书采用个体时点双固定效应模型分别对“产权制度、市场制度、法律制度对金融集聚的影响”进行回归。

根据表 7-3 的回归结果可知，产权制度在 5% 的显著性水平下显著为正，这意味着产权制度对金融集聚具有显著的促进作用，且产权制度指数每增加 1%，金融集聚水平就会提升 0.0433%；市场制度在 5% 的显著性水平下显著为正，这意味着市场制度对金融集聚也具有显著的促进作用，且市场制度指数每增加 1%，金融集聚水平就会提升 0.316%；法律制度在 1% 的显著性水平下显著为正，这意味着法律制度对金融集聚同样具有显著的促进作用，且法律制度指数每增加 1%，金融集聚水平就会提升 0.521%。此外，从回归系数的大小来看，法律制度的系数最大（为 0.521），市场制度次之（为 0.316），产权制度最小（为 0.0433），这表明在样本考察期内，法律制度对金融集聚水平的影响程度最大，对产权制度的影响程度最小，可知目前产权制度对金融集聚应有的促进作用还远未充分发挥。

表 7-3　分项制度对金融集聚影响的回归结果（全国层面）

变量	产权制度	市场制度	法律制度
产权制度	0.0433** （2.02）		
市场制度		0.316** （2.55）	
法律制度			0.521*** （6.71）

续表 7-3

变量	产权制度	市场制度	法律制度
科技创新水平	0.112*** (3.39)	0.117*** (3.67)	0.0931*** (3.18)
人力资本	0.130* (1.83)	0.152** (2.41)	0.100* (1.75)
城市环境	−0.0966** (−2.33)	−0.0708* (−1.81)	−0.0483 (−1.44)
消费水平	−0.137** (−1.96)	−0.101* (−1.77)	−0.00346 (−0.03)
市场规模	−0.129* (−1.76)	−0.0762 (−1.06)	−0.0734 (−1.34)
_cons	2.579 (1.65)	1.844 (1.28)	0.732 (0.49)
N	390	390	390
AIC	−1552.8	−1597.6	−1693.3
BIC	−1481.4	−1526.2	−1621.9
R^2	0.803	0.824	0.863
F	31.16	31.91	61.45
P	2.91×10^{-14}	2.12×10^{-14}	2.64×10^{-18}

注：( ) 内数值为 t 值，*、**、*** 分别表示在 10%、5%、1% 的水平下通过显著性检验。

由全国层面分项制度对金融集聚影响的回归结果可知，产权制度、市场制度和法律制度均对金融集聚水平具有正向推动作用。因此，在金融集聚发展的过程中，一方面需继续通过增强法治建设和深化市场化改革来进一步提升法律制度和市场制度对金融集聚水平的促进作用，另一方面尤应注意通过混合所有制改革进一步引入多种形式的非国有产权，激发金融体制机制活力，充分发挥产权制度促进金融集聚应有的作用。

三、异质性检验

（一）区域异质性

因各地区金融集聚水平和制度环境均存在较大差异，制度环境对金融集聚的影响也可能存在差异，故将 30 个省（区、市）划分为沿海、内陆和沿边三大区域，基于个体时点双固定效应模型分别进行回归，考察制度环境影响金融集聚的区域异质性特征。

根据表 7-4 显示的回归结果，沿海、沿边和内陆地区的制度环境在 1%、5% 和 1% 的显著性水平下显著为正，这表明沿海、沿边和内陆地区的制度环境均对金融集聚具有显著的促进作用；从回归系数来看，内陆地区的系数最大（为 0.948），沿海地区次之（为 0.671），沿边地区最小（为 0.455），这表明内陆地区制度环境对金融集聚的影响最大，沿边地区制度环境对金融集聚的影响最小，这意味着受边际报酬递减规律的影响，制度环境的金融集聚边际效应在达到一定水平后会开始递减，目前沿海地区制度环境的金融集聚边际效应处于递减阶段，而内陆地区仍可能处于递增阶段，沿边地区则远未达到制度环境的金融集聚边际效应的拐点，因此需进一步优化沿边地区的制度环境。

表 7-4　制度环境对金融集聚影响的回归结果（分区域回归）

变量	沿海	沿边	内陆
制度环境	0.671*** （5.38）	0.455** （2.70）	0.948*** （5.45）
控制变量	控制	控制	控制
_cons	−0.321*** （−3.91）	−0.124*** （−5.15）	−0.0825** （−2.96）
N	130	91	169
AIC	−393.9	−474.6	−771.2
BIC	−382.4	−464.6	−758.7
R^2	0.761	0.752	0.766
F	19.48	37.14	21.43

注：（ ）内数值为 *t* 值，*、**、*** 分别表示在 10%、5%、1% 的水平下通过显著性检验。

由制度环境对金融集聚影响的分区域回归结果可知，制度环境的金融集聚边际效应符合边际报酬递减规律，且沿海地区制度环境的金融集聚边际效应目前正处于递减阶段，内陆和沿边地区则处于递增阶段，但内陆地区的边际效应要远高于沿边地区。由此可见，沿海、沿边和内陆地区在制度环境对金融集聚的影响上，既存在共性，又存在明显差异。中国金融业 40 年来的高速增长，依靠的是制度要素投入增加的“效率型”模式，沿海地区因制度红利集全国之力实现了飞跃式发展。然而，在沿海地区金融业快速发展带来了整体发展水平提升的同时，也带来了突出的区域金融业发展不平衡问题。随着我国经济发展进入“结构性减速”新常态，面对制度对沿海地区金融集聚的边际效应呈现出递减特征，如何调整下一步制度改革的重点和方向，对包括湖北省在内的金融集聚水平偏低的内陆和沿边地区省（区、市）来说尤为重要。合理的制度改革方案不仅是实现制度要素投入增加的“效率型”模式功能正常发挥的关键，也是实现区域金融协同发展的关键。

（二）阶段异质性

以 2013 年为界，基于个体时点双固定效应模型分别进行回归，探讨不同阶段制度环境对金融集聚的影响。根据表 7-5 的回归结果可知，两个阶段的制度环境均在 1% 的显著性水平下显著为正，这表明 2013 年前后两个阶段的制度环境均对金融集聚具有显著的促进作用；从回归系数来看，在 2006—2012 年为 0.315，在 2013—2019 年为 1.011，后一阶段比前一阶段平均增加了 0.696，这意味着相较于前一阶段，2013 年之后的制度环境对金融集聚的影响程度出现大幅提升，制度环境对金融集聚的影响存在阶段异质性。究其原因，“一带一路”倡议的提出明显改善了“一带一路”沿线省（区、市）的制度环境，特别是“丝路”沿线省（区、市）多属于制度环境的金融集聚边际效应处于递增阶段的内陆和沿边地区省（区、市），从而使得制度环境对金融集聚的影响程度出现大幅提升。

表 7-5　制度环境对金融集聚影响的回归结果（分段回归）

变量	2006—2012 年	2013—2019 年
制度环境	0.315*** （3.94）	1.011*** （8.84）
控制变量	控制	控制
_cons	−0.0304 （−1.66）	−0.150*** （−3.23）
N	180	210
AIC	−1043.8	−866.1
BIC	−1031	−852.7
R^2	0.759	0.539
F	32.12	34.41
P	2.84×10^{-10}	1.27×10^{-10}

注：（ ）内数值为 t 值，*、**、*** 分别表示在 10%、5%、1% 的水平下通过显著性检验。

由制度环境对金融集聚影响的分阶段回归结果可知，“一带一路”建设给沿线省（区、市）制度环境优化及金融集聚发展带来了显著的积极影响，对于地处内陆和沿边落后地区的大多数“一带一路”沿线省（区、市）而言，“一带一路”建设更是其借助制度创新促进金融业发展的千载难逢的机会。作为“一带一路”节点城市的武汉，是湖北省融入“一带一路”建设的重要纽带。基于此，湖北省应以制度建设为基石，抓住内陆和沿边地区制度环境对金融集聚的边际效应仍未达到拐点的契机，争取在中央的支持下，积极打造支持实体经济发展的区域金融中心，通过发挥其金融集聚效应和辐射功能，为经济高质量发展保驾护航。

（三）个体异质性

本书采用变系数模型，进一步考察制度环境对金融集聚的个体异质性特征及湖北省的制度环境对金融集聚影响的个体特征。

根据表 7-6 中的回归结果，从省（区、市）角度来看，北京、河北、山西、辽宁、吉林、黑龙江、上海、江苏、浙江、安徽、福建、江西、山东、河南、湖北、湖南、广东、四川和陕西 19 个省（区、市）的制度环境系数显著为正，表明这 19 个省（区、市）的制度环境对金融集聚水平具有显著的正向促进作用，不难发现，金融集聚水平常年处于第一和第二梯队的沿海和内陆地区较发达省（区、市）几乎都包含在内。由此可见，制度环境对金融集聚水平的贡献尤为重要。天津、海南、贵州、青海和宁夏 5 个省（区、市）的制度环境系数显著为负，表明这 5 个省（区、市）的制度环境对金融集聚水平具有负向约束作用，亟须进行相应的制度改革以扭转制度环境制约金融集聚水平提升的局面。内蒙古、广西、重庆、云南、甘肃和新疆 6 个省（区、市）的制度环境系数不显著，表明这些省（区、市）的制度环境对金融集聚水平没有显著影响，即制度环境对金融集聚应有的促进作用完全没有发挥出来。从回归的系数大小来看，排在前五位的省（区、市）分别是河北（1.144）、河南（1.130）、山东（1.088）、广东（0.996）和湖北（0.691），可见，湖北省的制度环境对金融集聚水平的边际作用存在较大的提升空间，未来需抓住区域协调发展的契机，进一步完善制度体系建设和优化制度环境，充分发挥其对金融集聚的促进作用，围绕经济高质量发展的目标，打造我国全面开放的重要门户及内陆开放新高地。

表 7-6　制度环境对金融集聚影响的回归结果（分省（区、市）回归）

地区	系数	地区	系数
北京	0.265*** （5.02）	广西	0.145 （1.16）
天津	−0.170** （−2.32）	海南	−0.493*** （−3.79）
河北	1.144*** （8.34）	重庆	0.0333 （0.40）
山西	0.374*** （2.85）	四川	1.247*** （11.85）
内蒙古	−0.0991 （−0.61）	贵州	−0.344** （−2.01）
辽宁	0.629*** （7.27）	云南	0.183 （1.31）
吉林	0.223* （1.87）	陕西	0.352*** （3.41）
黑龙江	0.507*** （4.43）	甘肃	−0.15 （−0.88）
上海	0.144** （2.07）	青海	−1.504*** （−4.22）
江苏	0.651*** （6.57）	宁夏	−0.954*** （−4.52）
浙江	0.512*** （7.51）	新疆	−0.0531 （−0.30）
安徽	0.399*** （3.91）	控制变量	控制
福建	0.214*** （2.75）	_cons	−1.338*** （−12.17）
江西	0.153* （1.68）	N	390
山东	1.088*** （7.22）	AIC	−1571.2
河南	1.130*** （9.09）	BIC	−1428.4
湖北	0.691*** （5.80）	R^2	0.959
湖南	0.511*** （4.27）	F	243.3
广东	0.996*** （10.38）	P	4.14×10^{-225}

注：（ ）内数值为 t 值，*、**、*** 分别表示在 10%、5%、1% 的水平下通过显著性检验。

前述内容验证了制度环境及产权制度、市场制度和法律制度对金融集聚的因果效应，并进一步分析了制度环境对金融集聚影响的区域异质性、阶段异质性和个体异质性及其原因。实证结果不排除在计量模型的构建、实证方法的选取与数据来源的可靠性等方面存在一定的限制，但现有结果确实能在很大程度上反映现实中存在的问题。结合制度环境与金融集聚的现实来看，沿海发达地区的制度环境比内陆和沿边落后地区更优化，金融集聚的制度容量更大，金融交易成本更低，金融资源配置效率更高，对各类金融资源的吸引力更强，金融集聚程度更高。在此背景下，沿海发达地区金融支持实体经济发展的能力更强，非公有制经济更发达，内生金融的机制更健全，从而使得金融业和经济发展实现了良性互动循环，而内陆和沿边落后地区的情况则正好相反。究其原因，一方面，以强制性制度变迁为主的制度变迁方式为沿海地区早期的发展优势创造了重要的初始条件，而制度变迁的路径依赖特性带来的循环累积效应使得沿海地区具备对其他地区金融资源产生虹吸效应的强大优势；另一方面，在“一刀切”的宏观金融政策及国家对金融业拥有绝对控制权的金融机制体制下，湖北省金融集聚对制度产生的需求未能得到有效满足，若不能有效增加制度供给、优化制度环境，将很难扭转其在全国金融集聚格局中的地位长期偏低的局面，更难以充分发挥其金融支持实体经济进而实现经济高质量发展的作用。可见，坚定不移地推进武汉区域金融中心建设是湖北省实现经济高质量发展的必由之路，而发挥制度创新的催化作用是关键。

第三节　进一步：中介效应检验

一、中介效应检验：产权制度

借助中介效应模型，根据本章第一节提到的三个步骤分别考察 2006—2019 年中国 30 个省（市、区）的产权制度、市场制度、法律制度对金融集聚的中介效应。表 7-7 是产权制度对金融集聚的影响机制和路径回归结果。

表 7-7 产权制度对金融集聚的影响机制和路径回归结果

变量	LN*agglomerat*	LNM_1	LNM_2	LNM_3	LNM_4	LN*agglomerat*	LN*agglomerat*	LN*agglomerat*	LN*agglomerat*
LNX_1	0.134*** （3.30）	0.806*** （10.20）	0.0581* （1.29）	0.163*** （8.90）	0.189* （1.77）	0.238 （5.38）	0.125*** （3.11）	0.164 （3.69）	0.115*** （2.92）
LNM_1						0.128*** （5.22）			
LNM_2							0.162*** （3.71）		
LNM_3								0.180* （1.65）	
LNM_4									0.102*** （5.66）
控制变量	控制	控制	控制	控制	控制	控制	控制	控制	控制
_cons	−7.899*** （−14.56）	22.83*** （21.70）	−3.646*** （−6.06）	0.927*** （3.80）	2.687* （1.89）	−4.972*** （−6.47）	−7.308*** （−13.11）	−8.066*** （−14.65）	−8.174*** （−15.56）
N	420	420	420	420	420	420	420	420	420
AIC	1.093	557.5	88.22	−669.3	810.5	−23.72	−10.69	0.321	−28.32
BIC	25.33	581.8	112.5	−645.1	834.8	4.559	17.59	28.6	−0.0372
R^2	0.91	0.642	0.557	0.8	0.145	0.916	0.913	0.911	0.917
F	841.8	148.7	103.9	331.2	14.02	750.5	725.5	704.9	759.5
P	2.35×10^{-214}	4.36×10^{-90}	7.37×10^{-71}	3.30×10^{-142}	1.11×10^{-12}	1.36×10^{-218}	8.22×10^{-216}	1.84×10^{-213}	1.43×10^{-219}

注：（ ）内数值为 t 值，*、**、*** 分别表示在 10%、5%、1% 的水平下通过显著性检验。

根据表 7-7 中的回归结果可知，首先，在未加入中介变量之前，产权制度对金融集聚存在显著影响，系数估计值为 0.134（t=3.30），这表明产权制度对金融集聚的影响满足中介效应的第一个条件。其次，在加入中介变量 M_1（即产业结构合理化）之后，产权制度对产业结构合理化存在显著影响，其系数估计值为 0.806（t=10.20）；加入中介变量 M_2（即产业结构高级化）之后，产权制度对产业结构高级化也存在显著影响，其系数估计值为 0.0581（t=1.29）；加入中介变量 M_3（即城镇化水平）之后，产权制度对城镇化水平也存在显著影响，其系数估计值为 0.163（t=8.90）；加入中介变量 M_4（即信息化水平）之后，产权制度对信息化也存在显著影响，其系数估计值为 0.189（t=1.77），这表明产权制度通过产业结构合理化、产业结构高级化、城镇化和信息化影响金融集聚的路径均满足中介效应的第二个条件。最后，在同时加入核心解释变量及中介变量 M_1、M_2、M_3 和 M_4（即产业结构合理化、产业结构高级化、城镇化水平和信息化水平）之后，所有的中介变量均对金融集聚存在显著影响，且系数估计值分别为 0.128（t=5.22）、0.162（t=3.71）、0.180（t=1.65）、0.102（t=5.66），同时，产权制度对金融集聚的影响分别为不显著、显著下降（系数估计值为 0.125，t 值为 3.11）、不显著和显著下降（系数估计值为 0.115，t 值为 2.92），这表明产权制度通过产业结构合理化、产业结构高级化、城镇化和信息化影响金融集聚的效果较为明显，均满足中介效应的第三个条件，即产权制度能够通过产业结构合理化、产业结构高级化、城镇化和信息化这几条路径来提升金融集聚水平。

此外，产权制度在加入中介变量 M_1 和 M_3（即产业结构合理化和城镇化水平）之后对金融集聚的影响变得不显著，说明这两条路径的中介效应为完全中介效应；产权制度在加入中介变量 M_2 和 M_4（即产业结构高级化和信息化水平）之后对金融集聚的影响程度有所下降，说明这两条路径的中介效应为部分中介效应。因此，进一步根据中介效应的占比计算公式，产权制度通过产业结构高级化和信息化作用于金融集聚的中介效应分别占总效应的 7.00% 和 14.36%，这说明产权制度能够通过产业结构合理化和城镇化建设对金融集聚产生完全的间接效应，并能通过产业结构高级化和信息化发展对金融集聚产生较强的间接效应。

根据实证结果，产权制度作为影响金融集聚水平的一个重要制度因素，其间接影响能够通过产业结构合理化、产业结构高级化、城镇化和信息化等传导路径实现。结合产权制度对金融集聚的影响机理来分析，首先，伴随着产权制度改革带来的制度环境的不断优化，各大产业均日渐繁荣，并促使要素投入结构和产出结构间的耦合程度等不断得以提高，产业结构优化升级带来的经济效应将内生出更多的金融产品与服务需求，从而对区域金融集聚产生间接拉动作用；其次，土地等产权制度的改革有助于加快新型城镇化进程，由此带来的城镇居民就业机会和收入的增加也会内生出更多的金融产品与服务需求，从而对区域金融集聚产生间接拉动作用；最后，产权制度改革有助于降低计算机软硬件与服务、通信设施与服务、办公设备及其他公共（私人）机构在信息与通信技术上的消费等方面的交易费用，从而对区域金融集聚产生间接拉动作用。由此可见，湖北省未来需继续通过产权制度创新，结合产业结构合理化、产业结构高级化、城镇化建设和信息化发展的传导路径，进一步加强产权制度环境对金融集聚水平的提升作用。

二、中介效应检验：市场制度

表 7-8 是市场制度对金融集聚影响机制和传导路径的回归结果。

根据回归结果，首先，在未加入中介变量之前，市场制度对金融集聚存在显著影响，系数估计值为 0.0771（t=2.34），这表明市场制度对金融集聚的影响满足中介效应的第一个条件。其次，在加入中介变量 M_1（即产业结构合理化）之后，市场制度对产业结构合理化存在显著影响，其系数估计值为 0.987（t=9.01）；加入中介变量 M_2（即产业结构高级化）之后，市场制度对产业结构高级化也存在显著影响，其系数估计值为 0.0918（t=2.54）；加入中介变量 M_3（即城镇化水平）之后，市场制度对城镇化水平也存在显著影响，其系数估计值为 0.192（t=4.70）；加入中介变量 M_4（即信息化水平）之后，市场制度对信息化也存在影响显著，其系数估计值为 0.390（t=4.65），表明市场制度通过产业结构合理化、产业结构高级化、城镇化和信息化影响金融集聚的路径均满足中介效应的第二个条件。再次，在同时加入核心解释变量和中介变量之后，中介变量 M_1、M_2、M_3 和 M_4（即产业结构合理化、产业结构高级化、城镇化水平和信息化水平）均对金融集聚存在显著影响，且系数估计值分别为 0.061（t=1.96）、0.16（t=3.62）、0.181（t=1.46）、0.102（t=5.49），但中介变量 M_1 和 M_4 对金融集聚的影响变得不显著，中介变量 M_2 和 M_3 则对金融集聚存在显著影响且系数估计值分别下降为 0.0624（t=1.91）、0.112（t=2.75），这意味着市场制度通过产业结构合理化、产业结构高级化、城镇化建设和信息化发展间接影响金融集聚的效果均较为明显，满足中介效应的第三个条件，即市场制度能够通过产业结构合理化、产业结构高级化、城镇化和信息化这几条路径来间接提升金融集聚水平。

表 7-8　市场制度对金融集聚的影响机制和路径回归结果

变量	LN*agglomerat*	LNM_1	LNM_2	LNM_3	LNM_4	LN*agglomerat*	LN*agglomerat*	LN*agglomerat*	LN*agglomerat*
LNX_2	0.0771** （2.34）	0.987*** （9.01）	0.0918** （2.54）	0.192*** （4.70）	0.390*** （4.65）	0.017 （0.38）	0.0624* （1.91）	0.112*** （2.75）	0.0372 （1.14）
LNM_1						0.0610* （1.96）			
LNM_2							0.160** （3.62）		
LNM_3								0.181* （1.46）	
LNM_4									0.102*** （5.49）
控制变量	控制	控制	控制	控制	控制	控制	控制	控制	控制
_cons	−7.514*** （−13.50）	20.10*** （22.93）	−3.277*** （−5.37）	1.450*** （6.58）	4.205*** （2.96）	−6.289*** （−7.53）	−6.990*** （−12.32）	−7.252*** （−12.42）	−7.944*** （−14.61）
N	420	420	420	420	420	420	420	420	420
AIC	6.459	388.1	83.38	−772.2	792.4	4.566	−4.67	6.301	−21.08
BIC	30.7	412.3	107.6	−748	816.6	32.85	23.61	34.58	7.202
R^2	0.909	0.761	0.562	0.843	0.181	0.91	0.912	0.91	0.915
F	830.1	263.7	106.1	446.1	18.31	697.1	714.2	694	745.4
P	3.30×10^{-213}	3.03×10^{-126}	6.87×10^{-72}	3.44×10^{-164}	1.98×10^{-16}	1.48×10^{-212}	1.58×10^{-214}	3.47×10^{-212}	5.00×10^{-218}

注：（ ）内数值为 t 值，*、**、*** 分别表示在 10%、5%、1% 的水平下通过显著性检验。

此外，市场制度在加入中介变量 M_1 和 M_4（即产业结构合理化和信息化水平）之后对金融集聚的影响变得不显著，说明这两条路径的中介效应为完全中介效应；市场制度在加入中介变量 M_2 和 M_3（即产业结构高级化和城镇化水平）之后对金融集聚的影响仍然显著，只是影响程度有所下降，说明这两条路径的中介效应为部分中介效应。因此，进一步根据中介效应的占比计算公式，市场制度通过产业结构高级化和城镇化作用于金融集聚的中介效应分别占总效应的 19.05% 和 23.68%，这说明市场制度能够通过产业结构合理化和信息化发展对金融集聚产生完全的间接效应，并且能通过产业结构高级化和城镇化建设对金融集聚产生较强的间接效应。

根据实证结果，市场制度作为影响金融集聚水平的一个重要制度因素，其间接影响能够通过产业结构合理化、产业结构高级化、城镇化和信息化等传导路径来实现。结合市场制度对金融集聚的影响机理进行分析，第一，得益于市场制度对市场交易主体的激励与约束机制作用的发挥，要素投入结构和产业结构间的耦合程度均得以有效提升，继而对金融资源产生大量需求。第二，改革开放以来的一系列市场化改革措施不仅促进了劳动力在区域间自由流动，提高了劳动力分配效率，而且对劳动力产生了有效的工作激励，进而提高了劳动生产率，为新型城镇化事业的推进创造了有效前提，同时，城镇化建设带来的产业经济增长和城镇居民收入水平的提高，都内生出大量的金融产品与服务需求。第三，市场竞争程度的提升给信息技术创新提供了强有力的支持，从而使得信息化发展间接促进金融集聚过程中的中介效应得到很好的发挥。未来，湖北省应继续坚定不移地推进市场化改革和扩大对外开放，围绕培育成熟的产品与要素市场、扩大进出口贸易规模和利用外资规模、降低宏观税负水平、优化市场营商环境、提升市场竞争程度等发展目标，稳步完善与之相匹配的市场制度，进一步增强市场制度环境对金融集聚水平的提升作用。

三、中介效应检验：法律制度

表 7-9 是法律制度对金融集聚影响机制和传导路径的回归结果。

表 7-9　法律制度对金融集聚的影响机制和路径回归结果

变量	LN*agglomerat*	LNM_1	LNM_2	LNM_3	LNM_4	LN*agglomerat*	LN*agglomerat*	LN*agglomerat*	LN*agglomerat*
LNX_3	0.115*** （4.17）	0.646*** （12.65）	0.0303* （0.98）	0.113*** （9.10）	0.476*** （6.89）	0.0973*** （3.00）	0.110*** （4.05）	0.135 （4.49）	0.0711** （2.52）
LNM_1						0.027*** （1.02）			
LNM_2							0.162*** （3.75）		
LNM_3								0.180* （1.66）	
LNM_4									0.0916*** （4.80）
控制变量	控制	控制	控制	控制	控制	控制	控制	控制	控制
_cons	−5.933*** （−8.52）	13.12*** （10.15）	−3.107*** （−3.99）	2.607*** （8.28）	10.52*** （6.02）	−5.579*** （−7.17）	−5.430*** （−7.77）	−5.464*** （−7.28）	−6.897*** （−9.75）
N	420	420	420	420	420	420	420	420	420
AIC	−5.317	514.4	88.91	−672.4	768.1	−4.372	−17.35	−6.103	−26.15
BIC	18.92	538.6	113.2	−648.2	792.4	23.91	10.93	22.18	2.136
R^2	0.912	0.677	0.556	0.801	0.227	0.912	0.915	0.912	0.916
F	856	173.7	103.6	334.3	24.32	713.6	738.2	716.8	755.2
P	1.00×10^{-215}	2.74×10^{-99}	1.03×10^{-70}	7.30×10^{-143}	1.77×10^{-21}	1.83×10^{-214}	3.11×10^{-217}	7.83×10^{-215}	4.15×10^{-219}

注：（ ）内数值为 t 值，*、**、*** 分别表示在 10%、5%、1% 的水平下通过显著性检验。

根据回归结果，首先，在未加入中介变量之前，法律制度对金融集聚存在显著影响，系数估计值为 0.115（t=4.17），这表明法律制度对金融集聚的影响满足中介效应的第一个条件。其次，在加入中介变量 M_1（即产业结构合理化）之后，法律制度对产业结构合理化存在显著影响，其系数估计值为 0.646（t=12.65）；加入中介变量 M_2（即产业结构高级化）之后，法律制度对产业结构高级化也存在显著影响，其系数估计值为 0.0303（t=0.98）；加入中介变量 M_3（即城镇化水平）之后，法律制度对城镇化水平也存在显著影响，其系数估计值为 0.113（t=9.10）；加入中介变量 M_4（即信息化水平）之后，法律制度对信息化也存在影响显著，其系数估计值为 0.476（t=6.89），这表明法律制度通过产业结构合理化、产业结构高级化、城镇化和信息化影响金融集聚的路径均满足中介效应的第二个条件。最后，在同时加入核心解释变量及中介变量 M_1、M_2、M_3 和 M_4（即产业结构合理化、产业结构高级化、城镇化水平和信息化水平）之后，所有的中介变量对金融集聚均存在显著影响，且系数估计值分别为 0.027（t=1.02）、0.162（t=3.75）、0.180（t=1.66）和 0.0916（t=3.94），但中介变量 M_3 对金融集聚的影响变得不显著，中介变量 M_1、M_2 和 M_4 则对金融集聚存在显著影响且系数估计值分别下降为 0.0973（t=3.00）、0.110（t=4.05）和 0.0711（t=2.52），这表明法律制度通过产业结构合理化、产业结构高级化、城镇化和信息化影响金融集聚的效果均较为明显，均满足中介效应的第三个条件，即法律制度能够通过产业结构合理化、产业结构高级化、城镇化和信息化这几条路径来提升金融集聚水平。

此外，法律制度在加入中介变量 M_3（即城镇化水平）之后对金融集聚的影响变得不显著，说明此路径的中介效应为完全中介效应；法律制度在加入中介变量 M_1、M_2 和 M_4（即产业结构合理化、产业结构高级化和信息化水平）之后对金融集聚的影响仍然显著，只是影响程度有所下降，说明这三条路径的中介效应为部分中介效应。根据中介效应占比计算公式，法律制度通过产业结构合理化、产业结构高级化和信息化作用于金融集聚的中介效应分别占总效应的 15.20%、4.27% 和 38.01%，这说明法律制度能够通过城镇化建设对金融集聚产生完全的间接效应，并能通过产业结构合理化、产业结构高级化和信息化发展对金融集聚产生较强的间接效应。

根据实证结果，法律制度作为影响金融集聚水平的一个重要制度因素，其间接影响能够通过产业结构合理化、产业结构高级化、城镇化和信息化等传导路径实现。结合法律制度对金融集聚的影响机理来分析，首先，不断完善的法律制度有助于通过向服务业提供行业有序发展的法理基础和监管标准，并借助法律的权威性来规范交易行为，同时为经济主体的权益提供强有力的法律保护，从而优化要素投入结构、提高产出结构间耦合程度和增强产业结构的“服务化”发展倾向，并通过产业结构优化升级增强对金融产品与服务的需求，间接提升金融集聚水平；其次，就业政策和户籍制度改革等通过人才激励机制有力推进了城镇化进程，而城镇化带来的产业经济增长和城镇居民收入的提高，可以内生出更多的金融需求，从而对金融集聚产生完全的中介效应；最后，伴随着法律制度的逐步完善，依托于信息技术和通信技术的互联网金融给人类生活创造了极大的便利，极大地降低了交易成本并提高了资源配置效率，但同时也带来了巨大的技术、信用、操作等安全隐患，而法律制度的完善大大降低了互联网金融带来的各项安全隐患，从而对金融集聚产生了较强的间接效应。

第四节　稳健性检验

因金融集聚是一个动态过程，存在“惯性效应”，本期金融集聚水平不仅会受到上期金融集聚水平的影响，而且会对未来一段时间的金融集聚行为产生影响。此外，部分影响因素也可能与金融集聚之间存在双向因果关系，因此拟合模型可能存在由遗漏变量导致的估计偏误。

关于内生性和稳健性问题，本书分别采用 DIFF-GMM、SYS-GMM 和工具变量回归模型进行回归，结果如表 7-10 所示。可以看出，无论是否加入控制变量，无论是选择差分广义矩估计、系统广义矩估计还是工具变量回归估计，制度环境的系数均在 1% 的显著性水平下显著为正，即制度环境的不断优化可以促进金融集聚水平的提升；考虑到“惯性作用”，对模型进行滞后一期处理，结果显示，制度环境对金融集聚的影响仍在 1% 的显著性水平下显著为正，证实了前述理论分析部分推测的结果。加之前述内容中关于制度环境对金融集聚影响的异质性也是对回归结果的一种稳健性检验，因此，足以证明本章主要的估计结果较为稳健。

表 7-10　内生性检验结果

	DIFF	SYS	IV	DIFF1	SYS1	IV1
L.y	0.979*** （79.14）	1.047*** （91.28）	0.9931*** （59.3）	0.857*** （76.85）	1.024*** （75.36）	0.966*** （49.05）
制度环境	0.0569*** （10.62）	0.0163* （1.79）	0.032** （2.22）	0.116*** （14.34）	0.0405*** （6.33）	0.0225** （2.84）
控制变量	不控制	不控制	不控制	控制	控制	控制
_cons		0.00216* （1.81）			0.121*** （3.11）	
N	360	390	360	360	390	360
F	586148.6	285789.1	6222.74	14890.7	154614.4	2107.29
P	1.32×10^{-69}	5.33×10^{-63}	0.0000	2.64×10^{-51}	1.63×10^{-64}	0.0000

注：（ ）内数值为 t 值，*、**、*** 分别表示在 10%、5%、1% 的水平下通过显著性检验。

综上，随着制度的变迁，不断优化的制度环境确实能够不同程度地通过降低交易费用、规范交易行为、提高劳动和资本配置效率及营造公平的竞争环境，激励企业加大创新投入、提高技术创新转化率、促进产业结构优化升级，提高信息化水平，推进城镇化进程，从而吸引大量金融机构、资金和专业人才迅速在各大中心城市聚集。简言之，制度因素会对金融集聚水平产生重大影响，但影响程度存在区域异质性、阶段异质性和个体异质性，具体表现为：沿海、沿边和内陆地区的制度环境均对金融集聚具有显著的促进作用，但对内陆地区影响程度最大，对沿边地区影响程度最小，制度环境的金融集聚效应存在边际报酬递减规律；受“一带一路”倡议的积极影响，相较于前一阶段，2013 年后的制度环境对金融集聚的影响程度出现大幅提升；从省（区、市）层面来看，制度环境对金融集聚影响显著为正的省（区、市）几乎都是金融集聚水平常年处于第一和第二梯队的沿海和内陆地区较发达省（区、市），这再次证实制度环境对金融集聚的重要作用，验证了之前提出的研究假说 H_1。此外，产权制度、市场制度和法律制度均能通过产业结构合理化、产业结构高级化、城镇化建设和信息化发展对金融集聚产生间接影响，具体表现为产权制度能够通过产业结构合理化和城镇化建设对金融集聚产生完全的中介效应，并能通过产业结构高级化和信息化发展对金融集聚产生较强的中介效应；市场制度能够通过产业结构合理化和信息化发展对金融集聚产生完全的中介效应，并能通过产业结构高级化和城镇化建设对金融集聚产生较强的中介效应；法律制度能够通过城镇化建设对金融集聚产生完全的中介效应，并能通过产业结构合理化、产业结构高级化和信息化发展对金融集聚产生较强的中介效应。由此，验证了之前提出的研究假说 H_2、H_3 和 H_4。可见，继续完善制度体系建设，优化制度环境，充分发挥产业结构合理化、产业结构高级化、城镇化和信息化等路径的传导作用，是提升湖北省金融集聚水平的理想选择。

第八章　提升湖北省金融集聚水平的制度选择

作为中部地区崛起和内陆开放的前沿阵地，湖北省金融领域的改革一直滞后于整体改革进程，包括金融机构准入、金融市场化运行和金融监管等在内的关键领域，较大程度上阻碍了其支持实体经济发展功能的发挥。理论与实践表明，制度是影响金融集聚水平的重要因素，其中尤以金融制度的影响最为突出。纵观各知名国际金融中心的建设史，无论其属于何种演进类型，均需倾国家之策与地方之力共同推进。结合前述理论推演、现实分析及实证检验的结果，本书建议湖北省在区域金融协调发展的时代背景下，一要积极争取中央政府的大力支持；二要不断强化与沿海地区发达省（区、市）间的金融交流机制；三要充分发挥自己的主观能动性，继续坚持以武汉区域金融中心建设为抓手，以支持地方实体经济发展并实现区域经济高质量发展为导向，将强制性制度变迁与诱致性制度变迁有机结合起来，依托中国（湖北省）自贸试验区推进武汉区域金融中心建设，并在此总体发展思路的指引下，坚持制度创新与产业结构优化升级、城镇化建设、信息化发展相结合，继续加快地方产权制度、市场制度和法律制度建设，为金融集聚营造良好的制度环境。

第一节　总体思路

一、积极争取中央层面的大力支持

（一）凝聚强大制度合力，全面优化制度环境

区域金融协调发展离不开中央层面的大力支持。针对湖北省制度环境指

数长期偏低的现状，中央政府应在改善产权制度环境、市场制度环境与法律制度环境的同时，进一步凝聚产权制度、市场制度与法律制度的强大制度合力，在全面优化中国制度环境；同时，还要为湖北省地方政府做好多方面制度改革的表率，为促进区域金融协调发展营造良好的环境。[194]

首先，紧紧围绕“归属明确、权责明晰、交易流畅”的目标定位，从产权归属、产权交易和产权激励等方面进行产权制度创新和完善产权制度体系，进一步营造良好的产权制度环境。一是明晰产权并适时收缩国有产权边界，加大非国有产权比重，吸引大量非国有资本参与市场活动，实现产权多元化；二是完善产权交易市场，扩大产权交易范围，推动各类企业产权和实物资本进行场内交易，保障产权交易的流畅性，激发市场活力；三是遵循现代产权制度原则，优化产权结构，利用市场配置产权，切实提升产权结构调整效率。

其次，继续坚定不移地推进市场化改革和扩大对外开放，稳步完善与之相匹配的市场制度。一是明确政府“界定、保护产权并为市场化运行提供保障”的职责，适应社会主义市场经济体制“用市场机制配置社会资源”的要求，正确处理政府与市场之间的关系，快速培育成熟的产品与要素市场；二是在经济金融全球化背景下，积极顺应国际经济秩序变革，努力优化市场开放环境，继续扩大进出口贸易规模和利用外资规模；三是加快税收制度改革步伐，调整税收负担与财政支出结构，实现林达尔均衡，进一步降低宏观税负水平，优化市场营商环境。

最后，法律制度是产权制度和市场制度等制度安排得以有效实施的保障，因此要遵循“有法可依、有法必依”的原则，进一步完善法律制度建设。健全的法律制度体系不仅体现在立法层面，还体现在执法和司法层面。在立法层面，尤应注意加强各类产权和市场主体权益的保护力度，快速培育成熟的市场中介组织；在执法和司法层面，在健全执法体系的基础上，尤应注意加强对执法人员和执法部门的执法行为的监督，规避执法风险；在司法层面，应注重营造公正的司法环境和提高司法人员专业素养，提高案件处理效率和地区司法清廉度。

（二）统筹规划、科学布局，因地制宜、精准施策

鉴于我国制度环境区域差异显著、多极分化问题突出、区域间差异是导致总体差异的根本原因，且沿边与沿海、内陆地区间的差异仍在不断加大，在全面优化区域制度环境过程中，中央政府应围绕全国经济转型发展大局，

以“十四五”发展规划为行动指南，在执行建设中国特色社会主义制度总体目标的同时，做到统筹规划、科学布局各地区制度体系建设。

针对制度环境对金融集聚影响的区域异质性及各区域间金融集聚水平的差异，中央政府应加大对地方政府的放权力度，实现金融决策权和风险责任的回归；同时，对各地区省（区、市）实施差别化的制度策略，做到因地制宜、精准施策，有效改善包括湖北省在内的内陆与沿边地区金融集聚水平偏低省（区、市）的制度环境。[194] 与此同时，还要配合区域经济协调发展战略，合理分配各类金融资源，注重区域金融的协调发展。

鉴于制度环境对金融集聚的影响存在门槛效应，考虑到我国沿海、内陆和沿边地区经济发展的区域性差异及制度对金融集聚的边际报酬递减规律，中央政府应借助强制性制度变迁方式，从宏观层面积极引导东部沿海地区各类金融资源适当向湖北省及其他内陆和沿边地区省（区、市）流动，实现各类金融要素在全国空间范围内的合理分布。[195]

二、强化与发达省（区、市）间的金融交流机制

为提升自身金融集聚水平、促进区域金融协调发展，湖北省除了要积极争取中央层面的大力支持外，还需强化与沿海地区发达省（区、市）间的金融交流机制，以使广东、北京、江苏、浙江、上海等金融集聚水平较高的沿海地区省（区、市）在保持自身金融集聚高水平的同时，一方面继续巩固自身制度环境优势，保持战略定力，坚定理论自信和制度自信，以习近平新时代中国特色社会主义思想为引领，积极总结经验并开展制度创新研究和实践，进一步优化制度环境，打造全球金融集聚高地；另一方面充分发挥金融集聚的辐射功能及其示范效应，助力湖北省快速优化制度环境和提升金融集聚水平，为打开经济“内外双循环”新格局、实现经济高质量发展筑牢根基。[195]

（一）搭建金融专业人才交流平台

金融集聚水平较高的沿海地区省（区、市）通过建立人才数据库，对金融专业人才进行合理引导、分配，促进不同专长的人才在不同区域间高效流动。协助湖北省等金融人才集聚水平偏低的省（区、市）放弃“等靠要”思想，主动为金融专业人才流动搭建统一平台并提供全方位的优质服务，降低人才交流难度与人才交流成本。

（二）搭建金融资金交流平台

与沿海地区发达省（区、市）联手打造资金交流平台，促使金融集聚水平较高的沿海地区省（区、市）与湖北省共同营造良好的线上金融市场环境，将有助于打破资金区域间流动壁垒，有效提高金融资金的流动性和资金融通效率。

（三）搭建金融监管协作平台

金融集聚具有辐射功能，具体表现为可通过金融产品、金融工具和金融信息等金融辐射媒介对周边地区的经济和金融发展等产生积极的引导与渗透作用，但金融集聚辐射功能的发挥会受到地方保护政策等因素的限制。因此，与沿海地区省（区、市）金融监管部门联手，共同破除区域间金融资源流动壁垒，将有助于湖北省全面激发金融市场活力，充分发挥金融集聚的辐射功能，进一步增强金融集聚的区域连片扩散态势，实现金融集聚的区域协同发展。[195]

三、充分发挥湖北自身的主观能动性

充分认识自身金融集聚现状与不足，结合湖北省当地的经济、社会和人文特征以及自身的经济基础、资源禀赋和区位优势，在国家总体发展方针的引领下，制定科学合理的地方中长期发展规划，虚心吸取沿海地区金融集聚水平较高省（区、市）的经验教训，制定科学合理的制度创新目标并充分发挥其后发优势，补齐自身发展短板，缩小与发达地区之间的差异，为金融集聚创造良好的制度环境。[194]

（一）依托自由贸易试验区推进区域金融中心建设

自由贸易试验区是制度型开放的重要载体，有助于谋划金融开放制度型创新，通过促进国际贸易与投资的国际化与自由化，能够为构建与自由贸易试验区相适应的账户管理体系、跨境资金流动管理、金融市场双向开放、金融领域市场准入和公平竞争制度改革等金融制度创新创造更加便利的条件。[159]研究表明，中国（湖北省）自由贸易试验区的建设有助于承接东部产业转移以发展地方产业，打破区域协调发展的瓶颈，扩大与他国间的互惠贸易范围，为中国与他国间的经贸合作提供更加便捷、全面、优质的服务；有助于推动国际人民币交易和结算等人民币国际化建设及加速推进资本项目可兑换，为中国与他国间的贸易畅通、货币流通和政策沟通等提供重要支撑，进一步加快我国内陆开放的步伐。

金融是经济的核心，金融集聚必将成为打造我国经济升级版的主引擎之一。[196]根据金融集聚理论的观点，金融集聚水平达到一定程度即形成金融集聚区，金融中心是金融集聚的高级表现形式。金融集聚具有聚集闲散资金、信息收集、公司治理、分散风险和促进创新等功能。金融中心不仅能够通过聚集社会闲散资金并促使储蓄转化为投资来提高资金的配置效率，而且可以借助自身信息获取优势对金融风险进行准确识别和有效防范，在提升自身风险管理、资金配置效率和经营能力的同时，给资金融资双方提供分散风险、技术创新等有力支持。已有文献研究表明，金融集聚不仅能够通过信息与资源共享及技术“外部性”产生的“知识溢出”与“技术溢出”效应等给当地经济带来增长效应，而且会对周边地区经济产生辐射效应，但也不排除在某个阶段，会对周边地区产生虹吸效应。可见，打造区域金融集聚中心以聚集金融资源对区域经济增长意义非凡，沿海发达地区省（区、市）如此，包括湖北省在内的内陆和沿边地区省（区、市）也不例外。

理论上，金融集聚模式包括市场主导型、政府主导型和政府与市场联动型三种。但市场主导型与政府主导型金融集聚模式间的区别并不绝对，政府主导型往往需以市场主导型为基础，不可能独立于经济发展，只有待金融集聚发展到一定阶段、因政府行政干预反而会阻碍金融资源流动时，才需逐步弱化政府干预和强化市场主导作用。王保庆等基于新制度经济学的研究视角探寻金融中心的形成机理，研究发现，金融中心的形成与发展体现为政府参与的多重博弈格局，指出我国金融中心建设与发展应选择以政府为主导、充分引入市场规则的混合形成模式。[197]各大知名国际金融中心的建设经验充分表明，无论金融集聚属于何种演进类型，均需倾国家之策与地方之力共同推进。

湖北省在建设武汉区域金融中心的过程中，首要任务是积极争取国家层面的战略规划和顶层设计的大力支持，并集国家之策与地方之力，走金融集聚的政府与市场联动模式之路；继而从提升当地中央银行地位、赋予各大商业银行独立法人地位、建立协调统一的金融监管机制、批准设立自贸区试点、打造一流国际资本交易平台等方面打破常规，实现深化金融业改革和扩大金融开放体制机制上的重大突破；唯有如此，才能从根本上扭转改革开放以来制度变迁带来的强势路径依赖特性、金融集聚的马太效应及自身金融集聚在全国格局中偏低的局面；同时，应多方争取武汉区域金融中心建设相配套的税收优惠政策，包括降低金融营业税、金融从业人员所得税和投资者的金融资产所得税等。王宇等基于金融集聚与国际金融中心建设理论，借助DSGE模型，从消息冲击视角对上海国际金融中心建设进行研究，结果显示降低金融营业税、金融从业人员所得税和投资者的金融资产所得税可促使金融集聚，且永久性减税在短期内的政策有效性最高。[198]此外，为了给金融集聚营造良好的市场竞争秩序，还需围绕凸显特色性、地域性和职能性的地方金融法规建设目标及健全金融监管体系的金融立法、执法和司法环境优化目标，加快区域金融法治建设步伐。

（二）有机结合强制性制度变迁与诱致性制度变迁

根据制度经济学的观点，制度变迁总是与人的利益紧密联系在一起，其服务于人类对经济利益最大化的追求目标，有效率的制度变迁应该是制度不断增多的动态均衡演变过程。均衡的制度变迁通过实现制度收益的平均化来削弱机会主义动机，并降低制度变迁成本，进而实现经济利益最大化。只有当制度变迁的预期收益大于预期成本时，制度变迁才会发生。因推动制度变迁的各方行为主体的目标函数与预算约束各不相同，利益分配问题成为制度变迁路径选择的关键。[199]

理论上，制度变迁包括强制性制度变迁与诱致性制度变迁两种方式，但在实践过程中，往往需要将二者进行合理搭配。相对于沿海地区发达省（区、市）而言，湖北省的经济基础较薄弱、产业发展较落后，因金融制度改革是一场由政府引导的自上而下的强制性制度变迁，其金融发展的内生机制功能不健全，所以金融资源在集聚过程中对产权制度、市场制度和法律制度产生的需求未能得到有效满足。为极大地提升区域金融集聚水平，湖北省应力求实现强制性制度变迁与诱致性制度变迁的完美结合，一方面依托政府倾斜性政策安排形成强制性制度变迁推动力；另一方面依托区域自身经济实力与市场发展进程形成诱致性制度变迁驱动力，进而借助政府与市场两股力量形成合力共同推动金融资源集聚，全面激发多元化经济活力。不过，在金融集聚制度创新具体实施过程中，诱致性制度变迁需要以金融内生机制发挥作用为前提，因此，需根据地方经济发展与制度环境实际状况分步骤、酌情安排二者的组合方式。具体而言，当前湖北省经济状况相对沿海发达地区较落后、制度环境指数相对沿海发达地区较低，金融发展的内生驱动机制极不健全，诱致性制度变迁的成本过高，因此金融集聚的制度创新应选择“以强制性制度变迁为主，诱致性制度变迁为辅”的组合方式；随着湖北省诱致性变迁主体逐渐培育成熟，产业发展水平、信息化水平和城镇化水平不断得以提升以及制度容量的不断增加、制度环境的不断优化，金融集聚的制度创新组合方式可适当降低强制性制度变迁的成分，同时增加诱致性制度变迁的成分；待湖北省地方经济足够发达和制度环境足够优化之时，金融集聚的制度创新最终应转变为“以诱致性制度变迁为主，强制性制度变迁为辅”的组合方式。随着湖北省金融市场化改革和地方政府职能的转变，金融集聚制度创新必将实现产权制度、市场制度与法律制度由非均衡向均衡的制度供求方向不断演进。

综上，湖北省金融集聚水平的提升需要多方共同参与。中央政府应在遵循“凝聚强大制度合力，全面优化制度环境”的原则下，统筹规划、科学布局、因地制宜、精准施策，促进金融集聚区域协调发展；沿海地区金融集聚水平较高省（区、市）需在保持自身优势的同时，充分发挥金融集聚的辐射功能及其示范效应，助力湖北省快速提升金融集聚水平；湖北省则需继续坚持以提升金融集聚水平为抓手，以支持实体经济发展并实现经济高质量发展目标为导向，将强制性制度变迁与诱致性制度变迁有机结合起来，积极打造区域金融集聚高地，依托自贸试验区推进金融中心建设。在这个过程中，最重要的是要充分发挥湖北省的主观能动性，坚持制度创新与产业结构优化升级、城镇化建设、信息化发展相结合，继续加快产权制度、市场制度和法律制度建设，为金融集聚营造良好的制度环境。

第二节　大力完善现代产权制度

完善产权制度不仅有助于直接推动湖北省的资源金融聚集，而且可以通过产业结构调整、城镇化建设和信息化发展等路径间接影响金融集聚水平。首先，产权制度的完善有助于调动各市场主体的积极性和优化资源配置，并促使产业结构不断优化升级，产业结构优化升级必将带来更多的金融产品与服务需求；其次，产权制度改革有助于推进城镇化进程，通过加速农村集体土地流转、促进人口和土地城镇化、增加城镇居民就业机会和收入等，内生出更多的金融产品与服务需求；最后，产权制度在激励人们进行信息产品生产和创新方面具有重要的作用，从而有助于完善金融治理体系和实现金融治理能力现代化，提高金融信息化水平和资源配置效率。湖北省产权制度的供给不足，导致产权制度的激励与约束机制无法得以有效发挥作用，从而使得产业结构优化升级、城镇化建设、信息化发展在产权制度与金融集聚间的传导作用面临诸多阻碍，因此完善湖北省的现代产权制度迫在眉睫。

一、推动产权主体多元化，加快混改步伐

金融集聚的主要载体是金融机构，建立符合现代产权制度的金融机构对金融集聚尤为重要。湖北省唯有通过继续深化国有金融机构改革、推动金融产权主体多元化以优化金融产权结构、完善金融机构的公司治理制度，彻底进行金融产权改革，才能为提升其金融集聚水平奠定良好的产权制度基础。

然而，湖北省的金融机构国有股权占比较大、产权结构不合理且公司法人治理结构不完善等问题目前仍然比较突出。研究发现，国有股权主导的垄断性金融产权制度是低效率的，不仅会导致金融创新主体的缺位，还会带来金融创新激励的不足，这不仅不利于金融资源的合理流动及有效配置，还会严重影响区域金融健康发展。为此，湖北省在金融集聚发展和武汉区域金融中心建设过程中，需全面贯彻落实党的十九大关于混合所有制改革的精神，加快国有金融机构混合所有制改革的步伐，优化其产权结构。国有金融机构混改的根本就是实现产权多元化，引入非公有制的投资主体，从而提高国有金融机构的公司治理水平，提升其经营效率，降低其经营成本，适应市场竞争环境，促进国有金融机构的高质量发展。[200] 因此，湖北省需进一步加快国有金融机构混改步伐，推动产权主体多元化。

一是进一步明晰国有金融机构的产权归属，划分国有金融机构各主体的权益与责任，保障产权顺利流转的市场秩序。要把握好金融产权、市场与政府的关系，注重政府发挥产权保护作用的同时，尤应注意防止政府权力过度介入和干预金融产权交易，避免公权对私人产权的挤出。

二是改革现有市场准入制度和完善市场退出机制。允许合格的民间资本、社会资本及境外资本通过市场化渠道、借助市场化手段入股国有金融机构，实现金融产权主体的多元化，进而不断优化金融产权结构，降低国有金融机构的垄断程度，并激励其积极参与市场竞争，提升其金融资源配置效率。允许合格的非国有金融机构（包括经营灵活和创新能力较强的民营、外商独资、中外合资等金融机构）进入金融市场，并激励其积极参与市场竞争，改变国有金融机构垄断金融市场的局面，从而快速成长为自主经营、自负盈亏、实力雄厚、抗风险能力强的金融市场主体。

三是进一步完善金融机构的公司治理制度。通过实现政企彻底分离，改变政府对国有金融机构行政控制的局面，健全国有金融机构的内部控制体

系，包括内部控制制度（如股东托管制度、授权审批制度、会计审计制度等）的完善、内部控制职责的明确、内部控制措施与保障的强化等，使国有金融机构成长为真正独立经营的市场经济主体。[201]

二、坚实金融契约交易基础，提高信用水平

关系交易的固定成本低廉但边际成本高昂，契约交易的固定成本很高但边际成本极低，理论上，金融产权制度的实施需具备坚实的金融契约交易基础，且社会征信体制越发达，市场交易成本就越低，就越有助于开展金融契约交易。当居民部门信用体系尚不健全时，国家可以借助权力弥补其不足，此时，国家权力代替经济契约并使得国家信用在整个经济生活中发挥决定性作用。只有当居民部门对国家权力的依赖下降时，国有股权才会减少。因此，国有商业银行产权改革和金融市场化改革的基础是提高居民部门的信用水平，这关键在于完善信用制度、提高社会诚信意识和建立健全征信机制。

虽然湖北省特别强调信用建设的重要性，也发布了关于加快推进地区社会信用体系建设的实施意见和“诚信武汉”等建设目标，但时至今日，湖北省的整体信用水平仍然不够理想，金融契约交易的基础薄弱，导致金融产权制度实施存在较大阻碍。基于此，湖北省应继续加强信用制度建设，增强社会诚信意识，提升整体信用水平，奠定金融契约交易基础，降低金融交易成本，营造良好的金融生态环境，增强对外部金融资源的吸引力。

一是加快完善湖北省的信用制度。根据国家在《社会信用体系建设规划纲要（2014—2020 年）》中对社会信用制度建设规划的蓝图，湖北省的信用制度建设应该从内容、措施和保障等方面进行全局规划。首先，在内容上要全面推进政务诚信、商务诚信、社会诚信和司法公信建设；其次，在措施上力求法制先行、政府推动、社会共建；最后，要实现有力的政策支持与组织保障。[83]

二是增强诚信意识。诚信是市场经济运行的基础，具有道德自律性和制度他律性的双重属性。在完善信用制度建设的同时，还需充分发挥诚信的道德自律性属性。有关调研结果显示，虽然公众对新时代社会信用体系建设满意度整体评价较高，但当前失信成本较低廉，导致失信现象频发。因此，湖北省需进一步加强诚信教育，将诚信理念贯穿各阶段教育领域，多层次引导公众理解“诚信”的丰富内涵并修身律己，自觉养成诚信意识。

三是建立健全湖北省的征信机制，通过建设信息共享平台，实施信息登记制度、信用联保制度和信用积分制度等，全面提升湖北省的征信水平。

此外，湖北省受“对产权重要性的认识不足、相关法律法规尚不完善及产权交易所体制不健全”等因素的影响，金融集聚在产权制度供给方面存在存量缺乏、增量不够的问题，从而导致产权制度无法充分发挥其应有的功能。湖北省不仅需要通过完善现代产权制度明晰金融产权边界、界定金融产权主体责权利及完善金融机构代理人激励机制，还需要不断加强对产权制度实施的全过程监督。关于产权制度监管的内容，将在地方法律制度建设部分做详细论述。

第三节　全面推进市场制度改革

全面推进市场制度改革特别是金融市场制度改革，不仅有助于直接推动湖北省的资源金融集聚，而且可通过产业结构调整、城镇化建设和信息化发展等路径间接影响其金融集聚水平。首先，市场制度改革通过减少政府干预，增强市场对产业结构转变的引导作用，提升市场竞争程度并降低交易成本，在实现产业结构优化升级的同时，必定内生出更多的金融需求；其次，合理的市场制度创新有助于加速劳动力在区域间流动、对劳动力产生工作激励，进而提高劳动力分配效率和劳动生产率，在为新型城镇化事业创造有效前提的同时，还会内生出更多的金融需求；最后，市场化进程的加快有助于提升通信与网络信息技术水平，在增强市场交易信息化程度的同时，还有助于降低信息不对称程度，优化投融资环境。湖北省的市场制度供给不足，导致市场制度的激励与约束机制无法有效地发挥作用，从而使得产业结构优化升级、城镇化建设、信息化发展在市场制度与金融集聚间的传导作用面临诸多阻碍。因此，需认真学习和贯彻落实习近平新时代中国特色社会主义思想，以当地关于新时代加快完善社会主义市场经济体制的实施意见及地区经济系列发展规划作为市场制度改革的具体行动指南，围绕区域经济高质量发展的宏伟目标，全面推进市场制度改革特别是金融市场制度改革，提升金融集聚水平，增强金融集聚的辐射效应，为实体经济发展提供全方位金融服务。

一、丰富金融机构主体，推进金融市场制度改革

金融市场制度改革不仅有助于提高金融资源配置效率和防范化解金融风险，还能够从根本上促进经济市场化运行。为适应市场经济发展的要求，建

立与社会主义市场经济体制相适应的金融体制，党的十八届三中全会明确提出全面深化改革的目标与要求，并对如何进一步完善金融市场体系做了全面重大部署。鉴于目前湖北省的金融市场多呈银行业资产规模在金融业占主导地位且国有商业银行在银行业占主导地位的现状，其金融市场制度改革的重要前提是打破国有商业银行和银行业垄断格局，推进银行类金融机构主体的多元化和金融机构体系的多层次发展。

一方面，打破湖北省银行业的国有商业银行垄断格局，大力引进区域外股份制商业银行、外资银行分支机构，积极发展城市商业银行、农村信用合作社、村镇银行、小额贷款公司及民营银行等地方金融机构，推进湖北省银行类金融机构主体的多元化发展。一是在提高自身风险防控能力及风险可控的前提下，适当降低金融市场准入门槛，不断丰富银行类机构主体，扭转国有商业银行的垄断局面，提高为中小微企业提供融资服务的水平，维持信贷市场竞争秩序，降低金融契约交易成本，提高资金融通效率。二是从利率、资金来源和业务创新等方面对地方性银行类金融机构及民营银行给予针对性指导与支持，在助力地方经济发展实现产业结构优化升级的同时，降低自身经营风险，形成核心竞争力并实现快速成长。三是以区域协调发展、“一带一路”建设和内陆开放等为契机，依托国家给予的先行先试政策优势，大力引入外资银行分支机构：推进金融对外开放与市场化进程，充分利用外资支持地区经济发展；通过学习外资银行先进的技术与管理经验，提高银行业整体竞争实力，加快国际化金融业务创新步伐，为地区实体经济发展提供高质量的金融服务。

另一方面，打破湖北省金融业的银行垄断格局，大力发展保险公司、证券公司、基金公司、期货公司、信托与投资公司、租赁公司等非银行类金融机构及金融中介公司等，形成国有金融机构与非国有金融机构、全国性金融机构与地方性金融机构、银行类金融机构与非银行类金融机构竞争并存的格局，推进其金融机构体系的多层次发展。一是大力发展地方保险业、证券业和信托融资租赁业，充分发挥其分散风险、补偿损失、资金融通、资产配置等功能，与多元化经济主体的金融需求相适应，为实体经济发展和居民生活提供差异化和高效的金融服务。二是完善金融市场准入制度，引进民间资本与外国资本入股金融机构，实现金融产权民营化与多样化，形成金融市场化竞争机制，从根本上扭转金融业竞争机制缺失和竞争效率低下的局面。三是完善金融市场退出机制，增强湖北省金融体系整体抗风险能力，通过扩大四大国有资产管理公司的托管范围、完善多层次资本市场退市制度与转板制度、地方政府与金融机构共同出资成立资产管理公司等方式，为经营不善或违规经营的金融机构提供市场退出渠道，以保证湖北省金融市场的公平竞争和稳定运行。

二、完善多层次资本市场，优化金融市场结构

多层次资本市场作为湖北省中小企业资金融通最重要的场所，对于湖北省实现资源优化配置、国有企业改革、产业结构升级、经济结构调整及新型城镇化建设等均具有重大意义。党的十八届三中全会明确指出要健全我国多层次资本市场体系，切实缓解中小企业的融资困境，这为湖北省的地方资本市场建设指明了方向。区域协调发展面临的核心难题归根结底仍然是制度问题，如何为湖北省实体经济发展提供制度支持，是湖北省多层次资本市场建设过程中亟须完成的一项重要任务。刘鹤副总理在2020年金融街论坛年会开幕式上发表重要讲话，指出要继续坚持大力发展多层次资本市场，并特别提出“建制度、不干预、零容忍”的九字方针。围绕中央发展多层次资本市场的指导精神，湖北省的地方资本市场建设亟须加快完善资本市场基础制度体系，着力培育上市公司和提高上市公司质量，优化金融市场结构，同时进一步强化信息披露和投资者保护力度。

一方面，将改善金融市场软环境的制度建设放在首位，与全国多层次资本市场体系建设相吻合，与武汉区域金融中心建设相呼应，加快完善与地方多层次资本市场发展相配套的准入制度、发行制度、交易制度、退市制度、转板制度、信息披露制度等，为地方资本市场发展提供行为规范与政策指导。一是以“市场化、法治化和国际化”为发展方向，遵循“整体设计、突出重点和问题导向”基本原则，加快完善包括发行制度、交易制度、退市制度、转板制度等在内的各层次资本市场的基础制度体系，把选择权真正交给市场，最大限度地减少行政干预。二是积极引入境内外合格投资者，拓宽市场准入范围并给予公平合理的政策与待遇，适度提高QFII、QDII、RQFII的投资额度，提升湖北省地方资本市场的市场竞争力与国际影响力。三是完善信息披露制度，全面推进注册制改革。完善行业信息披露标准，优化信息披露内容，强化信息披露的针对性、有效性和可读性，进一步提升湖北省上市公司的公司治理能力和投资者服务水平。四是建立健全各层次资本市场的投资者权利行使、保障和救济制度，加快落实欺诈发行股票责令回购制度等制度创新，更好地满足各板块投资者的合理诉求，为投资者行权、维权保驾护航。

另一方面，加强湖北省地方资本市场的多层次结构建设，降低不同层次资本市场间的同质化程度，积极孵化培育各层次资本市场的上市公司，壮大地方资本市场，优化金融市场结构。一是结合地方经济发展实际制定科学合理的各层次资本市场上市标准，切实满足地方经济发展主力军的中小企业的大量上市融资需求。二是鉴于目前主板、中小企业板和创业板的上市门槛相对较高，而新三板市场的扩容及区域性股权交易中心的成立无形中给湖北省中小企业带来了巨大的机遇和挑战，因此，加快建立和培育地方新三板及区域性股权交易市场，将新三板和区域性股权交易市场真正建设成潜力型中小微企业融资的主战场，对于国有企业改革、激活民间资本、“脱实向虚”及产业结构优化升级均具有积极作用。三是依托武汉区域金融中心建设，加快实现武汉光谷联合产权交易所“立足地方、面向全国，跨区域、跨所有制发展成为集投融资功能于一体的区域性产权交易平台”的建设目标，为区域经济协调发展开辟专门的资金融通板块。

三、推进金融中心建设，加强区域金融合作

自2003年先后与吉尔吉斯斯坦、哈萨克斯坦、越南、塔吉克斯坦、老挝、俄罗斯等国家的中央银行签署双边本币结算协议，与俄罗斯、阿联酋、埃及、土耳其等国家签署双边本币互换协议，2006年与哈萨克斯坦开始共建合作中心并于2012年正式封关运营以来，我国已与多个“一带一路”沿线国家在双边本币结算、双边本币互换、直接汇率机制、双边跨境金融机构设置、双边跨境业务经营及多边金融合作等方面开展了积极尝试，这无疑给“一带一路”沿线省（区、市）金融业发展带来了历史性机遇。[202]

武汉是“一带一路”重要节点城市，围绕武汉区域金融中心建设目标及其融入“一带一路”建设的发展规划，湖北省依托本地银行和驻汉各大外资银行，积极构建与经济贸易投资联系紧密的“一带一路”沿线国家或地区间安全、便捷的人民币跨境结算体系，但与北京、上海、深圳等全国性金融中心相比，武汉区域金融中心的集聚功能和辐射效应有限，且跨境人民币业务范围较窄、规模较小。因此，湖北省需严格按照武汉区域金融中心建设与发展规划，尽快解决金融商务聚集区空间布局不合理等问题，完善其金融集聚功能，发挥其金融交易的规模效应和金融创新的外溢效应，提高其金融集聚辐射效应及其影响力。针对跨境人民币业务范围较窄和规模较小、双边或多边合作机制不健全及区域金融中心建设进展较缓的问题，湖北省在推进区域金融合作过程中，应继续坚持以武汉区域金融中心建设

为抓手，寻求国家层面的政策支持，在保证区域金融运行稳定的前提下，健全双边或多边金融合作机制，加快人民币区域化进程，积极探索国际金融业务创新模式。

虽然从理论上来讲，金融集聚区或金融中心的演进模式包括市场主导型和政府主导型两种，但历史经验表明，任何一家知名国际金融中心的建设均离不开政府的大力支持与积极推动。格拉斯（Gras）研究指出，金融集聚离不开政府的支持，虽然自发形成的金融集聚在早期属民间行为，但后期若缺乏政府在产业政策、市场管理等诸多方面的扶持，金融集聚活动将难成气候。[203]这意味着，无论国际金融中心属于何种演进类型，均需倾国家之策与地方之力共同推进。尤其是紧邻西部沿边地区及“一带一路”倡议的积极拥护者哈萨克斯坦，得益于其政府的宏观调控、顶层设计与积极推动，于2018年正式成立阿斯塔纳国际金融中心，该金融中心定位辐射中亚地区、高加索地区、中东地区等，如今已建设成为欧亚地区重要的金融中心。基于得天独厚的区位、科技、人才优势及正在逐步形成的社会经济金融大好发展形势，湖北省的区域金融中心建设势在必行，然而，金融业深化改革和扩大开放领域的机制却极大地束缚了其前进的步伐。因此，湖北省在建设武汉区域金融中心的过程中，首要任务是积极争取国家层面战略规划和顶层设计的大力支持，从提升中央银行地方分行地位、赋予各大商业银行独立法人地位、建立协调统一的金融监管机制、推进中国（湖北省）自贸试验区建设、打造一流国际资本交易平台等方面打破常规，实现深化改革和扩大开放体制机制上的重大突破，凸显我国实施中部地区崛起、武汉城市圈“两型社会”建设等区域协调发展的政策意愿、战略定位与历史使命。[158]

积极制定科学合理的武汉区域金融中心建设规划并分步实施，逐步推进湖北省金融业在当地和周边地区的集聚效应和辐射效应提升，为经济高质量发展保驾护航。一是依托自身区位与资源优势，学习沿海地区发达省（区、市）区域金融中心建设的成功经验，努力打造面向当地乃至周边省（区、市）的黄金交易中心、货币交易中心和清算中心，健全与周边地区的双边或多边金融合作机制，还可以在政策允许的范围内积极探索国际化业务创新，提升与他国间金融合作的广度与深度，快速推动人民币区域化进程并提高金融风险防范与化解能力。二是通过明确武汉区域金融中心发展定位，完善各项金融业务创新的配套政策与制度设计，充分利用国家给予的武汉城市圈“两型社会”试验区、打造内陆对外开放新高地等先行先试政策优势，加快国际金融业务创新步伐，充分发挥其金融业务平台的资金结算和投融资等功能，提升湖北省地区金融市场对外开放水平，使其成为名副其实的“内陆开放新高地”。三是充分运用中央与地方政府在经济、财政、金融、贸易、土地、税收、人才、技术等方面给予的一系列优惠政策，坚持制度创新与产业结构变迁、城镇化建设、信息化发展相结合，激发金融市场活力和提升地方经济实力，借助地方经济内生金融需求的动力机制，吸引更多的国际金融机构、跨国公司的区域总部、国内大型企业集团及高素质专业人才来鄂落户，进而形成产业发展与金融集聚的良性互动循环局面，并不断提升其金融集聚效应与辐射效应，为湖北省经济高质量发展保驾护航。

第四节　加快地方法律制度建设

建立健全法律制度不仅有助于直接推动湖北省的资源金融聚集，而且可以通过产业结构调整、城镇化建设和信息化发展等路径间接影响金融集聚水平。首先，一系列明确产权边界和推进市场化进程的法律法规条例，有助于营造公开、公平的市场竞争环境和法治化、便利化、国际化的营商环境，从而吸引大量国内外企业入驻和资金流入，推动区域内产业结构优化升级并增强对金融产品与服务的需求；其次，法律制度的完善能够为信息化发展提供法律保护，为信用、操作等提供安全保障，有助于降低信息化带来的各项安全隐患，从而提升金融信息化程度；最后，就业政策和户籍制度改革等能够通过人才激励机制加快新型城镇化进程，城镇化带来的产业经济增长和城镇居民收入增加，必然内生出更多的金融需求，促使金融资源集聚。相对于倾斜性政策扶持和行政干预而言，具备“立法完善、执法高效和司法公正”特征的法律制度才是地方经济持续稳步增长的不竭动力。现代金融市场的有序运行依赖于健全的金融法律体系来明晰金融市场主体产权与责任、规范金融契约交易行为和防范化解金融市场风险。湖北省的法律环境尚不够优化，使得法律制度的激励与约束机制无法得以有效发挥作用，从而导致产业结构优化升级、城镇化建设、信息化发展在法律制度与金融集聚间的传导作用面临诸多阻碍。因此，亟须健全的金融法规制度为湖北省的金融集聚提供长效保障。

一、增强金融法律意识，完善地方性法规

湖北省地方性金融法规运行机制不健全的首要表现是地方金融法规制度

不完善，使得金融市场主体的维权、护权和限权等法律意识普遍较薄弱，缺乏金融市场交易的平等观念与契约思想，地方金融法规制度因此缺乏健康成长的“土壤”与环境。自党的十八届四中全会首次以“全面推进依法治国”为主题以来，党中央以上率下，不断加快法治建设步伐并不断取得历史性突破。党的十九届五中全会审议通过了《中共中央关于制定国民经济和社会发展第十四个五年规划和二〇三五年远景目标的建议》，将我国法治建设推上历史新高度，为新时代金融业法治建设指明了方向。[204] 在区域协调发展和经济高质量发展的时代背景下，湖北省应在依法治国、依法执政和依法行政的历史进程中，着力增强地方在金融法律方面的意识，遵循与国家法律体系相配套、与其承担的历史使命相匹配的原则，完善与金融集聚相关的地方性法规，营造有助于金融集聚的地方法治发展环境。

一方面，应努力营造法律文化氛围，重视湖北省的法律文化培植，改变传统法律文化观念，增强现代金融法律意识。一是将法律知识、法律文化贯穿义务教育始终，加强对各学龄阶段学生的法制教育，在日积月累和潜移默化中培养知法、懂法和守法的社会主义接班人。二是借助媒体、社区及社会经济组织等加大金融法治宣传力度，加强各领域人群的法制教育，全面普及基础性金融法律教育，加强民众金融法律意识和提升整体金融法治素养。三是加强金融法律执法者的职业道德教育，帮助检察官与法官等执法人员树立正确的法治观念和法律价值观，做到知法守法、遵循司法公正、接受公众监督、严格依法行政，不断提升执法者的法律素养。

另一方面，应完善有助于武汉区域金融中心建设和金融发展目标实现的各项凸显特色性、地域性和职能性的地方金融法规制度，并根据新形势下国家层面的金融法律规章制度作出适时调整，保证湖北省地方金融法规的尽快落实。一是完善金融市场准入与退出制度。在准入制度方面，应结合地方经济发展实际，制定科学合理的民间资本、社会资本与外国资本入股金融机构要求和各层次资本市场上市标准，丰富金融市场主体，切实解决国有垄断和中小微企业融资难问题；在退出制度方面，通过完善资产管理公司托管、资本市场退市与转板等制度，为经营不善或违规经营的金融机构提供市场退出渠道，切实增强湖北省金融体系的整体抗风险能力，保证湖北省金融市场公平竞争和稳定运行。二是完善产权界定、产权保护和产权流转制度。厘清政府与市场边界，彻底实现政企分离，全面推进混合所有制改革，帮助金融机构建立现代企业法人治理结构，建立权责利高度统一的现代产权制度。三是建立符合完善社会主义市场金融体制的法律制度框架，加快完善与金融市场制度改革相配套的法律制度（包括信息披露制度、投资者权益保护制度、股票回购制度、会计审计制度、信用评级制度等一系列法律制度），为实现完善社会主义市场金融体制的建设目标保驾护航。

二、健全执法监督机制，提高执法效率

湖北省地方金融法规运行机制不健全的另一个表现是执法效率不佳。如前所述，因执法监督机制不健全，湖北省的金融执法效率较沿海地区发达省（区、市）低下。根据法律金融学理论的观点，从金融制度结构层面可以推断，金融执法监督机制不健全可能是垄断性金融产权制度、行政性金融组织制度和俘获性金融监管制度长期共同作用的结果。[205]

提升湖北省金融执法效率的关键，是要健全地方金融执法监督机制，从改变垄断性国有金融产权结构、减少金融组织行政干预、避免金融监管机构被俘获等方面改善当前的制度结构，强化金融法规运行监管的功能。巴塞尔监督管理委员会、国际证监会组织和国际保险协会等国际组织均要求将监管的独立性作为有效监管的前提。受传统体制的影响，湖北省金融监管与执法的公正性不够，不利于提升其金融执法效率。王煜宇研究指出，因金融监管机构附属于政府且无法独立于作为监管对象的金融机构，金融监管机构与金融机构在政府的统合下存在利益关联，从而导致金融监管机构难以避免政府的行政干预和监管对象的影响，缺乏金融监管的独立性，极大地限制了金融监管制度功能的发挥。[205]

湖北省在健全地方金融执法监督机制的过程中，还应在国家层面法律法规文件的指导下，从金融产权制度、金融市场准入与退出制度、金融仲裁制度、行政复议和听证制度及金融执法责任追究制度等方面进一步完善地方性金融监管程序性法规制度，同时应注重强化地方金融执法监督的独立性。一是通过明确地方金融监管机构及金融执法部门的实体权力，防止执法与监管部门因权力边界模糊而滥用金融监管和执法权力，尽量将违法行为扼杀在摇篮里。二是要以法律法规条例而非行政命令作为金融执法监管的依据，促使金融监管和执法部门与政府行政体系、金融机构彻底脱离，消除金融监管和执法部门与地方政府、金融机构间的利益关联，避免地方政府对监管和执法部门的不当干预及“旋转门”和权力期权化带来的不当行为。三是完善各金融监管和执法部门间的协调机制，避免金融监管空白和重复监管，提高金融执法效率。

三、加强人才队伍建设，优化司法环境

湖北省地方性法规运行机制不健全的再一个表现是司法环境不够优化。由于湖北省既懂金融又懂法律的复合型司法人才相对沿海地区发达省（区、市）较缺乏且司法公正性不够，金融司法公信力与金融司法环境面临一定考验。因此，湖北省需通过增强金融法律意识、减少地方政府行政干预、完善司法监督及加强人才队伍建设等措施来优化地方金融司法环境。因前述内容已针对如何增强金融法律意识、减少行政干预及完善司法监督等方面进行过阐释，此处不再赘述，仅重点讨论湖北省如何加强金融法律专业人才队伍建设的问题。

鉴于湖北省金融法律人才职业教育基础薄弱、金融法律人才引进机制不完善和金融法律人才交流机制不健全等，地方金融法律专业人才匮乏，所以其在建设金融法律专业人才队伍时应考虑从加大金融法律人才培养力度、完善金融法律人才引进机制和健全金融法律人才交流机制等方面来予以突破。一是加大金融法律人才培养力度。通过加强金融法律人才职业教育，重视金融法律人才的职业生涯规划，大量培养理论功底扎实、实践经验丰富的复合型人才，坚决摈弃重人才出身而忽视人才潜在能力、重法律业务开拓而忽视人才职业生涯规划的旧有观念，切实加大金融法律人才的培养力度。二是完善金融法律人才引进机制。通过健全金融法律人才的激励机制和服务保障机制、加大人才引进的资金支持力度和政策柔性，从个人成长空间、社会福利保障、生活环境和人文关怀等方面，全方位提升其对高层次金融法律人才的吸引力。三是健全金融法律人才交流机制。通过加强检察院、司法机关及金融法律人才与金融机构、金融监管部门、高校及发达地区检察院、司法机关和金融法律高级人才间的交流，积极探索金融法律人才交流的方式，拓宽金融法律人才交流的渠道，提高法律人才的金融素养。

第九章　结论与展望

第一节　主要结论

金融是现代经济的核心，金融集聚关系到金融资源的分配，金融集聚水平的高低决定了金融支持实体经济发展力度的大小。本书在梳理金融集聚相关文献的基础上，选择从制度分析视角考察金融集聚区域协同发展问题，基于制度的激励与约束机制，分别推演产权制度、市场制度和法律制度对金融集聚的影响机理，并搭建出本书的理论分析框架。根据金融集聚和制度环境的基本内涵与测度逻辑，分别构建金融集聚水平和制度环境的评价指标体系并进行测算。首先，分别从全国、区域和省（区、市）层面考察制度环境的区域差异及其空间分布特征与演进趋势，认真审视我国省（区、市）金融集聚的空间分布格局及湖北省在全国格局中的地位演变特征；其次，结合我国制度变迁的区域差异和金融集聚空间非均衡的表现，总结制度变迁区域差异对金融集聚空间非均衡的影响，继而借助计量模型对制度与金融集聚间的内在关联进行实证检验；最后，正视湖北省在金融资源聚集过程中面临的困境，深层次剖析湖北省金融集聚水平不够理想的制度根源及金融集聚面临的制度供求矛盾，进而提出提升湖北省金融集聚水平并实现金融集聚区域协同发展的制度选择。主要结论如下。

第一，金融集聚是现代金融业的重要布局，关系到金融机构、资金、人才、技术和信息等金融资源的分配，是金融中心建设的微观基础。理论上，当金融集聚达到一定水平的时候就形成了金融中心，换言之，金融中心是金融集聚演化的高级阶段。实际上，任何一个金融中心的建设均离不开政府的大力支持与积极推动，金融集聚水平的提升也离不开制度保障。在区域协调发展和经济高质量发展背景下，通过制度建设提升湖北省的金融集聚水平显得尤为重要。

第二，制度是界定人们的选择空间，规范人们之间的相互关系，从而减少人交往过程中的不确定性和交易成本、保护产权并促进生产活动的一系列规则。金融集聚相关制度是涉及金融资源、产品在交易过程中产生的权利义务匹配与约束的一系列规则，是金融集聚的重要影响因素。参照“结构主义”的功能结构标准，影响金融集聚的产权制度、市场制度和法律制度的调整对象和调整层次各不相同，分别承担着“市场形成、市场化运行、市场秩序维持”的职责，共同形成对区域金融资源配置和经济绩效起决定性作用的制度框架。由产权制度、市场制度和法律制度共同形成的制度环境越优越，越利于营造公平的竞争环境、降低经营成本、提高企业利润及居民收入和消费水平，进而推动金融机构、资金、人才、技术和信息等金融资源在区域内的集聚。

第三，依据金融集聚的基本内涵，从金融业三大支柱角度切入，归纳省（区、市）金融集聚的测度逻辑，构建金融集聚评价指标体系，采用熵值法测算30个省（区、市）的金融集聚水平，并从全国、区域、省（区、市）层面进行多层级比较。研究发现，中国省（区、市）金融集聚的空间非均衡特征显著，部分内陆地区省（区、市）和绝大多数沿边地区省（区、市）的金融集聚水平和银行业集聚水平、证券业集聚水平、保险业集聚水平长期低于全国平均水平并位于第三发展梯队；相比较而言，部分落后省（区、市）的金融集聚总水平和银行业、证券业集聚水平较保险业集聚水平稍低一些，虽然其保险业发展具有一定的先发优势，但发展后劲不足；湖北省的金融集聚水平与沿海地区发达省（区、市）间差距悬殊，在全国格局中的地位不够理想，与其经济发展水平在全国格局中的地位极不相符，与其作为“承东启西、连南接北”的内陆大省地位及其肩负的“打造内陆开放新高地和全国重要增长极”的历史使命也不相符，同时，其证券业集聚和保险业集聚在全国格局中的地位呈上升趋势，但银行业集聚在全国格局中的地位呈下降趋势。究其原因，金融集聚需要相应的制度催化剂来予以推动，特别是可用于夯实金融微观基础的产权和契约制度、保障金融市场主体平等的进出与交易制度、维护金融市场秩序的竞争制度以及管控制度等，然而，自中部地区崛起等区域协调发展战略提出以来，虽然国家和地方政府先后出台了各类政策以提高其政策支持力度，但成效不够明显。因此，要改变湖北省金融集聚水平偏低的格局，就必须紧密结合金融集聚过程中实际的制度需求，提供与其相匹配的制度供给。

第四，基于经济体制改革各阶段的特殊任务和东部沿海地区相对优越的区位条件、交通条件等，中国实施了“先沿海，再内陆和沿边”的渐进式改革开放策略。差别化的区域改革次序和改革策略，造就了差异化的制度环境、金融集聚水平和经济增长速度，为中国区域经济发展、金融集聚及金融发展的空间非均衡局面埋下伏笔。源于经济转轨时期特有制度变迁模式带来的影响，中国区域制度环境出现空间非均衡问题；伴随着区域经济发展的不平衡，制度环境的区域差异有继续加剧的趋势，区域间差异是造成总体差异的主要原因。无论是从指数大小及提升速度排名，还是从区域间差异的主要来源及演化趋势来看，制度环境区域差异呈现出的特征与金融集聚的区域差异特征基本吻合。制度因素对金融集聚的影响主要表现为制度变迁，湖北省在金融资源聚集过程中面临着“国有金融机构的国有资本法人所有者尚缺乏自主经营权、制度的激励机制不当和约束机制不健全”“制度供给缺乏适应性、制度型开放水平偏低及各类优惠政策不足”“地方性金融法规不完善、执法效率不佳、司法的独立性和公正性缺乏保障”等制度约束的问题。

第五，基于金融集聚和制度环境的测算结果，加入科技创新水平、人力资本、城市环境、消费水平和市场规模等控制变量以构建面板模型，实证检验制度因素对金融集聚的因果效应。采用个体固定效应模型、时点固定效应模型、个体时点双固定效应模型、混合效应模型、可行广义最小二乘（FGLS）估计模型、随机效应 MLE 模型和随机面板 Tobit 模型进行拟合，结合各种模型的 R^2、赤池信息量和贝叶斯信息量的值，最后选择个体时点双固定效应模型为最优模型，且回归结果显示制度环境及产权制度、市场制度、法律制度均会显著促进金融集聚水平的提升。基于个体时点双固定效应模型，进一步分区域、分阶段进行回归，结果显示，沿海、沿边和内陆地区的制度环境均对金融集聚具有显著促进作用，内陆地区制度环境对金融集聚的影响最大，沿边地区制度环境对金融集聚的影响最小，制度环境的金融集聚效应存在边际报酬递减规律，制度环境对金融集聚的影响存在区域异质性；受 2013 年提出的“一带一路”倡议的影响，相较于前一阶段，2013 年之后的制度环境对金融集聚的影响程度大幅提升，制度环境对金融集聚的影响存在阶段异质性。采用变系数模型，对各省（区、市）进行回归，结果显示，部分省（区、市）制度环境对金融集聚的影响显著为正、部分显著为负、部分不显著；显著为正的省（区、市）几乎是金融集聚水平常年处于第一和第二梯队的较发达地区省（区、市）；湖北的回归系数小于河北、河南、山东和广东。由此可见，制度环境对金融集聚水平的贡献尤为重要；制度环境对金融集聚的影响存在区域、阶段、个体异质性，湖北省的制度环境对金融集聚水平的边际作用存在较大的提升空间，完善制度体系建设、优化制度环境是提升湖北省金融集聚水平的必由之路。

第六，基于制度因素对金融集聚的影响机理的分析，选取产业结构合理化、产业结构高级化、城镇化水平和信息化水平作为中介变量，并借助三步法中介效应模型，分别考察产权制度、市场制度、法律制度对金融集聚的中介效应。结果显示，产权制度、市场制度、法律制度均能够通过产业结构合理化、产业结构高级化、城镇化建设和信息化发展对金融集聚产生间接影响；产权制度可以通过产业结构合理化和城镇化建设对金融集聚产生完全的中介效应，并能通过产业结构高级化和信息化发展对金融集聚产生较强的中介效应；市场制度可以通过产业结构合理化和信息化发展对金融集聚产生完全的中介效应，并能通过产业结构高级化和城镇化建设对金融集聚产生较强的中介效应；法律制度可以通过城镇化建设对金融集聚产生完全的中介效应，并能通过产业结构合理化、产业结构高级化和信息化发展对金融集聚产生较强的中介效应。

第七，制度是金融集聚的重要影响因素。受我国社会独特的二重制度结构、金融改革服务于整体改革并滞后于整体改革进程的影响，国家偏好成为制度安排的决定因素，金融制度同样须遵从国家偏好而设定。为服务于国家偏好的经济增长方式并实现国家租金最大化的发展目标，国家拥有对金融业的绝对控制力。在当前的金融体制机制下，湖北省金融集聚相关制度的需求来自地方，而制度的供给却由中央主导，从而诱发湖北省的金融制度供求主体不匹配的问题，加之受我国“强制性＋渐进式”的制度变迁模式及其“路径依赖”特性带来的制度刚性、时滞效应及高昂的制度创新成本等影响，湖北省在金融资源聚集过程中对金融制度产生的需求未能得到有效满足，存在金融制度供给缺口，极大地制约了其金融集聚水平的提升。此外，在国家统筹发展的大局下，东部沿海发达地区的制度优势给自身带来循环累积效应，并对内陆和沿边地区金融集聚水平偏低省（区、市）的金融资源产生虹吸效应，从而形成金融集聚的马太效应，致使湖北省金融集聚水平在全国格局中的地位长期偏低，金融业改革成效大打折扣。因“金融契约交易基础薄弱、金融产权功能发挥有限及金融产权结构不甚合理；市场准入门槛比较高、市场化交易基础薄弱及市场监管体制不健全；金融法律意识淡薄、金融法律监督功能不健全及金融法律人才队伍建设不完善”，湖北省的金融集聚发展面临着明显的制度供求矛盾，具体表现为功能不够完善、体制不够健全的产权制度供给与产权多元化、安全性和流转性的需求不匹配，信贷资金偏爱大型国有企业、多层次资本市场功能不够完善、国际金融业务创新空间有待拓展的金融市场制度供给与不断增强的银行信贷、资本市场资金融通和国际金融业务制度需求不匹配，金融法律制度当前的建设水平、执法效率和司法环境与不断增强的完善地方性法规、提高执法效率和优化制度环境的需求不匹配。

第八，湖北省金融集聚水平的提升需要多方共同参与。总体发展思路如下：首先，积极争取中央政府的大力支持，使得中央政府在遵循“凝聚强大制度合力，全面优化制度环境”的原则下，统筹规划、科学布局、因地制宜、精准施策，促进金融集聚区域协调发展；其次，强化与发达地区的金融交流机制，使得沿海地区金融集聚水平较高省（区、市）在保持自身优势的同时，充分发挥其金融集聚的辐射功能及示范效应，助力湖北省快速提升金融集聚水平；最后，充分发挥湖北省的主观能动性，继续坚持以提升金融集聚水平为抓手，以支持实体经济发展并实现经济高质量发展目标为导向，将强制性制度变迁与诱致性制度变迁有机结合起来，积极打造区域金融集聚高地，依托自贸试验区推进金融中心建设。在此总体发展思路的指引下，湖北省应坚持产权制度、市场制度、法律制度创新与产业结构优化升级、城镇化建设、信息化发展相结合，建立健全地方金融体制机制，通过“推动产权主体多元化，加快混改步伐；坚实金融契约交易基础，提高信用水平；丰富金融机构主体，推进金融市场化改革；完善多层次资本市场，优化金融市场结构；推进金融中心建设，加强区域金融合作；增强金融法律意识，完善地方性法规；健全执法监督机制，提高执法效率；加强人才队伍建设，优化司法环境”等措施来继续加快地方产权制度、市场制度和法律制度建设，为金融集聚营造良好的制度环境，进而实现产业发展、城镇化建设、信息化发展与金融集聚的良性互动循环，为打开经济“内外双循环”新格局筑牢根基，助推区域经济实现高质量发展。

第二节 未来展望

本书基于制度对金融集聚的影响机理分析，从全国视域多层面考察了我国30个省（区、市）的金融集聚水平演进趋势、省（区、市）金融集聚的空间分布特征及湖北省在全国格局中的地位演变，实证检验了制度对金融集聚的影响及其传导路径，剖析了湖北省金融集聚水平偏低的制度成因，初步建立了金融集聚的制度分析框架。然而，如前所述，本研究虽取得了一定成绩，但仍存在诸多不足，未来还需坚持不懈地努力，并从以下三个方面进一步深入研究。

一是以城市为单元积累金融集聚数据，扩大样本数量。鉴于金融集聚具有地域性和动态性特征，待地级及以上城市的金融集聚水平相关数据完善后，尽可能积累更充足的样本数据，使研究更贴合实际、更具说服力。

二是更全面、细致地量化制度变量。鉴于制度的内涵丰富，未来应在数据可得的基础上，一方面将正式制度和目前难以量化的非正式制度囊括在制度环境中，使得研究更贴近现实；另一方面对现有的制度因素实现进一步细分，使研究涉及的制度因素更加深入细致。

三是将本书搭建的理论分析框架进行推广和完善。本书在分析制度与金融集聚内在逻辑关联的一般性规律的基础上，以提升湖北省金融集聚水平的实际问题为导向，探寻金融集聚区域协同发展的制度路径。这是对区域金融集聚问题的制度分析范式的初步探索，未来可根据现实发展需要，将本书搭建的理论分析框架应用于其他省（区、市）金融集聚问题的研究上，进一步完善该理论分析框架。

参考文献

[1] 黄解宇，杨再斌 . 金融集聚论：金融中心形成的理论与实践解析 [M]. 北京：中国社会科学出版社，2006.

[2] 刘继，马琳琳 . 金融集聚的经济溢出效应及时空分异研究——基于省际数据的空间计量分析 [J]. 金融发展研究，2019（2）：17–25.

[3] MCGAHEY R. Financial services，financial centers：public policy and the competition for markets，firms，and jobs [M]. Boulder：Westview Press，1990.

[4] LEYSHON A. Access to financial services and financial infrastructure withdrawal：problems and policies [J]. Area，1994，26（3）：268–275.

[5] MARTIN L. Sequential location contests in the presence of agglomeration economics [Z]. Seattle：University of Washington，1999（6）：105–117.

[6] 潘英丽 . 论金融中心形成的微观基础——金融机构的空间聚集 [J]. 上海财经大学学报，2003（1）：50–57.

[7] 滕春强 . 金融企业集群发展动因研究 [J]. 金融教学与研究，2006（5）：23–24+54.

[8] 龚勇，周迎迎 . 基于因子分析的浙江省区域金融中心选址研究 [J]. 经济丛刊，2009（5）：19–21.

[9] AUTHOR W B. Increasing returns and path dependence in the economy [M]. Michigan：Michigan University Press，1994.

[10] KINDLEBERGER C P. The formation of financial centers：a study in comparative economic history [M]. Princeton：Princeton University Press，1974.

[11] PARK Y S，ESSAYYAD M，GOLDBERG M A，et al. International banking and financial centers [M]. Netherlands：Kluwer Academic Publishers，1989.

[12] DAVIS E P. International financial centres：an industrial analysis [Z]. London：Bank of England Discussion Paper，1990，51（9）：1–23.

[13] 梁颖 . 金融产业集聚的宏观动因 [J]. 南京社会科学，2006（11）: 56–62.

[14] 吴竞 . 金融服务业集聚的动因研究 [D]. 上海：上海社会科学院，2010.

[15] O'BRIEN R. Global financial integration : the end of geography [M]. London : Royal Institute of International Affairs，1992.

[16] THRIFT N. On the social and cultural determinants of international financial centers: thecase of the city of London[M]// Corbridge S，Thrift N，Martin R. Money，Power and Space. Oxford: Basil Blackwell，1994 : 325–355.

[17] GUILLAIN R，HURIOT J M. How information shapes cities : theory and facts [Z]. [S.l.] Document de travail– Economie，1999.

[18] PORTEOUS D J. The geography of finance : spatial dimensions of intermediary behavior [M]. Aidershot : Avebury，1995.

[19] GEHRIG T. Cities and the geography of financial centers [J]. Economics of Cities : Theoretical Perspectives，2000（4）: 24.

[20] 赵晓斌，王坦，张晋熹 . 信息流和"不对称信息"是金融与服务中心发展的决定因素：中国案例 [J]. 经济地理，2002（4）: 408–414.

[21] AGARWAL S，HAUSWALD R. Distance and private information in lending [J]. Review of Financial Studies，2010，23（7）: 2757–2788.

[22] COTUGNO M，MONFERRI S，SAMPAGNARO G. Relationship lending，hierarchical distance and credit tightening : evidence from the financial crisis [J]. Journal of Banking & Finance，2013，37（5）: 1372–1385.

[23] MILANI C. Borrower-lender distance and loan default rates : macro evidence from the Italian local markets [J]. Journal of Economics & Business，2014（71）: 1–21.

[24] CHOIETAL S R，PARK D，TSCHOEGL A E. Banks and the world's major banking centers，2000 [M]. Jena : Weltwirtschaftliches Archiv，2002.

[25] 张泽慧 . 国际金融中心指标评估方法及指标评价体系 [J]. 社会科学研究，2005（1）: 45–48.

[26] 司月芳，曾刚，樊鸿伟 . 上海陆家嘴金融集聚动因的实证研究 [J]. 人文地理，2008（6）: 84–88.

[27] TAYLOR A J，BEAVERSTOCK J V，COOK G，et al. Financial services clustering and its significance for London [M]. London : Corporation of London，2003.

[28] 邓薇 . 我国金融业空间布局及影响因素分析 [J]. 统计与决策，2015（21）：138–142.

[29] 李正辉，蒋赞 . 基于省域面板数据模型的金融集聚影响因素研究 [J]. 财经理论与实践，2012（4）：12–16.

[30] 张清正 . 异质性视角下中国金融业集聚及影响因素研究 [J]. 经济问题探索，2015（6）：162–169.

[31] 谢婷婷，刘锦华 . 金融集聚、产业结构升级与绿色经济增长 [J]. 武汉金融，2019（2）：51–56.

[32] 姜冉 . 泛珠三角地区金融集聚与经济增长——基于 1982—2007 年的数据分析 [J]. 经济研究导刊，2010（20）：60–61.

[33] 陈文锋，平瑛 . 上海金融产业集聚与经济增长的关系 [J]. 统计与决策，2008（10）：93–95.

[34] 孙宁华，王磊 . 长三角地区的金融集聚与区域经济增长 [J]. 成都理工大学学报（社会科学版），2018（3）：52–59.

[35] 初春，吴福象 . 金融集聚、空间溢出与区域经济增长——基于中国 31 个省域空间面板数据的研究 [J]. 经济问题探索，2018（10）：79–86.

[36] 秦泰，徐沈 . 金融集聚变动趋势实证分析 [J]. 重庆科技学院学报（社会科学版），2012（1）：80–83.

[37] 白彩全，姚旭悦，何宜庆，等 . 中部六省省会城市金融集聚度测量及其与京、沪的对比 [J]. 商业时代，2014（27）：81–84.

[38] 丁艺，李树丞，李林 . 中国金融集聚程度评价分析 [J]. 软科学，2009（6）：9–13.

[39] 吴聪，王聪 . 我国金融中心竞争力的实证分析 [J]. 南方金融，2005（12）：10–13.

[40] 黎平海，王雪 . 珠三角城市金融辐射力实证研究 [J]. 国际经贸探索，2009（11）：49–53.

[41] 樊向前，范从来 . 城市金融竞争力影响因素和评估体系研究——基于金融地理学的信息视角 [J]. 江苏社会科学，2016（2）：37–46.

[42] 管驰明，徐爱华 . 基于面板数据的长三角金融业集聚动态研究 [J]. 商业研究，2010（7）：22–25.

[43] 张同功，孙一君 . 金融集聚与区域经济增长：基于副省级城市的比较研究 [J]. 宏观经济研究，2018（1）：82–93+120.

[44] 茹乐峰，苗长虹，王海江．我国中心城市金融集聚水平与空间格局研究[J]. 经济地理，2014（2）：58–66.

[45] 贺瑛．上海国际金融中心地位研究：基于GFCI分析[J]. 上海金融，2007(10)：21–23.

[46] 李青．GFCI对中国金融中心建设的启示[J]. 上海金融，2010（5）：15–17.

[47] 尹应凯，姚伟．我国金融中心建设的进展与对策：基于GFCI6最新排名的分析[J]. 生产力研究，2010（10）：75–77.

[48] 蔡真．国际金融中心评价方法论研究：以IFCD和GFCI指数为例[J]. 金融评论，2015（5）：1–17+122.

[49] 任英华，姚莉媛．金融集聚核心能力评价指标体系与模糊综合评价研究[J]. 统计与决策，2010（11）：32–34.

[50] 李静，白江．我国地区金融集聚水平的测度[J]. 求是学刊，2014（7）：52–58.

[51] 卢爱珍，费清．新疆区域金融中心建设探讨——基于因子分析方法的实证研究[J]. 新疆财经大学学报，2015（2）：23–29.

[52] 王小平，周维．地方财政科技支出的空间非均衡及其分布动态演进[J]. 华侨大学学报（哲学社会科学版），2018（3）：25–38.

[53] 李强谊，钟水映．我国财政医疗卫生支出的空间差异及分布动态演进——基于Dagum基尼系数分解与Kernel密度估计的实证研究[J]. 财经论丛，2016（10）：19–28.

[54] 刘华军，何礼伟，杨骞．中国人口老龄化的空间非均衡及分布动态演进：1989～2011[J]. 人口研究，2014，38（2）：71–82.

[55] 陈明华，刘华军，孙亚男．中国五大城市群金融发展的空间差异及分布动态：2003～2013年[J]. 数量经济技术经济研究，2016（7）：133–144.

[56] 钟水映，李强谊，肖攀．我国保险业发展水平的地区差异及其分布动态演进[J]. 保险研究，2016（3）：3–17.

[57] 葛星，郑耀群．中国九大城市群综合承载力的空间非均衡及其动态演进[J]. 统计与信息论坛，2018（12）：73–81.

[58] 钟水映，李强谊，徐飞．中国农业现代化发展水平的空间非均衡及动态演进[J]. 中国人口·资源与环境，2016（7）：145–152.

[59] 吴书胜．中国区域全要素生产率的空间非均衡及分布动态演进：2003–2014年[J]. 产经评论，2018（3）：99–115.

[60] 周立，胡鞍钢．中国金融发展的地区差距状况分析（1978–1999）[J]. 清华大学学报（哲学社会科学版），2002（2）：60–74.

[61] 田菁．中国区域金融发展：差异、特点及政策研究 [J]. 财经问题研究，2011（2）：63–70.

[62] 赵伟，马瑞永．中国区域金融增长的差异——基于泰尔指数的测度 [J]. 经济地理，2006（1）：11–15.

[63] 刘华军，鲍振．中国金融发展的空间非均衡与极化研究 [J]. 当代财经，2012（9）：45–53.

[64] 陆文喜，李国平．中国区域金融发展的收敛性分析 [J]. 数量经济技术经济研究，2004（2）：125–128.

[65] 李敬，徐鲲，杜晓．区域金融发展的收敛机制与中国区域金融发展差异的变动 [J]. 中国软科学，2008（11）：96–105.

[66] 赵晓斌．全球金融中心的百年竞争：决定金融中心成败的因素及中国金融中心的崛起 [J]. 世界地理研究，2010（2）：1–11.

[67] 张浩然．中国城市金融集聚的演进趋势与影响因素：区域异质性视角 [J]. 广东财经大学学报，2016（3）：56–63.

[68] 李伟军，李婷，吴义东．中国三大城市群金融集聚：空间网络及结构分化 [J]. 经济体制改革，2020（2）：38–45.

[69] 熊彼特．经济分析史 [M]. 朱泱，孙鸿敞，李宏，等译．北京：商务印书馆，1991—1996.

[70] 青木昌彦，奥野正宽，冈崎哲二．市场的作用　国家的作用 [M]. 林家彬，等译．北京：中国发展出版社，2002.

[71] 张杰．金融分析的制度范式：制度金融学导论 [M]. 北京：中国人民大学出版社，2017.

[72] 张杰．金融分析的制度范式：哲学观及其他 [J]. 金融评论，2013（2）：1–14+123.

[73] 张杰．金融学在中国的发展：基于本土化批判吸收的西学东渐 [J]. 经济研究，2020（11）：4–18.

[74] 范恒山．30 年来中国经济体制改革进程、经验和展望 [J]. 改革，2008（9）：5–14.

[75] 范恒山．高度重视并有效应对地区分化问题 [J]. 经济研究参考，2017（10）：3–6+60.

[76] 韩剑，徐康宁 . 基于开放经济下交易费用的汇率制度选择——兼论现行人民币汇率制度的改革方向 [J]. 东南大学学报（哲学社会科学版），2004（6）：25–28+125.
[77] 袁鹰 . 论汇率制度选择中的产权制衡作用 [J]. 南开经济研究，2001（2）：26–30.
[78] 江春 . 人民币升值之争的理论反思：新制度金融学的解释 [J]. 中南财经政法大学学报，2004（6）：41–48+143.
[79] 高娜 . 基于新制度经济学的人民币汇率制度解析 [J]. 新疆大学学报（哲学人文社会科学版），2007（1）：29–32.
[80] 陈晞，梁君，陈炜 . 人民币汇率制度变迁的路径依赖分析——基于新制度经济学的视角 [J]. 青海社会科学，2009（1）：39–42.
[81] 吴迪 . 基于新制度经济学视角的中国汇率问题研究 [D]. 长春：吉林大学，2016.
[82] 陆简 . 制度变迁视角下的人民币国际化 [D]. 北京：中央财经大学，2015.
[83] 王芳 . 中国金融转型秩序的制度分析 [D]. 西安：西北大学，2016.
[84] 梁礼广 . 新疆金融生态环境的新制度经济学研究 [D]. 乌鲁木齐：新疆财经大学，2013.
[85] 王超 . 基于制度变迁的中国股票市场有效性研究——以上证指数为例 [D]. 济南：山东财经大学，2014.
[86] 谢乐斌 . 制度变迁中的中国证券公司风险行为研究 [D]. 上海：华东师范大学，2010.
[87] 张杰 . 制度金融理论的新发展：文献述评 [J]. 经济研究，2011（3）：145–159.
[88] 林毅夫 . 发展与转型：思潮、战略和自生能力 [J]. 北京交通大学学报（社会科学版），2008（4）：1–3.
[89] 黄鹏翔 . 金融集聚研究综述 [J]. 金融发展评论，2018（2）：67–79.
[90] FURUKAWA A. Central government，local government and agglomeration [Z]. [S.l.] Discussion Paper Series，2010.
[91] 陈铭仁 . 金融机构集聚：国际金融中心形成过程的新视野 [J]. 上海立信会计学院学报，2010（3）：67–73.
[92] 余佳 . 我国金融产业集聚中地方政府行为研究——以上海外滩金融集聚带为例 [D]. 上海：上海交通大学，2015.

[93] 罗安邦 . 中国区域金融产业集聚中地方政府作用研究 [D]. 天津：天津财经大学，2015.

[94] 张文中 . 金融改革：制度容量扩张与金融的区域化、精细化 [J]. 新疆财经，2009（6）：28–31.

[95] 曹廷求，张翠燕 . 资本回报、产权保护与区域资金集聚 [J]. 金融研究，2021（2）：75–93.

[96] 卢中原，胡鞍钢 . 市场化改革对我国经济运行的影响 [J]. 经济研究，1993（12）：49–55.

[97] 金玉国 . 宏观制度变迁对转型时期中国经济增长的贡献 [J]. 财经科学，2001（2）：24–28.

[98] 樊纲，王小鲁，朱恒鹏 . 中国市场化指数——各地区市场化相对进程 2011 年报告 [M]. 北京：经济科学出版社，2011.

[99] 谭朵朵 . 金融集聚的演化机理与效应研究 [D]. 长沙：湖南大学，2012.

[100] 张宇燕 . 经济发展与制度选择：对制度的经济分析 [M]. 北京：中国人民大学出版社，1992.

[101] 汪丁丁 . 制度分析基础 [M]. 北京：中国社会科学文献出版社，2002.

[102] 科斯，诺斯等 . 制度、契约与组织——从新制度经济学角度的透视 [M]. 刘刚，冯健，杨其静，等译 . 北京：经济科学出版社，2003.

[103] 诺斯 C. 制度、制度变迁与经济绩效 [M]. 刘守英，译 . 上海：生活 · 读书 · 新知三联书店，1994.

[104] 黄晖 . 中国区域经济非均衡发展的制度分析 [D]. 长沙：湖南大学，2012.

[105] 夏新华 . 论比较法学研究中的“可比性”[J]. 湖南师范大学社会科学学报，2019（2）：37–45.

[106] DAVIS L E，NORTH D C. Institutional change and American Economic growth [J]. The Journal of Economic History，1970，30（3）：131–149.

[107] ROUSSEAU P L. Equity markets and growth：cross-country evidence on timing and outcomes 1980—1995 [J]. Journal of Business and Finance，2000，24（2）：1933–1957.

[108] KAR M. Financial development and economic growth nexus in the mena countries：bootstrap panel granger causality analysis [J]. Economic Modeling，2011，28（1–2）：685–693.

[109] PENEDER M. Industrial structural change and aggregate growth [J]. Structural Change and Economic Dynamics，2003（14）: 427–448.

[110] BRULHART M，NICOLE M. Sectoral agglomeration economies in a panel of European regions [Z]. Working Paper，2007.

[111] BALDWIN R E，FORSLID R，MarTIN P，et al. Economic geography and public policy [M]. Princeton : Princeton University Press，2003.

[112] AUDRESS C，FELDMAN. Spillovers and the geography of innovation and production [J]. American Economic Review，1996，86（3）: 630–640.

[113] BERNAT G A. Does manufacturing matter？ A spatial econometric view of kaldor's laws [J]. Journal of Regional Science，1996，36（3）: 463–477.

[114] 孙志红，王亚青 . 金融集聚对区域经济增长的空间溢出效应研究——基于西北五省数据 [J]. 审计与经济研究，2017（2）: 108–118.

[115] 周海鹏，李媛媛，李瑞晶 . 金融产业集聚对区域经济增长的空间效应研究 [J]. 现代财经（天津财经大学学报），2016（2）: 63–76.

[116] 房胜飞，徐秋艳，马琳琳 . 金融集聚的溢出效应及空间异质性——基于我国省级行政区的实证研究 [J]. 南方金融，2018（1）: 23–31.

[117] 吴茂国，陈影 . 金融集聚对我国区域经济增长的空间溢出效应研究 [J]. 上海金融，2018（11）: 72–81+86.

[118] 康芒斯 . 制度经济学 [M]. 北京：商务印书馆，1962.

[119] ARROW K J. Uncertainty and the welfare economics of medical care [J].American Economic Review，1963（12）: 941–973.

[120] R. 科斯，A. 阿尔钦，D. 诺斯 . 财产权利与制度变迁——产权学派与新制度学派译文集 [M]. 上海：上海三联书店，1991.

[121] WILLIAMSON O E. The economic institutions of capitalism[M]. New York : Free Press，1985.

[122] 巴泽尔 . 产权的经济分析 [M]. 费方城，段毅才，译 . 上海：上海人民出版社，1997.

[123] 张五常 . 经济解释 [M]. 北京：商务印书馆，2000.

[124] ALCHIAN A，DEMSETZ H. Production，information costs and economic organization [J]. The American Economic Review，1972，62（5）: 777–795.

[125] DEMSETZ H. Information and efficiency : another viewpoint [J]. Journal of Law and

Economics，1969，12（1）：1–22.

[126] 卢现祥 . 新制度经济学 [M]. 武汉：武汉大学出版社，2011.

[127] 王涛生 . 制度创新影响国际贸易竞争优势的机理、模型与实证研究 [D]. 长沙：湖南大学，2013.

[128] 张杰 . 金融成长的内生机制：理论分析与经验考察 [J]. 福建论坛（经济社会版），1994（5）：1–5.

[129] 张文中，蔡青青，克魁，等 . 制度环境与金融集聚——基于“丝绸之路经济带”沿线九省区的经验数据 [J]. 统计与信息论坛，2021（2）：56–68.

[130] 格利 G，肖 S. 金融理论中的货币 [M]. 贝多广，译 . 上海：生活 · 读书 · 新知三联书店，1988.

[131] MADDISON A. Growth and slowdown in advanced capitalist economies : techniques of quantitative assessment [J]. Journal of Economic Literature，1987，25（2）：649–698.

[132] KAYRAL I E，KARAN M B. The research on the distinguishing features of the international financial centers [J]. Journal of Applied Finance & Banking，2012，2（5）：217–238.

[133] 李刚，高洪民 . 当代国际金融中心发展的决定因素与上海的对策 [J]. 世界经济研究，2020（9）：65–74+136.

[134] 吴福象，沈浩平. 新型城镇化、创新要素空间集聚与城市群产业发展 [J]. 中南财经政法大学学报，2013（4）：36–42.

[135] 白钦先，谭庆华. 论金融功能演进与金融发展 [J]. 金融研究，2006（7）：41–52.

[136] 白暴力 . 现阶段产权制度的两重性与现代产权制度建设 [J]. 社会科学研究，2015（6）：30–34.

[137] 张杰 . 中国金融制度的结构与变迁 [M]. 太原：山西经济出版社，1998.

[138] 王小鲁，樊纲，胡李鹏 . 中国分省份市场化指数报告（2018）[M]. 北京：社会科学文献出版社，2019.

[139] 最高人民检察院《中国检察年鉴》编辑部 . 中国检察年鉴（2018）[M]. 北京：中国检察出版社，2019.

[140] 张毓峰，张勇，阎星 . 区域经济新格局与内陆地区发展战略选择 [J]. 财经科学，2014（5）：103–112.

[141] 世界银行《1996 年世界发展报告》编写组 .1996 年世界发展报告：从计划到市场 [M]. 蔡秋生，等译 . 北京：中国财政经济出版社，1996.

[142] 毛泽东 . 毛泽东选集（第五卷）[M]. 北京：人民出版社，1977.

[143] 刘玉珂，邝湘敏 . 制度变迁与区域经济增长：基于湖南省级数据的实证 [J]. 经济地理，2012（1）：25–29.

[144] 马立政，彭双艳，李正图 . 基本经济制度指标体系研究 [J]. 上海经济研究，2017（9）：18–33.

[145] 赵云辉，张哲，冯泰文，等 . 大数据发展、制度环境与政府治理效率 [J]. 管理世界，2019（11）：119–132.

[146] SHI W，SUN S L，YAN D. Institutional fragility and outward foreign direct investment from China [J]. Journal of International Business Studies，2017，48（4）：452–476.

[147] 阮建青，王凌 . 语言差异与市场制度发展 [J]. 管理世界，2017（4）：80–91.

[148] 邵传林 . 法律制度效率、地区腐败与企业家精神 [J]. 上海财经大学学报，2014（10）：48–57.

[149] 陶晓红，齐亚伟 . 中国区域经济时空演变的加权空间马尔可夫链分析 [J]. 中国工业经济，2013（5）：31–43.

[150] 孙斌栋，王颖 . 制度变迁与区域经济增长——中国实证分析 [J]. 上海经济研究，2007（12）：3–11.

[151] 林毅夫 . 制度、技术与中国农业发展 [M]. 上海：生活 · 读书 · 新知三联出版社，1994.

[152] 栗树和 . 中国经济的源泉和动力 [M]// 陈敬山 . 经济学与中国经济改革 . 上海：上海人民出版社，1995.

[153] PORTA R L，SILANES F L D，SHLEIFER A，et al. Legal determinants of external finance[J]. Journal of Finance，1997，52（3）：1131–1150.

[154] 卢峰，姚洋 . 金融压抑下的法治、金融发展和经济增长 [J]. 中国社会科学，2004（1）：42–55.

[155] 郑志刚，邓贺斐 . 法律环境差异和区域金融发展——金融发展决定因素基于我国省级面板数据的考察 [J]. 管理世界，2010（6）：14–27+187.

[156] 徐云松 . 我国西部区域金融发展的非均衡问题研究 [D]. 北京：中央财经大学，2015.

[157] 许荣，王雯岚，张俊岩 . 法律对金融影响研究新进展 [J]. 经济学动态，2020（2）：117–131.

[158] 全秉中 . 经济金融求索之路 [M]. 北京：中国金融出版社，2020.

[159] 李松龄 . 新时代经济体制改革重点的理论认识与制度安排 [J]. 现代经济探讨，2018（7）：1–9.

[160] 马运全，朱宝丽 . 金融创新中的制度因素：理论框架与实证分析 [J]. 南京财经大学学报，2011（3）：64–70.

[161] 湖北省国资委 . 湖北产权市场交易总额突破万亿元 [E/OL].（2018–6–7）http：//www.sasac.gov.cn/n2588025/n2588129/c9099399/content.html.

[162] 姚曦 . 新疆中小企业融资困境解析——基于多层次资本市场视角 [J]. 财会通信，2018（20）：21–24.

[163] 辜胜阻，庄芹芹，曹誉波 . 构建服务实体经济多层次资本市场的路径选择 [J]. 管理世界，2016（4）：1–9.

[164] 郭斌 . 欠发达地区区域性资本市场发展探析——以新疆为例 [J]. 西部金融，2018（2）：54–58.

[165] 郭田勇 . 中小企业融资的国际比较与借鉴 [J]. 国际金融研究，2010（11）：44–48.

[166] 杨旻，南晓芳 . 新疆中小企业资本市场融资现状、成因及对策 [J]. 价值工程，2014（21）：197–200.

[167] 仲伟周，任炳群，张金城 . 我国金融监管制度演进的非均衡分析及其政策含义 [J]. 现代财经（天津财经大学学报），2012（10）：24–30.

[168] 李思敏 . 制度型开放与自贸试验区金融高质量发展 [J]. 南方金融，2019（12）：3–7.

[169] 埃德加 · 博登海默 . 法理学：法律哲学与法律方法 [M]. 邓正来，译 . 北京：中国政法大学出版社，2004.

[170] MULLER D，JUDD C M，YZERBYT V Y. When moderation is mediated and mediation is moderated [J]. Journal of Personality and Social Psychology，2005，89（6）：852–863.

[171] 温忠麟，叶宝娟 . 中介效应分析：方法和模型发展 [J]. 心理科学进展，2014（5）：731–745.

[172] 刘晨跃，徐盈之 . 环境规制如何影响雾霾污染治理？— 基于中介效应的实

证研究 [J]. 中国地质大学学报（社会科学版），2017（11）: 41-53.

[173] 刘晨跃，徐盈之 . 城镇化如何影响雾霾污染治理？——基于中介效应的实证研究 [J]. 经济管理，2017（8）: 6-23.

[174] 刘晨跃，徐盈之，刘晴 . 产能过剩偏向性与环境污染——基于中介效应的检验 [J]. 管理工程学报，2021（1）: 57-68.

[175] 杨旭，刘祎，黄茂兴 . 金融集聚对经济发展绩效与经济发展质量的影响——基于制度环境视角的研究 [J]. 经济问题，2020（1）: 44-53.

[176] 王梓利，林晓言，高宏伟 . 交通基础设施对金融集聚的影响研究——基于铁路和高速公路的证据 [J]. 宏观经济研究，2020（12）: 47-61+120.

[177] 干春晖，郑若谷，余典范 . 中国产业结构变迁对经济增长和波动的影响 [J]. 经济研究，2011（5）: 4-16+31.

[178] 吴敬琏 . 中国增长模式抉择（增订版）[M]. 上海：上海远东出版社，2008.

[179] 王健，赵凯 . 中国城镇化、老龄化、城乡差距与经济发展研究——基于有调节的中介效应模型 [J]. 当代经济管理，2020（7）: 49-58.

[180] 朱纪广，许家伟，李小建，等 . 中国土地城镇化和人口城镇化对经济增长影响效应分析 [J]. 地理科学，2020（10）: 1654—1662.

[181] 张鹏，于伟 . 金融集聚与城市发展效率的空间交互溢出作用——基于地级及以上城市空间联立方程的实证研究 [J]. 山西财经大学学报，2019（4）: 1-16.

[182] 李兰冰，高雪莲，黄玖立 ."十四五"时期中国新型城镇化发展重大问题展望 [J]. 管理世界，2020（11）: 7-22.

[183] 王小鲁 . 中国城市化路径与城市规模的经济学分析 [J]. 经济研究，2010（10）: 20-32.

[184] CAI Y，SELOD H，STEINBUKS J. Urbanization and land property rights [J]. Regional Science and Urban Economics，2018，70（4）: 246-257.

[185] 连平 . 连平：新型城镇化是经济增长新引擎 [J]. 中国房地产业，2013（7）: 34-37.

[186] 郑建锋，曾冰，孔令池 . 城镇化—金融集聚协同发展的经济增长效应研究——以长江经济带为例 [J]. 华东经济管理，2017（4）: 44-51.

[187] 陈立泰，刘倩 . 我国西部地区金融集聚与城镇化互动关系实证分析 [J]. 城市问题，2012（9）: 17-22.

[188] 王如玉，王志高，梁琦，等 . 金融集聚与城市层级 [J]. 经济研究，2019（11）:

165–179.

[189] 卓乘风，邓峰 . 互联网发展如何助推中国制造业高水平“走出去”？——基于出口技术升级的视角 [J]. 产业经济研究，2019（6）：102–114.

[190] 李羚，成春林 . 金融集聚影响因素的空间计量分析——引入互联网因素 [J]. 企业经济，2016（7）：179–184.

[191] 陈庆江，杨蕙馨，焦勇 . 信息化和工业化融合对能源强度的影响——基于 2000—2012 年省际面板数据的经验分析 [J]. 中国人口 · 资源与环境，2016（1）：55–63.

[192] 钱雪松，金芳吉，杜立 . 地理距离影响企业内部资本市场的贷款价格吗？——来自企业集团内部借贷交易的证据 [J]. 经济学动态，2017（6）：73–86.

[193] 李红，孙秋碧 . 信息技术视角的中国金融服务业集聚演化研究 [J]. 统计与决策，2014（2）：141–144.

[194] 蔡青青，傅娟，克韪，等 . 中国省域制度环境的区域差异及动态演进——基于金融集聚的制度影响因素考察视角 [J]. 技术经济与管理研究，2021（4）：110–116.

[195] 蔡青青，傅娟，克韪，等 . 中国省域金融集聚的空间非均衡与动态演进 [J]. 金融理论与实践，2021（3）：40–50.

[196] 岳雪，陈曦 . 金融创新的金融集聚互动因素及其空间外部效应研究 [J]. 工业技术经济，2020（6）：38–44.

[197] 王保庆，李忠民，王保忠 . 金融中心形成机理研究——基于新制度经济学的视角 [J]. 现代经济探讨，2013（7）：68–72.

[198] 王宇，郭新强，干春晖 . 关于金融集聚与国际金融中心建设的理论研究——基于动态随机一般均衡系统和消息冲击的视角 [J]. 经济学（季刊）,2015（1）：331–350.

[199] 胡文显，孙毅杰 . 制度变迁的非均衡性及其内生原因分析 [J]. 上海金融学院学报，2006（6）：29–33.

[200] 杨瑞龙 . 国有企业改革逻辑与实践的演变及反思 [J]. 中国人民大学学报，2018（5）：44–56.

[201] 刘向东，杨栋 . 渐进转轨、金融补贴与国有商业银行产权 [J]. 管理世界，2007（4）：154–155.

[202] 张文中，蔡青青，克彪，等 .“丝绸之路经济带”核心区丝路能源金融中心建设研究 [J]. 新疆社会科学，2019（6）：35–45.

[203] GRAS N S B. The development of metropolitan economy in Europe and America [J]. The American Historical Review，1922，27（4）：695–708.

[204] 中央政治局・中共中央关于制定国民经济和社会发展第十四个五年规划和二〇三五年远景目标的建议 [M]. 北京：人民出版社，2020.

[205] 王煜宇，何松龄 . 金融监管腐败：结构性制度成因与供给侧结构性改革 [J]. 现代法学，2018（5）：117–129.

[206] 张阳春，左晨 . 湖北省发布 23 条措施加快完善社会主义市场经济体制 [N]. 湖北日报，2021–03–25.

后 记

本书是在我博士论文的基础上修改完成的，几经易稿，终于成形。蓦然回首，不禁感慨时间太瘦、指缝太宽，从读博到访学，四年有余的宝贵光阴就这么悄然流逝。不可否认，这是一段刻骨铭心的艰难求索旅程。

在这段旅程中，我有幸遇到许多给我提供指导、支持、帮助和陪伴的人，包括为我的博士论文倾注大量心血的导师张文中教授，为我的访学项目提供悉心指导的导师于鸿君教授，给我极力创造良好科研条件的卢爱珍教授、雷汉云教授、苏鹏老师和克迪丽亚老师，为我的博士论文提供宝贵修改意见的刘文翠教授、何剑教授、谢婷婷教授、强国令教授、周亚军教授及各位盲审与答辩专家，还有与我并肩作战的克彪博士、傅娟博士、杨习铭博士、徐小惠博士、南楠博士、左喜梅博士等同窗好友及赵燕、刘晓彤和窦瑞小师妹。人生得一良师已是万幸，然而幸运如我，在求学和科研之旅遇到这么多良师益友，一路伴我前行。

关于本研究内容，有几点需要补充说明：首先，中亚区域在全球多极化格局中的地位极其重要，新疆因得天独厚的区位优势成为名副其实的丝绸之路经济带核心区（简称“丝路”核心区），肩负着贯通东西、连接中亚的历史使命。然而，受制度环境的约束，“丝路”核心区金融集聚面临发展瓶颈，极大地限制了其金融支持核心区建设和“丝路”建设功能的发挥，面对可能陷入的金融集聚“贫困陷阱”，“丝路”核心区应继续坚持以支持“丝路”建设为导向，突出特色，坚定不移地打造中亚区域国际金融中心。其次，虽然不同省（区、市）间金融集聚差异显著，但金融集聚发展的内在影响机理存在一般性规律，因此，不同地区的金融集聚实践活动存在可相互学习和借鉴之处。最后，制度金融学理论探索在我国目前仍处于起步阶段，制度金融理论分析框架有待进一步完善。本书基于前期关于“丝路”核心区金融集聚问题的研究成果，从制度分析视角探究区域协调发展背景下湖北面临的金融集聚问题。虽然力求在解决湖北金融集聚现实难题的同时，实现对区域金融集聚理论系统化、模型化的进一步探索，但伴随我国金融制度的变迁，各地区金融集聚将会面临诸多新情况、新问题，且制度金融理论的分析框架必将日臻完善。可见，区域金融集聚理论仍存在极大的扩展空间，涉及的现实问题及相应的制度选择也需要后续跟进。路漫漫其修远兮，吾将上下而求索。今后，我将继续秉持谦虚谨慎和求真务实的科研作风，跟踪调查、深入钻研，以求本研究成果能够得到进一步拓展。

本书的顺利出版离不开各位老师、同学、领导、家人及中南大学出版社工作人员的热心帮助和大力支持，在此一并表示感谢。衷心感谢一路走来默默关心我、支持我、鼎力相助而未曾在此提及的每一位，你们的恩情我将铭记于心！谨以此书献给每一位曾经关爱与陪伴我成长的人！

因本人能力有限，书中难免存在些许错误或疏漏，恳请各位读者批评指正。

蔡青青

2022 年 11 月于北京大学